基层法官流失的图景及逻辑

张 青◎著

中国社会科学出版社

图书在版编目(CIP)数据

基层法官流失的图景及逻辑 / 张青著. ─北京：中国社会科学出版社，2019.9

ISBN 978-7-5203-5254-3

Ⅰ.①基… Ⅱ.①张… Ⅲ.①法官-工作-研究-中国 Ⅳ.①D926.174

中国版本图书馆 CIP 数据核字(2019)第 216293 号

出 版 人	赵剑英
责任编辑	任 明
责任校对	夏慧萍
责任印制	郝美娜

出　　版	中国社会科学出版社
社　　址	北京鼓楼西大街甲 158 号
邮　　编	100720
网　　址	http://www.csspw.cn
发 行 部	010-84083685
门 市 部	010-84029450
经　　销	新华书店及其他书店

印刷装订	北京君升印刷有限公司
版　　次	2019 年 9 月第 1 版
印　　次	2019 年 9 月第 1 次印刷

开　　本	710×1000　1/16
印　　张	12.75
插　　页	2
字　　数	203 千字
定　　价	78.00 元

凡购买中国社会科学出版社图书，如有质量问题请与本社营销中心联系调换
电话：010-84083683
版权所有　侵权必究

序　言

　　回顾改革开放以来中国法学研究的 40 年发展历程,一个最为显著的现象就是研究方法上的不断更新与突破。其中,法律实证研究是近年来日益盛行的方法之一。不同于以逻辑和规则为基础并习惯于旁征博引的传统规范法学研究方法,亦区别于社科法学以个案作为阐述或"深描"对象的研究范式,法律实证研究本质上是一种以数据分析为中心的经验性法学研究。亦即将法律实践的经验现象作为核心关注点,通过收集、整理、分析和运用数据,特别是尝试应用统计学的方法进行相关研究的范式。但作为法学研究方法中的一种"新生事物",与传统的法教义学以及不断崛起的社科法学相比,法律实证研究尚未完全成形,也没有得到学界普遍和充分的认同。本书正是在此种背景下,运用实证研究方法以大量经验数据为基础对基层法官流失问题所做的尝试性探索。

　　近年来,在贯彻落实司法改革过程中,我国相继提出和实施了一系列针对法官制度的改革举措,旨在通过制度革新来留住和吸引更多优秀的法律人才,并将其集中到审判业务前线,优化审判资源的配置。然而实践结果却与改革初衷存在一定的距离,全国各地法院系统尤其是基层法院不断出现的法官流失现象反映出相关制度或者改革措施存在不可忽视的问题。对此新闻媒体曾有报道,实务界人士亦有较为深入的讨论。相较于舆论和实务界的"热闹",学界的反应则甚为"冷静",部分论著虽从不同层面做了富有启发性的探讨,但整体上看是碎片化研究多而系统的专门性研究少。就此而论,本书无疑具有理论和现实意义。

　　总体来看,本书以 Y 省若干典型基层法院作为调查对象和研究样本,在问卷调查、实地调研和个别访谈的基础上,从基层法官流失的现状、成因以及制度回应三个层面展开了较为深入的研究。

第一，基层法官流失的基本现状。本书的研究显示，Y省基层法官的流失呈现较为显著的特点。一是法院流出与流入人员比值较高且地区差异显著。通过对比分析民族自治州与普通地级市发现，受地区生活条件、市场经济发展程度以及体制内选拔、晋升空间影响，基层法院的人员流动状况，在以经济社会较为发达地区与极度偏远贫困地区，为两个端点的曲线上移动。越靠近两个端点，其人员流失越严重。二是流失法官多为具有本科以上学历的中青年骨干，总体呈年轻化、高学历趋势。三是流出去向和类型上以内向型和外向型为主。其中偏远贫困地区的流失情况具有显著的外向性特征，经济社会较为发达地区的人员流失则更具内向性。四是市场型流动与地区经济社会发展水平成正比例关系，即随着地区经济发展程度的增高，其基层法院市场型人员流失就越多。这些基于数据的规律性发现，为真正把握基层法官流失问题的关键及其应对提供了一种全新的视角。

第二，基层法官流失的内在成因。本书的实证研究表明，难以"留住"优秀法官的主要原因，如果抛开纯粹个人因素来看，关键是由于基层法官的生存状况。其中，法官本人及其近亲属的人身安全缺乏有效保障以及整体收入水平仍然偏低是现阶段基层法官所面临的突出问题。虽然新一轮司法改革将实施司法人员分类管理，提升法院各类人员尤其是入额法官的工资待遇，确保职业法官的工资收入明显高于普通公务员作为改革的重要目标，但由于政策理解混乱、中央财政支持不足以及以"妥协式"改革弥补合法性危机消解了部分改革实效。一方面，改革前所宣称的工资收入增加在改革后非但没有增长，反而出现普遍下降的状态；另一方面，随职级与年龄的增长基层法官的增资空间和幅度有限。而且入额法官同非入额法官相较，其工资待遇的优势并不明显。

除了工资福利与职业风险，司法环境、司法活动本身的压力以及法院内部行政管理对基层法官流失问题亦产生了重要的影响。在基层司法的困境方面，首先表现为员额制改革后入额法官审判压力和责任剧增。不仅如此，由于以去地方化和去行政化为导向的改革举措带来了一系列的意外后果，基层法官在司法活动中还面临着日益严重的司法独立性以及公信力危机。一方面，改革后地方党委、政府的职责界限模糊，导致地方化不仅未曾消减,反而强化了法院对地方党委政府的依附性,而省级统管的实行也有加剧上下级法院之间"行政化"之虞;另一方面,社会舆论和当事人则对司法表现出普遍的不信任,涉法涉诉信访多发。在法院系统内部管理方面,基层法院内部行政管理在整体上呈现组织机构科层化、管理方式的唯数字化,以及案件质量评估指标体系分类及权重设置的细密化和主观性等特征。而且现行绩效考核指标因其过于开放和抽象,一方面,使大量非业务性要素被广泛纳入进来,在制度层面进一步强化了非业务性工作对基层法官的压力;另一方面,将置法官于一种权责高度不确定的司法环境中,徒增法官办案压力。而且模糊性的指标变相赋予法院内部行政管理阶层过大的自由裁量权,进一步强化了法官的人身依附性,同时也为权力的运作提供了"灰色地带"。

第三,应对基层法官流失的制度回应。鉴于基层法官在职务保障、福利待遇、司法活动与内部行政管理中承受的巨大压力和挑战,本书认为在当前以去地方化、去行政化为依傍,以实现法官精英化、职业化和专业化为导向的新一轮司法改革背景下,应对基层法官流失,应在考虑地区差异的同时注重法官职业保障深层次方面制度的完善,而不能仅仅关注福利待遇的提升抑或纯粹的行政压制。并提出了包括强化基层法官职业保障,健全员额制改革的配套措施,厘清条块关系以维护基层法院及其法官的独立性,以及建立符合诉讼规律的内部监督管理制度等具体改革思路。

作为一部主要基于数据资料的司法制度研究作品,本书首次较为系统地呈现了我国基层法官流失的图景及其逻辑,不仅为正在进行中的司法改革提供了较为扎实的经验基础和较具说服力的理论支撑,同时也是反思与提升基层司法既有研究范式与理论体系的一种有益的尝试。当然,本书并不完美,亦存在一些问题。例如在数据的使用上,仍以描述性统计为主;又如对实证资料的挖掘还可以更深入,对造成基层法官流失的制度困境部分论证不够充分等问题。但这些问题或者说疏漏并不影响本书的学术贡献及其关注问题的重要性。相反,这些问题彰显出本书所关注的主题乃至研究方法本身的独特价值和意义。这表明了研究的开始,而非终结。

左卫民

2018 年 11 月 27 日

目　录

导　论 …………………………………………………………（1）
　一　选题缘由及意义 ………………………………………（2）
　　（一）研究对象的确定 …………………………………（2）
　　（二）研究意义 …………………………………………（5）
　二　研究现状述评 …………………………………………（7）
　　（一）针对法官流失问题的专门性研究 ………………（7）
　　（二）有关法官生存状况的研究 ………………………（9）
　　（三）法社会学的相关研究 ……………………………（16）
　三　进路、方法与材料 ……………………………………（19）
　　（一）研究进路 …………………………………………（19）
　　（二）研究方法 …………………………………………（21）
　　（三）研究资料及其来源 ………………………………（24）
　四　基本结构与内容 ………………………………………（27）

第一章　基层法官所处的宏观社会背景 …………………（32）
　一　自然环境与经济条件 …………………………………（33）
　　（一）自然环境 …………………………………………（33）
　　（二）经济水平 …………………………………………（34）
　二　政治、民族与文化 ……………………………………（34）
　　（一）政治 ………………………………………………（34）
　　（二）民族地区 …………………………………………（35）
　　（三）民族文化 …………………………………………（37）
　三　基层法院、法官与司法 ………………………………（39）

（一）基层法院及其司法 ………………………………（39）
　　（二）基层法官的整体情况 ……………………………（40）
　四　S、D和G：三个典型区域的基层法院 ………………（45）
　　（一）三个典型地区概览 ………………………………（45）
　　（二）三个典型基层法院及其司法 ……………………（47）

第二章　法官流失的基本样态、类型与特征 ………………（52）
　一　基层法官流失的整体样态 ……………………………（53）
　　（一）基层法官流出与流入数据对比 …………………（53）
　　（二）流出法官的主要去向 ……………………………（57）
　　（三）流失法官的年龄、性别、学历与职级构成 ……（61）
　二　基层法官流失的类型分布 ……………………………（64）
　　（一）内向型流动 ………………………………………（64）
　　（二）外向型流动 ………………………………………（66）
　　（三）市场型流动 ………………………………………（67）
　三　基层法官流失的基本特征 ……………………………（69）
　　（一）法院流出与流入人员数据比值较高且地区差异显著 …（69）
　　（二）流失法官多为具有本科以上学历的中青年骨干 …（70）
　　（三）流出去向和类型上以内向型和外向型为主 ………（72）
　　（四）市场型流动与地区经济社会发展水平成正比例关系 …（73）
　四　法官流失内在成因的初步分析 ………………………（73）

第三章　基层法官的职业风险与福利保障 …………………（77）
　一　基层法官职业风险与福利待遇概论 …………………（78）
　　（一）基层法官的职业风险 ……………………………（79）
　　（二）基层法官的医疗、教育条件 ……………………（79）
　　（三）基层法官的工资收入 ……………………………（80）
　二　改革后基层法官工资收入的基本现状 ………………（82）
　　（一）整体工资收入状况 ………………………………（83）
　　（二）法官的年龄分布与月平均工资 …………………（84）
　　（三）入职年限与月平均工资 …………………………（86）

三　员额制改革对基层法官工资收入的影响 …………………… (89)
　　（一）改革前后基层法官的工资收入对比 ………………… (89)
　　（二）是否入额与法官的月平均工资 ………………………… (90)
　　（三）改革后基层法院各类人员的月平均工资 ……………… (92)
　四　基层法官工资待遇的困境及其成因 ………………………… (92)
　　（一）基层法官工资待遇的现实困境 ………………………… (93)
　　（二）现实困境的深度阐释 …………………………………… (97)

第四章　基层司法的压力和困境 ………………………………… (102)
　一　员额制改革后审判压力剧增 ………………………………… (103)
　　（一）一线审判力量削弱导致人案比例失衡 ………………… (103)
　　（二）法官团队未顺利组建 …………………………………… (112)
　　（三）受理案件多元化与司法责任之强化 …………………… (113)
　二　司法的独立性以及公信力欠缺 ……………………………… (117)
　　（一）基层司法的独立性不够 ………………………………… (117)
　　（二）司法公信力欠缺 ………………………………………… (122)
　三　边疆多民族地区的语言困境 ………………………………… (123)
　　（一）基层司法语言困境的实践样态 ………………………… (124)
　　（二）语言困境的进一步解读 ………………………………… (127)

第五章　法院系统内部管理行政化 ……………………………… (130)
　一　流程管理科层化 ……………………………………………… (131)
　二　案件质量管理数字指标化 …………………………………… (133)
　　（一）案件质量指标体系 ……………………………………… (133)
　　（二）案件质量评查 …………………………………………… (137)
　三　绩效考核异化 ………………………………………………… (141)

第六章　基层法官：该如何挽留 ………………………………… (146)
　一　强化基层法官职业保障 ……………………………………… (149)
　　（一）建立基层法官及其近亲属人身安全保障制度 ………… (150)
　　（二）完善司法人员单独职务序列管理制度 ………………… (152)

（三）改革基层法官薪酬制度 …………………………… （154）
　二　完善改革配套措施缓解办案压力 ……………………… （158）
　　（一）根据地区差异合理设置员额比例 …………………… （158）
　　（二）实现法官团队的实质化与专业化 …………………… （159）
　　（三）完善诉讼分流机制 …………………………………… （162）
　　（四）完善少数民族地区"双语法官"的培养和任用
　　　　　机制 ……………………………………………………… （164）
　三　厘清基层司法的条块关系 ………………………………… （165）
　　（一）厘清横向权力关系 …………………………………… （165）
　　（二）合理界定纵向监督关系 ……………………………… （166）
　　（三）从法律层面确立入额法官的独立司法权 …………… （168）
　四　根据诉讼规律调整内部行政管理 ………………………… （169）
　　（一）合理确定法院案件质量的根本标准和依据 ………… （169）
　　（二）依循司法规律设置法院案件质量和绩效考核评价
　　　　　体系 …………………………………………………… （171）
　　（三）弱化法院审判管理组织机制的强行政化 …………… （174）

结　语 ………………………………………………………………… （176）

参考文献 …………………………………………………………… （179）

后　记 ………………………………………………………………… （194）

导　　论

党的十八届三中全会通过的《中共中央关于全面深化改革若干重大问题的决定》正式拉开了新一轮司法改革的帷幕。为了推进公正、高效、权威的司法制度建设，确保人民法院依法独立公正行使审判权，以法院人员正规化、专业化和职业化为导向的法官员额制系此番改革的关键切入点。[①] 2014年6月，中央全面深化改革领导小组第三次会议审议通过了《上海市司法改革试点工作方案》。根据改革方案，法院人员被划分为法官、审判辅助人员与司法行政人员三类，各类人员的比例分别为33％、52％和15％。以上海试点改革为基础，试点范围在全国不断扩大。先后经过三轮试点推广，截至2017年1月，全国27个省区市法院均已完成员额法官选任工作，最高人民法院正式对外宣布法官员额制改革试点工作基本完成。[②] 在员额比例设置上，中央统一确定的员额比例上限为政法专项编制的39％，各地可以根据实际情况对员额比例进行微调，但不得突破39％的员额上限。作为实现司法人员分类管理的基础和保障，从中央到地方又相继出台和实施了一系列涉及法官福利待遇与职业保障的配套性改革措施。

在我国当前基层法官流失问题日益严峻的背景下，[③] 相关改革方案如能真正落地生根，则无疑能够通过释放改革红利将更多优秀的法律人

[①] 季卫东：《司法体制改革的关键》，《东方法学》2014年第5期。
[②] 参见靳昊《我国法官员额制改革试点工作基本完成》，《光明日报》2017年1月14日。
[③] 如2008—2013年6年间，云南省怒江州两级法院共有27名法官调离法院或考到外地；昭通市两级法院2009—2014年6年间共流失法官122人。参见《云南部分法官检察官离职现象引关注》，云南网，http://society.yunnan.cn/html/2015-04-22/content_3700852.htm，最后访问日期：2017年3月12日。

才留在司法第一线，缓解乃至彻底消解基层司法的压力和困境。然而现实情况却不容乐观，即使在改革期间，全国各地法院系统亦不断涌现出法官流失的现象，① 司法人才流失问题不仅没有缓解，反而有加剧的趋势。种种迹象表明，改革的实际效果同改革方案的预期目标似乎仍存较大的差距。这实际反映出我们的相关制度安排和改革措施或许存在某些不可忽视的问题。然而总体上看，除了法制类报刊持续撰文对此予以报道和讨论以外，② 鲜有专门性的学术研究成果，偶有论及亦多侧重于静态的制度层面分析，③ 缺乏充分实证资料基础上的系统研究。鉴于此，亟须对该问题重新加以检视。

一 选题缘由及意义

（一）研究对象的确定

本书的研究对象是新一轮司法改革背景下基层法官流失的基本现状及其内在成因。之所以以此为主题，除了纯粹出于个人的学术经历和学术兴趣外，至少还有以下几点因素。

1. 法官流失问题关乎我国法官的职业化。所谓法官职业化，是指通过一定方式，逐步使法官职业形成一个拥有共同专业的法律知识结构、独特的法律思维方式，具有强烈社会正义感和公正信仰的整体，具有仅属于该群体的职业传统和职业气质。包括同质化、专业性、技术性、独立性、公正性以及消极性等品格。④ 这些职业品格的获取须经长期、系统的法律知识学习、积累以及实践技能的培养和锻炼。而法官的

---

① 参见邹坚贞《法官流失问题愈发严峻：不少年轻骨干担心进不了员额》，经济网，http://www.ceweekly.cn/2015/0525/112626.shtml，最后访问日期：2018年8月2日；王月兵《为什么司法改革来了，法官却要跑了？》，手机凤凰网，http://ucwap.ifeng.com/news/djch/fhzd/news? aid = 86825301&rt = 1&mid = 1527690623172_ 705029872&p = 1，最后访问日期：2018年8月3日；等等。

② 《法制日报》《人民法院报》《中国审判》《法制资讯》等报刊自20世纪末至今登载了大量有关法官流失的新闻报道以及时评性文章。

③ 此类文献典型者如刘练军《法院科层化的多米诺效应》，《法律科学》2015年第3期；刘斌《从法官"离职"现象看法官员额制改革的制度逻辑》，《法学》2015年第10期。

④ 吕忠梅：《职业化视野下的法官特质研究》，《中国法学》2003年第6期。

职业化，一方面是司法活动高度专业性的内在需要；另一方面也是赋予法官不同于一般公职人员和其他社会职业以特殊待遇的重要合法性依据，是其享有较高的社会声望和地位进而实现司法权威的现实基础。

为此，英美法系国家对于法官职位设置了近乎苛刻的准入条件。例如在英国，成为高等法院或者上诉法院的法官往往是法律人在职业生涯中的最后一站，也是最理想的归宿。因此法官一般为中年人或老年人。上级法院法官历来一直从开业的出庭律师队伍中任命，一个在律师界开业不足15年的人是很难被任命为高等法院法官的。[1] 不同于英美法系国家一般将法官职业化的重心过分前移至获取法官职位之前的漫长法律学习和律师从业经历，尽管亦设置了法官准入的基本条件，[2] 大陆法系国家法官的职业化过程更多在科层式的法院体系中，通过职位的晋升逐渐完成。"一个年轻人直接进入最低一级的司法机构，然后在工作的过程中不断升到更高的职位直到他退休。"[3] 囿于当前法学教育的制度性困境以及相对宽松的法官选拔条件，[4] 我国法官的职业化甚至较典型大陆法系国家尤为依赖入职之后的系统内培养和锻炼。亦即从某种程度上看，法官的职业化程度与其入职时间呈现正相关性。因此，当一位入职时间较长的法官离职，其影响不仅仅在于法院人力资源的直接减少，更是对我国司法队伍职业化的致命冲击。

2. 基层法官及其司法是中国司法制度的基础，同时有其自身的独特性。本书并非从一般意义上研究法官流失问题，而是聚焦于基层法院法官的流失问题。其原因在于，基层法院及其法官在我国整个法院系统中占绝大多数，截至2011年6月，全国共有3115个基层法院，下设9880个人民法庭；基层法院（含人民法庭，下同）共有法官及其他工作人员250827人，占全国法院总人数的76.9%。[5] 基层法官作为司法

---

[1] 参见［英］P. S. 阿蒂亚《法律与现代社会》，范悦等译，辽宁教育出版社1998年版，第11—14页。

[2] 参见宋冰编《程序、正义与现代化》，中国政法大学出版社1998年版，第7—11页。

[3] ［美］马丁·夏皮罗：《法院：比较法和政治学上的分析》，张生等译，中国政法大学出版社2005年版，第211页。

[4] 有关我国法学教育的困境与不足，可参见孙笑侠《法学教育的制度困境与突破》，《法学》2012年第5期。

[5] 参见王胜俊《最高人民法院关于加强人民法院基层建设促进公正司法工作情况的报告》，2011年10月25日在第十一届全国人民代表大会常务委员会第二十三次会议上的讲话。

权力金字塔的底座,与最广泛的社会公众维系着持久而深入的互动关系,构成了中国司法的最主要部分。① 因此基层法官的个人素养、职业技能与队伍状况,将直接决定着我国整体的司法质量和社会稳定程度。

此外,基层法院及其法官在司法体系中相较于其他层级法院和法官具有显著的独特性。根据《宪法》规定,我国上下级法院之间属于一种"监督"关系,而各级人民检察院之间则属"领导"关系。用语上的差异,旨在凸显司法的独立品性。然而由于语义上的模糊,"监督"与"领导"的内涵和外延实际难以真正厘清,从而导致实践中的监督关系容易异化为事实上的领导关系。② 这使我国的司法制度更接近于达玛什卡所谓的"高度整合性的司法科层体系"③,上级法院通过二审、审判监督程序以及日趋精细化的审判管理对基层法院的日常运行进行常规而全面深入的审查。④ 在这种上级审查和干预几乎无所不在的情况下,基层法院往往成为内部行政权力自上而下运行中的最终承受者。来自司法体系金字塔顶端的任何细微的政策变化,都将给基层法院带来巨大的震动。就如同被人操纵的木棍,主宰者手中任何一分力量的增减都会传导到棍子的末梢并在此带来最大幅度的颤动。基层法院在司法体制中的此种被动地位,一方面导致其在正式的话语体系中往往成为最容易被忽视的那一部分,另一方面又使其法官的生存状况和流失情况呈现一系列不同于其他高层级法院的外在特征。

3. 新一轮司法改革为基层法官及其司法带来了新的机遇和挑战。执政党的第十八届三中全会开启的新一轮司法改革提出了涉及法官的选拔、任命、管理、福利待遇以及职业保障等在内的 21 项改革举措,⑤ 从内容上看不可谓之不"全面深入"。而且在改革方案公布伊始,全国各地即快速进入试点和推广阶段,至少从外观上呈现不同于以往历次司法

---

① 苏力:《送法下乡》,中国政法大学出版社 2000 年版,第 9 页。
② 贺卫方:《司法的理念与制度》,中国政法大学出版社 1998 年版,第 123—124 页。
③ [美]达玛什卡:《司法和国家权力的多种面孔》,郑戈译,中国政法大学出版社 2004 年版,第 73 页。
④ 参见张青《政法传统、制度逻辑与公诉方式之变革》,《华东政法大学学报》2015 年第 4 期。
⑤ 胡云腾:《从摸着石头过河到顶层设计——对三中全会〈决定〉有关司法改革规定的解读》,《中国法律》2004 年第 2 期。

改革的执行力和行动力。然而，由于司法改革涉及复杂的利益群体和多方利益博弈，甚至对整个政治体制而言都是牵一发而动全身，从过去30多年的改革历程看，每一次进步都举步维艰，受到诸多因素的制约。其中有政治性的、结构性的、体制性的、认识上的、方法论的，以及组织性的障碍。① 改革的广度越大，深度越强，其面临的阻碍和困难亦势必越严峻。在此种状况下，这些改革举措一方面使基层法官面临着更为微妙和复杂的司法环境，另一方面又为从根本上解决基层法官流失问题带来了新的契机。因此，将基层法官流失问题置于新一轮司法改革的背景中予以思考，探寻如何将困境转变为机遇，使改革真正成为留住基层法官的有效方式而非压垮骆驼的最后一根稻草，是当前司法制度研究须予以直面的重要课题。

(二) 研究意义

以法官队伍建设为核心内容的法官管理制度在我国建立和讨论已久，但与英美等法治发达国家相比，以审判权为中心，包括法官资格、法官任免以及法官职业保障等奠基于现代法治理念的法官管理制度，在我国的发展历史则较为短暂。新一轮的司法改革，从改制度到改"人"，可以说是切入我国长久以来司法制度的"痛处"。然而切到"痛处"并不意味着就能切除"痛处"。从法官流失这一现象看来，在切除"痛处"的过程中，随之而来亦引发了其他"不良症状"。

随着法官离职现象的有增无减，我们不能再简单地认为这是"改革付出的必然代价"，即便确实无可避免，也并不意味着改革者们可以就此心安理得地高枕无忧。法官流失到底隐藏着什么样的逻辑，难道真如个别学者所言："法官离职现象由来已久，今天只不过是被那些唱衰司法改革的人刻意夸大罢了"吗？② 笔者认为，在匆忙做出结论之前，首先有必要就基层法官流失的基本现状及其背后的制度逻辑做深入的调查和分析，全面、客观地看待法官流失这一问题的历史性和时代性。因此本书的研究就具有了以下三个层面的意义。

---

① 参见季卫东等《中国的司法改革》，法律出版社2016年版，第111—112页。
② 转引自刘斌《从法官"离职"现象看法官员额制改革的制度逻辑》，《法学》2015年第10期。

1. 具体呈现基层法官流失的整体图景。关于基层法官的流失，在我国实际是一个讨论已久的话题。无论是官方媒体还是各类法官微信公众号，几乎隔一段时间便有相关报道和讨论。实务界的各类会议亦反复提到基层法官流失问题。有趣的是，同实务界和新闻媒体的"热闹"相比，学界却对此显得格外"冷静"。除了对法官职业保障相关问题有分散的讨论，几乎鲜有关于基层法官流失的深度思考和检讨。而且与官方正式话语的密集表态和一再声言改革形成鲜明对照的是，基层法官流失问题长期处于被边缘化的状况，并未真正引起官方所宣称的那种重视，也没有带来问题的实质性改变。之所以如此，归根结底还在于对基层法官流失的具体状况缺乏充分的认识所致。本书拟以 Y 省部分基层法院为例，就基层法官的流失现状、特征及其背后的制度逻辑予以深度调查和阐释。因此能够助益于将基层法官流失问题以具体而非抽象的方式予以彻底呈现。

2. 在对基层法官生存状况实证研究的基础上，为当前的司法改革提供理论支撑与经验基础。目前学界对基层司法之研究，多侧重于对司法过程和流程予以阐述。对基层法官之生存环境虽偶有涉及，然关注之重点或为寻求司法制度个别之完善，或为一般法学理论，法官生存状况本身并未引起学界足够的关注。20 世纪 90 年代学界对此虽有较为深入的论述，但如今我国基层司法环境以及法官面临的实际问题已发生巨大转变。因此通过对基层法官进行广泛的实证调查并从理论层面予以专门性的系统分析，一方面既可以为正在进行的司法改革提供系统的而非分散的和碎片化的理论参考，另一方面亦可以为进一步的改革和完善提供决策的经验材料支撑。

3. 有助于丰富和完善基层司法的研究方法与理论体系。首先，不同于一般的规范性分析和纯描述性研究，本书的分析过程和研究结论均建立在大量数据资料的基础之上，其基本特征是根据数据说话。正如何海波教授在论及法学研究中数据研究方法的应用时所指出的那样，"引经据典的论证不再统一天下，'拿数据说话'将成为常态，对数据的获取和分析将成为法学研究的一个新高地"[①]。在习惯于旁征博引的传统

[①] 何海波：《迈向数据法学》，《清华法学》2018 年第 4 期。

研究方法仍占主导的学术氛围下，主要立足于数据进行的基层司法研究既是一种研究方法上的初步尝试，同时也是对基层司法既有研究范式的一种有益的补充。其次，本书以基层法官本身作为学术研究关注之核心，即采用一种从主体出发的理论视野，相较更多关注一般法理或者个别制度改良的既有研究成果，可以加深对基层司法之认识和理解，推动司法理论向着更为务实的方向发展。

二 研究现状述评

（一）针对法官流失问题的专门性研究

总体来看，除了法制类新闻报刊多有报道和涉及以外，[①] 鲜有针对法官流失问题的专门性学术研究成果。即使偶有论者涉及这一领域，亦多倾向于采用传统的"问题—对策"研究模式，即立足个别法院的经验材料所反映出来的一般性法官流失问题进行对策性解读。对于法官流失，尤其是基层法官的流失问题缺乏在系统实证研究基础上的深度理论阐释。具体而言，当前学界针对法官流失问题的研究主要从法官流失的现状、客观原因以及对策建议等层面展开。

1. 针对法官流失总体状况的研究。已有研究发现，当前我国法官流失的基本情况呈现较为明显的群体性、方向性和发展性特点。从流失主体来看，具有基层多、骨干多、年轻化和高学历化等特征；流失去向上，以流向其他法院和党政机关、检察院为主，职业流向多元化；从地域上看，多由欠发达地区流向发达地区；在流失速度和趋势上，整体流失加速态势明显，且流失程度有加重趋势——由中西部向东部沿海扩展。[②]

2. 对于造成当前法官流失现状的客观原因分析。[③] 根据现有研究成

[①] 典型文献如胡昌明《如何在司法改革中善待法官》，《人民法院报》2015年7月23日；蒋惠岭《中国法官的压力管理策略》，《人民法院报》2015年11月18日。
[②] 参见方宏伟《法官流失及其治理研究》，《武汉理工大学学报》（社会科学版）2015年第3期。
[③] 典型文献如彭海杰、周辉《挑战与回应——基层法院人才流失情况的调查与思考》，《人民司法》2005年第7期。

果，法官流失的原因主要有以下三个方面：一是基层法官的工作压力大。其来源包括法院系统内部和社会两方面。前者表现为审判工作量大而一线法官少、审判责任的不确定性、辅助性工作和行政事务过多；后者则主要表现为法官人身安全缺乏保障、当事人信访和闹访、社会舆论的压力和干扰等。二是工作回报低。其突出体现在工资福利和政治待遇偏低、职级晋升慢、职业发展通道不畅诸方面。三是职业尊荣感不够。由于法院公信力、权威性和社会认同度不高，内外部力量过分干扰司法活动导致法官职业尊荣感几于丧失。

3. 法官流失之应对。面对法官流失问题，大多从改进基层法院的内部管理、改善法官福利待遇、完善法官职业保障以及创设良好的司法环境等方面提出相关建议和构想。[①] 一是法院内部管理方面，相关论述颇多。但多集中在如法官助理的设置、司法人员分类管理、法官与法官助理职能分工等方面的探讨。二是法官待遇方面，主张提高法官工资福利待遇和职级晋升等政治待遇的同时打破单纯依靠行政级别决定工资待遇的传统公务员管理模式，代之以法官职务等级作为其工资待遇的基准。[②] 三是法官的职业保障方面，不仅强调包括安保措施和人身安全保险等人身保障，还呼吁对于司法独立和法官地位的保障、身份权利保障以及经济权利保障等诸多方面。[③]

4. 跨学科视角的研究。还有学者从跨学科视角对法官流失问题做了富有启发的探讨。如有学者运用管理学方法和理论从职业风险和组织公平对离职倾向的预测和调节作用出发，获得了对法院组织管理实践的创见，并据此提出了降低法官职业风险，弱化法官离职倾向，增强组织公平以及稳定法官队伍的应对策略。[④] 另有学者从心理学角度出发，通过调查分析不同法官群体的心理压力、健康情况及其成因，从缓解法官

---

① 典型文献如吴国平《法官流失现象的反思及其解决对策》，《上海政法学院学报》（法治论丛）2015年第4期；胡昌明《中国法官职业满意度考察——以2660份问卷为样本的分析》，《中国法律评论》2015年第4期。

② 参见吴国平《法官流失现象的反思及其解决对策》，《上海政法学院学报》（法治论丛）2015年第4期。

③ 同上。

④ 参见李霞、尚玉钒等《职业风险、组织公平对离职倾向的影响作用研究》，《科学学与科学技术管理》2011年第5期。

心理压力、解决法官心理问题入手,为法官流失问题提供了新的解决思路。如从心理契约的视角解释法官流失的动因,并认为可通过心理契约的修正与维护达到法官流失之风险预控的目的。①

(二) 有关法官生存状况的研究

较之以法官流失现象为视角切入的专门性研究成果,有关法官生存状况的文献则明显更为丰富、涵盖面也更加广泛。究其缘由在于"法官生存状况"是一个集合概念,是诸多相关制度运行结果的外在呈现。其昭示着与法官日常生活和工作密切相关的一系列现实问题和困境。因此这类研究一般不直接针对法官流失问题,但同时又与法官流失密切相关。

1. 有关法官职业保障方面的研究。现有研究多从法官职业保障的现状、问题及其对法官所造成的压力和后果入手,进而落脚于对策建议的讨论。既有研究表明,当前我国法官职业保障之不足反映在法官权威、职务权力、工资待遇、职务晋升以及人身权利等诸多方面。例如有学者指出,我国法官职业面临的现实境遇是:行政化管理色彩浓厚,独立审判实现困难;工资"参公"执行,职业特点难以体现;培训管理薄弱,机械执法现象普遍;退休制度不完备,人案矛盾越发突出;职业风险增大,人身安全缺乏保障。② 另有论者指出,对于法官的身份和职业特权保障问题,前者表现为法官任免条件以及罢免程序层次较低以及离职调动随意化等弊病,后者则主要体现在司法豁免权的缺位、法官尊荣的缺失以及人身安全保障的缺乏。③

法官职业保障不健全的直接后果则造成法官生存状况越发恶化,职业风险和工作压力增大,进而导致"现有的法官队伍人心不稳,骨干法官流失严重,法官职业对法律职业共同体或法律人才的吸引力降低"④。

---

① 参见王子伟、严蓓佳《从"心"开始:法官流失之风险预控——基于心理契约视角的实证研究》,《全国法院第二十六届学术讨论会论文集:司法体制改革与民商事法律适用问题研究》2015年。
② 参见宁杰、程刚《法官职业保障之探析——以〈法官法〉中法官权利落实为视角》,《法律适用》2014年第6期。
③ 参见孙伟良《我国法官权利保障研究》,博士学位论文,吉林大学,2012年。
④ 吴国平:《对提高法官待遇问题的思考》,《海峡法学》2015年第2期。

法官流失态势的加剧宏观上"不仅影响目前人民法院审判工作的正常开展，影响法官队伍的稳定与法官队伍的新老交替、审判经验的借鉴传承，影响法官队伍素质和办案质量的提升，也影响人民法院的形象。从长远来看，还势必影响人民法院司法改革和法官队伍的正规化、专业化和职业化建设，影响人们对法治社会、法治政府和法治国家的期望，动摇人们对法律的信仰和人民法院的信任，对实施依法治国，建设社会主义法治国家目标的实现也会产生不利影响"[1]。

针对法官职权保障现状所存在的问题，研究者们大致从职权保障、身份权利保障、经济与政治待遇保障以及人身安全保障四个方面提出相应的完善策略。在职权保障方面，坚持司法去行政化与去地方化的改革方向，落实法官责任制和人财物省级统管的改革措施，从外部环境和内部制度两个层面确保审判独立地位、健全审判权监督制约机制，以审判权保障为中心。[2] 身份权利保障方面，延长法官的退休年龄，建立法官职务豁免制度，严格规定并限制法官职务调动与任免的条件和程序，增强法官职业权威和职业尊荣感。经济与政治待遇方面，一方面探索实行法官高薪制和法官审判津贴制度，[3] 另一方面实行法官单独职务序列管理并确立配套的薪酬制度，[4] 逐步提高法官收入。同时打通上下级法院、同级法院之间的法官晋级与流通通道，提升法官政治待遇。人身安全保障方面，落实法院内部安保措施，建立法官人身安全保险制度，完善扰乱司法秩序的追诉机制。[5] 另有部分学者还主张通过完善法官遴选与管理机制，建立专业化、精英化的法官队伍，通过职业教育提高整体法官素质，改革法官考评奖惩机制等措施以实现法官地位的提升。此外，左卫民教授等对中国基层司法财政制度的变迁进行了深度实证考察。通过对不同历史时期基层法院财政收入与支出情况的系统梳理和分析发现，人员经费支出是其财政支出的重要组成部分；并在比较不同时

---

[1] 吴国平：《对提高法官待遇问题的思考》，《海峡法学》2015年第2期。
[2] 参见朱兵强《深化司法体制改革与法官职业权利保障制度的完善》，《时代法学》2015年第5期。
[3] 钱锋：《法官职业保障与独立审判》，《法律适用》2005年第1期。
[4] 李璐君：《司法职业保障改革在路上——司法职业保障研讨会述评》，《法制与社会发展》2017年第1期。
[5] 商磊：《需要与尊荣：基层法官职业保障制度之重构》，《政法论坛》2017年第5期。

期法官工资待遇和福利保障的基础上，提出了作为新一轮司法改革之重要内容的人财物省级统管后法院人员类经费改革的基本思路和具体方案。① 这些研究对于基层法官职业保障体系的重构与完善极具启发性和建设性意义。

2. 员额制司法改革与法官压力。根据官方话语表述，法官员额制改革以法官职业化、精英化和专业化为主要目标，以司法"去行政化"和"去地方化"为重要任务。不可否认，员额制改革推行至今确实取得了较为显著的成效，但其面临的问题也逐渐显现。对此，有学者从精英化与专业化的迷失入手寻求员额制的困境与出路。其研究显示，员额制实际运行状况并不理想，出现了诸如大中城市法官离职现象频发，法院领导层基于个人利益或者法院小团体的利益扭曲甚至替代法院组织目标、占据法官员额从而压缩其他精英法官入额机会，法官遴选逆向淘汰以及司法效率和质量实际下降等问题。进而在对法官员额制的目标定位以及法官员额比例、权责界定、入额标准和考察方式等具体内容的科学性与合理性加以系统反思的基础上主张，进一步的改革应遵循"十字架"模型与"双平行线"模型。一方面，根据不同地区、不同审级、业务庭类别等分别设计不同的法官员额比例；另一方面，坚持司法技艺考核、司法伦理考核、法律理论考试的法官入额方式和员额制去行政化两项刚性要求不容突破。同时科学设计与确定员额制的基础制度和案件的分流及速审、司法责任豁免以及法官薪酬待遇等其他配套制度。②

部分研究虽未直接探讨员额制之困境对法官生存状况之冲击，然作为一项以法官群体为直接对象之改革，其每一项举措本身即与法官生存状况休戚相关。如有论者通过实证分析揭示并反思员额制的隐忧与出路，认为法官员额制在推行中存在与司法责任制衔接不够、员额法官比例设置缺乏科学有效的依据以及法官选任机制削减工作积极性等问题，因此主张要科学确定法官员额基数，以法院工作量为基础配备法院编

---

① 参见左卫民等《中国基层司法财政变迁实证研究（1949—2008）》，北京大学出版社2015年版，第49页以上。

② 宋远升：《精英化与专业化的迷失——法官员额制的困境与出路》，《政法论坛》2017年第2期。

制，统一员额法官的选任和补充方式，以及加快推进配套性改革。① 还有论者从法官"离职"现象看法官员额制改革的制度逻辑，认为员额制的某些改革举措偏离了"让优秀法官受惠"的逻辑目标，优秀法官非但没有竞相涌入法院，反而日益呈现一种扎堆"离职"之态势，且改革过程的曲折性、方案的非公开性以及策略的非系统性也加剧了法官的忧虑和对前景的担忧。因此要"搭建公平竞争的平台"，"设定有利于优秀法官脱颖而出的口径统一的'入额'标准"，"以统筹兼顾当前和长远利益的方式分配法官员额"，让优秀法官成为改革的真正受惠者，"以谋定而动、系统推进、公开透明为进路推进法官员额制改革"②。实务界人士还从实践视角展示了员额制改革对于法官生存状况乃至法官流失之影响，同时相关对策建议在现实性、针对性和可操作性层面具有一定借鉴意义。③

3. 法院及法官的司法独立性之争。法院和法官的独立地位是司法公正的前提和基础，是司法权威的必要保证，同时也是法官职业尊荣感的重要体现。学界对于法院及法官司法独立性之相关研究较为庞杂，大致有以下三种较为常见的研究进路。

一是针对审判独立进行的对策性研究。在规范分析与实践反思的基础上，从外部去行政化、去地方化，内部改革法官制度和审判权运行机制等配套制度两个层面提出完善方案，以实现与保障审判权的独立地位。如有学者认为，审判独立的逻辑前提有三：第一，国家公权架构及制度体系承认、赋予了法院独立行使审判权的空间；第二，法院有足够的独立审判之意愿和担当；第三，法院有足够的确保独立审判之素质和

---

① 陶杨、赫欣：《隐忧与出路：关于法官员额制的思考——基于A省B市C区法院员额制改革的实证分析》，《政治与法律》2017年第1期。此类文献代表性者还有拜荣静《法官员额制的新问题及其应对》，《苏州大学学报》（哲学社会科学版）2016年第2期；白彦《司法改革背景下我国法官员额制度问题研究》，《云南社会科学》2016年第2期；等等。

② 参见刘斌《从法官"离职"现象看法官员额制改革的制度逻辑》，《法学》2015年第10期；该类代表性文献还有陈永生、白冰《法官、检察官员额制改革的限度》，《比较法研究》2016年第2期；吴洪淇《司法改革转型期的失序困境及其克服——以司法员额制和司法责任制为考察对象》，《四川大学学报》（哲学社会科学版）2017年第3期；夏纪森《员额制下法官的职业认同实证研究——基于在安徽省某市法官员额制试点法院的调查》，《法学杂志》2018年第1期。

③ 参见李浩主编《员额制、司法责任制改革与司法的现代化》，法律出版社2017年版。

能力。而当下中国大陆地区影响审判独立状况的，不是体制多么不健全或体制所赋予的独立审判空间多么不足，而是法院以及法官没有足够的独立审判意愿和能力。因此，真正有效提升审判独立水准的思路不应是外部化的"大"思路，而应是各种有助于提升法院、法官独立意愿和能力的内部化思路。① 另有学者认为，鉴于我国司法机关依法独立行使职权原则强调的是法院整体的独立性，其在实践中则异化为司法的地方化以及司法的行政化。故应当淡化司法独立的政治色彩，构建以依法独立行使职权为核心的司法独立，并排斥案外因素的影响，以司法的法律效果为根本追求。处理好独立司法与党的领导、人民代表大会的关系。通过政法委职能的转变和人财物统一管理建立外部保障，通过调整人民法院内部各主体之间的关系和明确各主体职责权限建立内部保障，内、外两个方面统筹协调，整体推进司法机关依法独立行使职权。② 还有学者对主审法官责任制的功能定位与实现路径进行了讨论，通过分析主审法官责任制的价值预设以及审判独立、审权和判权分离导致的现实困境，提出合理分配主审法官和合议庭其他人员的职责、禁止不正当的行政干预，以及对上级审签制度、审委会裁判等制度进行清理和改革，以实现主审法官责任制的价值。③

二是对法院独立和法官独立之关系进行讨论。如有论者认为，只有明确法院依法独立行使司法权与法官独立审判，构建具有中国特色的"双重独立"的司法体制，才能为司法权运行机制改革提供支撑。由于没有规定法官在行使职权时的独立地位、独立身份和履职保障，导致我国目前司法权运行机制存在严重的行政化、层级化问题，加之域外立法例显示法官独立是司法权独立行使的应有之义和自然延伸，因而应当在法律和制度层面建构司法权独立行使与法官独立"双重独立"体制。④

---

① 周赟：《当前审判独立不足原因之考辨——从审判独立的逻辑前提说起》，《法学》2016年第1期。
② 陈卫东：《司法机关依法独立行使职权研究》，《中国法学》2014年第2期。
③ 刘素君、柳德新：《论主审法官责任制的功能定位与实现路径》，《河北法学》2016年第6期。此类代表文献还有叶青《主审法官依法独立行使审判权的羁绊与出路》，《政治与法律》2015年第1期；刘少军《司法改革语境下合议庭独立审判问题研究》，《法学杂志》2017年第10期；白山云《关于完善和保障我国独立审判原则实现的探讨》，《法学家》2000年第2期。
④ 王韶华：《论我国"双重独立"司法体制的建构——法院独立行使司法权与法官独立审判》，《河南财经政法大学学报》2014年第3期。

有学者虽然也认为"法院独立"与"法官独立"并非两种对立的司法组织原则，但略有不同的是其强调，在我国司法体制改革推进策略中，以去地方化为方向的法院独立应具有优先性，当下作为阶段性目标的"法官独立"要适度而为，谨慎对待为实现法官独立而去行政化的改革举措；应以审判组织有效运行作为统合"法院独立"与"法官独立"的着力点；以合议制审判组织运行技术规则为法官独立与受制的平衡点，实行陪审制国家化与去法院化。①

三是对司法独立其他相关问题的研究。有论者探讨了科层化行政管理与司法独立的关系，认为司法制度的构建离不开传统的科层化行政体制，科层化的行政管理与司法独立审判能够实现理性兼容，对法院管理中的理性官僚体制之改造只能以政府模式向治理模式过渡，用合法、合理、符合中国本土特征的方式来度过。② 有学者对司法责任制进行了整体研究，指出司法责任以司法权的独立行使为基础，并通过法官问责与惩戒得以落实，司法责任的价值目标即培养有职业操守的精英法官。③还有学者对当下司法改革理论进行反思后指出，不正确的司法权理论造成了一系列难题与冲突。为保障司法改革的顺利推行，实现维护司法正义的改革目标，有必要确立一种以法官独立审判为核心的司法改革理论。④ 不同于前述"法官独立"赞同论以及放缓论，有学者在探讨法院审判权运行机制的构建时认为，"法官独立"既不是我国法院的改革方向，也不适合我国国情。人民法院改革的方向和目标应当是：在充分发挥独任法官和合议庭在审判中的基础和主导作用的前提下，统筹综合且恰当有效地运用法院整体的审判资源，去实现法院所面临的各项审判任务。⑤

4. 法院内部监督管理问题。有关法院内部监督管理制度的研究主

---

① 徐阳：《如何实现"法院独立"与"法官独立"的统一——法院改革的策略选择》，《求是学刊》2016年第43卷第5期。此类文献还有蒋惠岭《"法院独立"与"法官独立"之辩——一个中式命题的终结》，《法律科学》（《西北政法大学学报》）2015年第1期。

② 王申：《科层行政化管理下的司法独立》，《法学》2012年第11期。相关文献还有王申《司法行政化管理与法官独立审判》，《法学》2010年第6期。

③ 金泽刚：《司法改革背景下的司法责任制》，《东方法学》2015年第6期。

④ 陈瑞华：《司法改革的理论反思》，《苏州大学学报》（哲学社会科学版）2016年第37卷第1期。

⑤ 顾培东：《再论人民法院审判权运行机制的构建》，《中国法学》2014年第5期。

要有两种进路。

一是着眼于审判管理、法院内部机构设置和审判权运行机制的定位与改革，强调审判与行政管理相分离以实现法院内部审判"去行政化"，实行独立、专业的法官审判责任制。[①] 如有学者主张实行法院审判权与司法行政事务管理权分离模式。认为我国法院审判和管理的双重特性使得法院组织结构呈现审判权与行政权的二元化特征。法院外部管理地方化、内部"两权"运行失衡以及审判决策主体与管理决策主体混同问题严峻。而法院专业技术环境和制度环境之间的冲突需要通过调整审判权和司法行政事务管理权组织结构才能有效去除司法地方化、行政化问题。因此应当充分考量"两权"分离的客观因素，遵循司法权运行规律，法院内部建立"两权"矩阵模式、外部建立一体化的管理决策和执行模式。[②] 另有学者进一步主张"三权分离"以完善司法权运行机制。其认为当前法院三权运行矛盾重重，监督权运行的管理往往被忽略，审判权与行政权合一、行政权与监督权合一的现行管理结构是导致法院内部监督体制失灵的重要原因，也是法官违法行为持续多年未被发现和发现者皆来自外部监督体制的根本原因。因而提出要按照"三权分离、各司其职、各负其责"的要求，围绕行政权的服务性、审判权的独立性和监督权的主动性理顺和构建三权关系。[③]

二是从微观制度层面就案件质量评估与法官绩效考核机制的理论和实践问题予以探讨。[④] 如有学者对法官绩效考核制度的困境与误区进行了较为深入的解读，指出绩效考核制度虽被视为一种实现法官管理的有效形式，但其背后的"规训逻辑"与司法规律形成尖锐的冲突，对法官的实质理性构成了严重的伤害，其中"刷数据"的现象形成了逆向奖励和淘汰机制。因此欲建立一支适应现代法治的司法队伍，真正解决

---

① 参见杜豫苏《上下级法院审判业务关系研究》，北京大学出版社2015年版。
② 曹红军：《法院审判权与司法行政事务管理权分离模式研究》，《法律适用》2018年第9期。
③ 李秀霞：《三权分离：完善司法权运行机制的途径》，《法学》2014年第4期。相关文献还有梁平《"管理—审判"二元架构下法院内部机构设置与权力运行研究》，《法学论坛》2017年第3期；章武生、吴泽勇《司法独立与法院组织机构的调整（下）》，《中国法学》2000年第3期；董治良《法院管理浅论》，《国家检察官学院学报》2005年第5期。
④ 参见钱锋主编《审判管理的理论与实践》，法律出版社2012年版。

司法腐败和司法不公的问题,应该建立一种"自由的逻辑"指导下的以程序约束为中心的法官管理和培养模式。① 还有学者通过实证考察,发现并总结我国法院系统绩效考评制度具有"数字管理"、各级法院考评"同构性"和同一法院考评"双轨制"等特点。在肯定绩效考评制度的现实合理性和政治正当性的同时,认为其背后的问题在于:"双轨制"抑制司法比较制度能力的有效发挥和架空法院独立行使审判权的制度基础。由于法官"自由裁量权"的存在,无视初审和上诉审职能分工和审级差异的绩效考评"同构性"和"数字化管理"更使量化考评指标不仅无法有效测度法官工作的努力度和廉洁度,更在很大程度上有损审判独立、程序价值等法治原则。②

(三) 法社会学的相关研究

从法社会学角度展开的相关研究将基层司法置于宏观和微观社会结构中予以探讨,相较于规范法学的较多批判,其更多强调对基层司法的同情式理解。与此相应,法社会学的研究目的也并非满足于具体的制度构建,而是试图在理解的基础上实现对中国法制现代化进程的整体性反思。

1. 借基层司法问题探讨一般性法理。借研究基层司法的微观运作过程及其策略反思现代法治的一般性问题。其中尤以苏力在20世纪90年代末对中国基层司法制度的研究最具代表性。从中国基层司法制度、司法知识与技术以及包含基层法官的各类法律人三个维度切入,苏力对基层司法的理论和实践问题进行了系统考察。③ 面对基层法院以解决纠纷为中心这一司法现实,苏力认为基层司法的这一导向并非以牺牲规则为代价,也"并非否认法律、特别是国家强制力支持的法律活动具有塑

---

① 李拥军、傅爱竹:《"规训"的司法与"被缚"的法官——对法官绩效考核制度困境与误区的深层解读》,《法律科学》2014年第6期。

② 艾佳慧:《中国法院绩效考评制度研究——"同构性"和"双轨制"的逻辑及其问题》,《法制与社会发展》2008年第5期。相关文献还有施鹏鹏、王晨辰《论司法质量的优化与评估——兼论中国案件质量评估体系的改革》,《法制与社会发展》2015年第1期;陈忠、吴美来《案件质量评估与审判绩效考核衔接机制研究——以重庆法院实践为样本》,《法律适用》2014年第3期;张建《法官绩效考评制度的法理基础与变革方向》,《法学论坛》2018年第2期。

③ 参见苏力《送法下乡》,中国政法大学出版社2000年版。

造社会、使之标准化的作用",其实质只是全国性规则与地方性规则的冲突与抉择。① 同时强调政策和制度的适度调整,主张区分纠纷解决与规则之治,划分并尊重不同级别法院的功能,完善司法分工,满足基层社会对于纠纷解决的司法需求。②

有学者从基层司法实践中情理与法律的冲突入手,认为法律不仅是被规定的宏观制度,更是微观的实践运作,法律正是在与情理的冲突和妥协过程中得以实践。③ 抑或从基层司法的实际运作中提炼出一种反司法理论,强调乡村的、基层的治理难题只能用一种非司法甚至反司法的方式来解决,基层治理问题的解决是建立法治的前提和基础。④ 另有不少学者立足于乡村人民法庭这一微观视角,直观展现乡村司法的社会结构与行动逻辑。⑤ 研究表明,乡村司法的治理化定位以及由此而来的纯行政化绩效考评机制在法官与案件处理之间形成一种制度化的利益纽带,法官出于自我保护与自利的目的最终造成乡村司法的策略化。⑥ 虽然此种策略化的运行背后隐藏着有序与正义的契机,但其并非一种稳定和普遍的司法产品,而是因案件结构、法官个人因素等差异表现出一定的任意性和偶然性,因而是一种"个人化"的公正和秩序。⑦ 此外,高其才教授以法律民族志的手法,对基层法庭进行了系统的素描式研究。⑧

2. 从社会治理的视角出发,将基层司法同其他纠纷解决机制置于社会治理总体框架之下进行研究。在传统地方性规范和内生性权威力量式微,无法维护乡村社会秩序、治理机构日益混乱的情况下,强调国家

---

① 参见苏力《纠纷解决与规则之治》,《中国社会科学文摘》2000年第5期。
② 参见苏力《中国农村对法治的需求与司法制度的回应》,载贺雪峰主编《三农中国》(总第10辑),湖北人民出版社2007年版。
③ 参见强世功《"法律"是如何实践的》,载王铭铭、王斯福主编《乡土社会的秩序、公正与权威》,中国政法大学出版社1997年版。
④ 参见赵晓力《基层司法的反司法理论?——评苏力〈送法下乡〉》,《社会学研究》2005年第2期。
⑤ 参见张青《"乱象"中的公正与秩序:鄂西南锦镇人民法庭的实践逻辑》,法律出版社2015年版;丁卫《秦窑法庭:基层司法的实践逻辑》,生活·读书·新知三联书店2014年版。
⑥ 张青:《乡村司法策略化及其日常呈现——锦镇个案的过程分析》,《华中科技大学学报》(社会科学版)2014年第28卷第5期。
⑦ 张青:《乡村司法的"公正"与"秩序"》,《东方法学》2014年第6期。
⑧ 参见高其才、黄宇宁等《基层司法》,法律出版社2009年版;高其才、周伟平、姜振业《乡土司法》,法律出版社2009年版。

法律的重要性，主张"迎法下乡"以拨乱反正，维持秩序与公正；① 而同时又在综合考量乡村经济基础与社会环境、乡村纠纷所具有的特殊性以及乡村社会司法需求的基础上，认为应当保持乡村司法的双二元结构形态，在法治化与治理化之间寻求平衡。② 贺雪峰从乡村治理的角度研究村民自治的社会基础，认为只有充分了解乡村社会的特性和变化，才能运用公共权力进行有效治理，其半熟人社会理论的提出为乡村乃至整个基层社会司法的研究提供了全新的理论视野。③

3. 偶涉型研究。在对基层司法和纠纷解决的研究中偶涉法官的生存状况。如喻中从城市—乡村、国家—社会、西方—中国三种视角描绘了当代中国乡土司法的图景，全方位展示了基层司法的现状及其诸多制约因素。④ 郭星华在对法社会学理论本土化的探索过程中，也对社会转型中的纠纷解决做了较为系统的研究。⑤ 王亚新则从程序、制度和组织入手，考察基层法院的日常程序运作状况，并从中透视制度的变迁和社会治理结构的转型。⑥ 王启梁等通过对基层法官的各种调解手段进行深入考察，认为法官处理案件的方式取决于其所受到的结构性制约和自身司法经验，进而强调通过改变法院管理制度和职业声望评价等结构性约束，实现改变法官司法方式的目的。⑦

以上是对基层法官流失及其生存状况相关研究成果的一个概括性介绍。既有研究成果基本涵盖了本书的研究主题，为本书的研究提供了研究方法和理论视角上的启发，同时也奠定了较为扎实的理论基础。然而，通过前文的梳理和分析亦显示其仍有进一步探讨的现实需要和理论空间。主要表现为有关基层法官流失及其生存状况

---

① 参见董磊明、陈柏峰等《结构混乱与迎法下乡》，《中国社会科学》2008年第5期。
② 参见陈柏峰、董磊明《治理论还是法治论——当代中国乡村司法的理论构建》，《法学研究》2010年第5期。
③ 贺雪峰：《乡村治理的社会基础——转型期乡村社会性质研究》，中国社会科学出版社2003年版；贺雪峰：《村治模式》，山东人民出版社2009年版；贺雪峰：《新乡土中国》，北京大学出版社2013年版。
④ 参见喻中《乡土中国的司法图景》，中国法制出版社2007年版。
⑤ 参见郭星华等《社会转型中的纠纷解决》，中国人民大学出版社2012年版。
⑥ 参见王亚新《程序·制度·组织——基层法院日常的程序运作与治理结构的转型》，《中国社会科学》2004年第3期。
⑦ 参见王启梁、张熙娴《法官如何调解？》，《当代法学》2010年第5期。

的研究成果形式单一，专门、系统性的理论著述欠缺。总体而言，规范法学和实务部门对法官流失及基层法官生存状况缺乏系统研究，论点较为分散，且偏技术和规范层面的探讨，对政治、社会和文化结构及其影响重视不足。一是普遍缺乏对于基层法官流失及其生存状况的专门性探讨，多为整体性、一般性的研究，忽视了基层法院、基层法官的特殊性以及基层司法面临的独特困境。二是现有研究大多建立在有限的个案样本之上，缺乏全面、深入的实证资料支撑，代表性和典型性不足。三是相关研究成果零散而不成体系，缺乏对于现状背后原因的深度分析，对实践问题的权宜考量而非基于法律原则的长远制度安排成为对策建议的主导性因素。部分学者虽然运用跨学科的理论和方法间接对基层法官的生存状况做了一定程度的探讨，但囿于其学术旨趣和较为宏大的理论关怀，基层法官流失问题本身并非其关注的重点。

总之，当前有关法官生存状况的研究虽较为庞杂，但相似之处在于普遍缺乏对于基层法官的特别关注，忽视了基层法院及其法官生存环境的特殊性。而法官职业保障方面的研究则往往呈现两种相反的倾向。一方面，相关研究过于局部化、碎片化，难以展示基层法官生存状况的完整图景；另一方面，容易步入片段式研究的另一个极端，即试图在有限的篇幅内对法官职业保障做出纤芥无遗的探讨，从而导致相关论证多停留于表面。尤为关键的是，囿于实证资料的缺乏，对基层法官流失现状及其成因的解读势必难以深入，对策建议亦因此流于形式。

三 进路、方法与材料

（一）研究进路

所谓研究进路是指"对某一研究对象解读时所选择的角度和方式。研究进路不同于研究方法，研究方法主要是指研究的主要手段、步骤或具体技术。研究进路是比研究方法更上位的概念"[①]。研究进路的首要意义在于能在一定程度上影响甚至决定一项研究的结果。对同一问题，

---

① 韩春晖：《现代公法救济机制的整合》，北京大学出版社2009年版，第6页。

采用不同研究进路所最终得出的结论可能截然不同。鉴于既有关于基层法官流失的研究进路较为单一的现状，本书试图在对既有进路进行整合的基础上，运用交叉学科的方法和理论，以问题为中心展开研究。

第一，运用社会学研究方法，针对Y省基层法官开展广泛的问卷调查，在取得有关基层法官生存状况的整体性数据的前提下，同时选取Y省具有代表性的若干典型基层法院，开展深度实证调查，剖析个案以及分析相关数据，以期获得对Y省当前法官生存环境与法官流失基本概况及其特征之整体把握。

第二，将Y省基层法院及其法官置于社会文化结构、外部权力架构与内部治理环境三大维度中予以系统考察，并依次考察其对基层法官生存状况以及法官流失问题之影响和制约。为进一步的制度完善奠定理论基础。

第三，综合运用法社会学和规范法学的方法及理论，系统分析影响基层法官生存状况的各要素及其相互关系，对法官生存状况予以整体评估，并针对各结构性影响因素结合中国语境，尤其是正在进行的新一轮司法改革，提出解决法官流失问题以及改善基层法官生存状况的总体思路和具体对策。

有必要特别说明的是，本书以西部地区Y省部分基层法院为研究样本，在社会、经济与文化方面的地域差异十分显著的背景下其是否能够以及在何种程度上体现我国基层法官流失的整体状况，亦即立足于"小地方"的经验研究能否实现"大论题"的理论关怀，这实际是任何个案研究所共同面临的理论难题。对此，人类学和社会学界曾有过持久的争论。尽管存在具体路径上的细微差异，但对于个案研究在一定范围内所具有的普遍意义已基本达成共识。如人类学家埃里克森即认为，作为一种方法论，个案研究与普遍论并不必然发生矛盾，"你可以在人类学分析的一定程度上是一个恰当的相对主义者，同时提供理由说明某种特定的潜在模式对于所有社会或人们来说是共同的"[1]。社会学理论亦有相似的观点。如有论者指出，在研究总体非同质的情况下，个案虽难以具备统计意义上的"总体代表性"，研究结论却仍具有"类型代表性"，

---

[1] ［挪威］托马斯·许兰德·埃里克森：《小地方，大论题：社会文化人类学导论》，董薇译，商务印书馆2008年版，第14—15页。

即能够外推运用至与研究个案相同或类似的其他个案。①

就此而论，本书的研究能够在服务于研究目的所需的范围内获得整体性意义。首先，Y省虽地处西南，地理环境复杂，社会风俗与文化多元，经济与社会发展同东部发达地区相比存在较大的差距，但这些自然、经济与社会文化特征与其他大部分中西部地区的情况具有高度的相似性，因此对其基层法官流失的个案研究至少对于中西部地区而言具有较大的类型代表性。其次，本书的研究目的在于试图通过解剖典型个案发现我国当前基层法官流失的一般规律及其内在结构性制约因素，故在具体样本的选取上，关键在于个案所具有的类型代表性之大小。而作为本书核心研究基础的基层法院中，既有典型都市社会地区的基层法院，还有经济社会中等发达和偏远落后地区的基层法院。如果从类型代表性看，这些地区及其基层法院一方面无疑是西部地区的基层法院，但另一方面其也是全国各地非常普通的基层法院中的一员。对这些地区基层法官流失问题的分析亦因此获得了超越个案本身乃至西部地区的外推意义。此外，尤为重要的是，基层法官流失问题并非普通的社会问题，其本质上事关国家权力配置与司法管理体制。在国家宏观权力架构与司法管理体制的整体规制下，地区差异往往只能带来基层法官流失状况量的层面的差异，并不能引起质的不同。

（二）研究方法

法学的研究方法就是为探寻法学和法律的内在规律，为表达法学学术观点而运用的视角和手段。② 我国当前法学界主要有两大法学流派和研究方法，即"规范法学"研究方法和"法社会学"研究方法。前者注重正式法律制度层面的分析和法律原则的逻辑推演，后者则侧重于从动态的法律实践出发，对法律事件进行过程分析。前者以法律规则和原则为基础，因此遵循的是一种法律的内部视角；后者则立足法律运作的社会空间观察法律实践，因此是一种法律的外部视角。可见规范法学和法律社会学在法学研究中实际各有优劣，且在功能上能够形成互补，因

---

① 参见王宁《个案研究的代表性问题与抽样逻辑》，《甘肃社会科学》2007年第5期。
② 蒋晓伟：《论法学研究方法的基本原则》，《东方法学》2012年第2期。

此任何将二者对立起来的研究路径和方法都是不切实际的。鉴于此，本书对基层法官流失问题的研究秉持以问题为中心的多元方法论，由此亦决定其在具体研究方法上的综合性特点。

1. 法律实证研究方法。基层法官流失及其生存状况问题所具有的社会学、人类学和法学学科之间相互通融的特性决定了法律实证研究方法在本书研究方法中的重要地位。在具体方法的选取上，本书结合研究对象的特点以及出于研究必要性和可行性等方面的考虑，主要采取了问卷调查、深度访谈以及对法院内部相关数据资料和规范性文件的收集和分析三种方式。通过对 Y 省基层法官群体广泛发放调查问卷，对已经离职和尚且在职的法官以及法院院庭长、审管办主任、政治部主任等领导干部分别进行深度访谈，以及对多家基层法院内部案卷、台账与其他有关内部文件的收集、整理和分析，有利于从整体上全面把握 Y 省基层法院及其法官所处的生存环境与法官流失基本状况。在对实证资料进行定性和定量分析的基础上，实现对基层法官流失问题的深度理解，从而可以增强对策建议的针对性和可操作性。

2. 社会学理论和方法。法官流失和基层法官生存状况问题不仅是法学领域也是社会学领域的重要研究课题。社会学理论认为，行动主体往往受制于其所处的经济、社会与文化环境。即使在规范法学领域，亦有越来越多的学者开始体察到社会科学方法和理论在法学研究中的重要性。如有部门法学者即指出："真正使法律成为一门科学的是法律条文背后的制约因素，这些因素与一个社会的政治、经济、文化、传统密切联系在一起，立法者要对这些因素做出改变，就像语言学家改变一个民族的语言一样，往往是极其困难的。法学研究者唯有将这些制约因素揭示出来，才能做出自己的理论贡献。"① 故为了全面呈现基层法官的生存状况，首先需要对其所处的社会环境进行深入研究，综合运用社会学相关理论和方法，将基层法官置于特定社会结构之中对其予以分析，以期实现对基层法官生存状况的"解释性的理解"。② 具体包括基层法官之来源、基层法官同其工作地的社区、村庄的社会联系；基层法院所在

---

① 陈瑞华：《法学研究方法的若干反思》，《中外法学》2015 年第 1 期。
② 参见 [德] 马克斯·韦伯《社会学的基本概念》，胡景北译，上海人民出版社 2005 年版，第 7—12 页。

地区的社会、经济和文化特征；进而系统分析基层法官的职业保障、基层法院内部行政管理的内容与特征及其对法官的行动策略与方式产生之影响。

3. 规范分析法。有人认为，规范分析法是法学专业特有的研究方法，是法学区别于其他学科的重要标志，并将规范分析方法分解为价值之维、事实之维和技术之维。价值之维肩负着对法律之合法与非法的探究，就是要通过实证去发现立法中的高尚价值表达与司法实践的事实情形之间的耦合或背离；事实之维肩负着法律调整及其效果关系的探究，它不但可以发现由法律的逻辑秩序向实践秩序转化的一般进程，而且可以发现法律运行中的问题；技术之维则肩负着法律权利与义务关系的分析，它包含两层意义，第一种意义是寻求法律规范的字面意义以及字面意义背后可能存在的隐含意义。这主要是通过法律解释工作完成的；二是在法律知识的既有基础上，对法律进行精深加工，提升法律的规范命题，创造法律知识的学术基础和概念根据。① 在我国现行法律体系中，关于法官制度的法律规范已经形成以宪法相关规定为总领，以《法官法》和《人民法院组织法》为主体，以其他法律（如诉讼法中关于法官的相关规定）和规范性文件为补充的规范体系。为解决我国基层法官流失问题，在对基层法官流失问题予以充分"理解"的基础上，同时运用规范法学的研究方法和理论，对现行有关基层司法以及法官生存状况的规范性法律文件予以梳理、归纳、分析和评价，并结合实证研究结果提出相应的完善思路。亦即将对法官流失和基层法官生存状况的"理解"同依据现代法制对其进行的制度构建有机结合起来。

以上是本书的主要研究方法，但并不局限于此。除前述方法以外，本书还综合运用了案例分析法和比较研究法。案例分析法的运用方面，从实证调研的数据中抽取一定数量的样本（类型化的样本），进行深入剖析，旨在从典型案例入手实现对基层法官流失问题的一般性思考。比较分析法在本书中的重要作用在于通过调研对象的内部比较和与不同地区法院（同级法院）之间的横向比较，对法官流失与基层法官生存状况进行对比分析，确保研究结论的可靠性、准确性，以及对策建议的针

---

① 谢晖：《论规范分析方法》，《中国法学》2009 年第 2 期。

对性、实用性和普遍性。此外本书的研究过程中还涉及其他一些辅助性研究方法的应用，如历史分析法、制度分析法等。

（三）研究资料及其来源

为全面掌握 Y 省基层法官流失和法官生存状况的基本情况，本书主要通过三种渠道获取实证数据：一是面向 Y 省基层法官广泛发放调查问卷。二是选取 6 个典型基层法院开展深度访谈并收集其相关规范性文件和数据。在深度调查的法院中，之所以选择 L、F、G、X、D、S 六个典型基层法院作为深度调查对象，主要是基于样本代表性的慎重考虑。这 6 个基层法院从其所处地理位置、当地经济社会发展水平、内部人员构成等多维度分析，均具有典型代表性。其中，X 区基层法院是典型的都市型基层法院；S 县法院则属于工商业相对较为发达的半都市社会基层法院；D 县法院代表了 Y 省绝大多数介于城市工商业社会和传统农业县城之间的过渡型基层法院；作为偏远贫困地区的代表，N 州的 F、G 和 L 等以传统农业社会形态为主的县基层法院也具有相当的典型性。三是利用省高院的资源优势，对 Y 省高级人民法院开展相关资料的补充收集。由于资料来源的多元性、整体性和典型性，因此能够做到点面结合，有利于确保数据的可靠性、代表性和全面性。

1. 问卷调查。笔者以 Y 省基层法院整体法官群体作为调研对象，于 2017 年 5 月面向基层法官广泛发放调查问卷，调查结果具有较高的可信度。第一，调查对象具有随机性、代表性和可靠性。问卷过程全程采用电子问卷调查方式，利用同学、同事、学生、亲友等私人关系发放至目标基层法院的法官微信群或直接发放至个人。问卷发放范围广、时间长、样本数量适当，参与调查人数较多，涉及基层法院各部门人员，实际有效回收率较高。据官方公开的数据资料以及结合调研数据合理推算，Y 省基层法院编制内有 8000—9000 人。调查共计发出问卷 511 份，回收有效问卷 462 份，有效回收率为 90%。在对调研数据进行整理的过程中，笔者还利用问卷分析软件对样本的代表性和可能的偏差进行了检验，通过对比返回问卷和非返回问卷中调查对象在性别、年龄、学历、工龄以及职位等指标上的显著性，结果表明这些变量以及变量间的关系都不存在显著差异，因而非返回偏差对本研究的结果不会有显著影响，足以保证调查对象的随机性、代表性以及数据结果的可靠性。

第二，调查手段的可行性、私密性与结果的客观真实性。本问卷调查凭借问卷星这一专业在线问卷调查平台，将网络问卷直接发送至调查对象微信。通过网络媒体发放电子问卷而不选择传统纸质调查问卷的原因在于，调查对象本身——基层法官群体身份的特殊性和敏感性以及日常应对大量纸质文件的工作性质，决定了其对纸质问卷容易产生较高的警惕性、心理负担和顾忌。而相比之下电子调查问卷则具有更强的私密性，既免于隐私泄露的危险，又为更大程度的言论和观点自由提供了保障。因而基层法官群体普遍乐于接受且配合积极性较高，不仅有助于实现较为理想的问卷回收率，更有利于调查对象真实意见的表达，从而保证结果的客观真实性。当然，因为采用微信在线问卷的方式，很容易受到社会学研究中常见的抽样代表性质疑。即填写问卷的前提是必须拥有并能够顺利使用智能手机，这样获取的样本是否为偏性样本？① 笔者认为，采用具有一定筛选/排除功能的问卷方式所获取的数据并不必然是偏性样本，还取决于问卷调查的对象以及调查事项。本书的问卷对象和目的在于了解基层法官的生存状况，在公务员考试已经成为最主要的法官录用方式的背景下，绝大多数基层法官具有本科以上学历，加之近年来智能手机和微信的高度普及率，对于智能手机以及微信的使用已经成为基层法官日常生活中的一部分。② 因此，本书的问卷样本具有较为可靠的代表性。不仅如此，问卷星作为新型网络调查媒介相较于传统纸质调查问卷的优势还在于，一方面调查者可通过其后台数据的交叉分析获得难以凭借问卷本身直接反映的数据和情况，有利于更深入地了解调查对象，实现调查目的；③ 另一方面问卷星自身技术设计可以通过智能分析有效规避无效问卷，筛选出部分答题速度过快、答题时间过短及IP

---

① 即样本无法代表他出自的那个群体。参见［美］约翰·莫纳什、劳伦斯·沃克《法律中的社会科学》，何美欢等译，法律出版社2007年版，第70页。

② 其实不仅基层法官，智能手机和微信在我国农村社区中除了60年代前出生的外，亦几乎实现了全覆盖。

③ 此处问卷调查中，问卷本身仅设计了20多个题目，但全书使用的数据则远远超出了问卷的表面数据。这些貌似"多出来"的数据正是利用电子问卷系统的后台信息采取分类统计和交叉查询统计的方法获得。这种分类统计和交叉查询的问卷统计方法可以为进一步的理论研究提供强有力的数据支撑。

地址不处于 Y 省地区或者相同 IP 地址重复提交的问卷。从而实现有效数据的自动筛选，不仅节约了人力资源，还可以弥补人工缺陷。

2. 深度访谈。为对基层法官流失和生存状况有更为直接的把握，同时对问卷结果予以必要的对比印证，笔者还于 2017 年 7—8 月选取了 6 个典型基层法院针对不同人员分别进行深度访谈。访谈对象涵盖离职法官、法院院长、副院长、庭长、政治部主任、审管办主任、入额法官、法官助理等不同身份和职务，以保证结果兼具针对性和代表性。访谈涉及司法改革背景下影响法官流失和基层法官生存状况的多方面内容，包括但不限于以下几个方面：其一，法官员额制改革带来的影响和存在的问题，例如改革后法院的基本状况与变化，法官对改革措施的满意度以及出现的问题，员额制以后法官助理及书记员的配备情况，法院内部审批权的设置，入额法官构成情况，改革前后法官人员对比及审判团队划分情况等。其二，入额法官的压力来源，包括工资福利待遇，司法责任制的影响，绩效考核与晋升制度存在的问题以及新的办案压力等。其三，Y 省统管地方法院的影响和问题，例如地方党委政府同地方法院的关系变化，统管后法院经费、补贴、津贴和绩效工资的发放情况等。其四，法官流失情况，主要涉及基层法院人员流失的基本情况及其内在原因，离职法官的去向及带来的影响。

3. 6 个典型基层法院内部规范性文件及数据收集。除深度访谈外，还对 Y 省 6 个基层法院的内部案卷、台账及有关文件资料进行了收集、整理和分析，以期通过权威数据和文件直观反映出基层法官的生存境况及其流失的整体状况。调查并收集的数据有以下几类：（1）近年来各庭室收案、结案、人均办案数据统计表；（2）法官队伍信息，如各类人员总数、法官选任方式、法官学历结构和法律职业资格通过情况等等；（3）近年来人员流入情况，具体指流入类型、公务员考试招录人员、面向社会选拔招录人员和组织调动人员信息统计表；（4）近年来人员流出情况，具体包括流出类型，辞职人员的去向、职级、性别、学历和年龄结构，组织调动人员的去向、职级、性别、学历和年龄结构。除上述主要数据以外，还涉及诸如法院经费保障、入额法官构成、人员分类定岗、审判团队建设、院庭长办案情况等有关司法改革事项的规范性文件；以及裁判文书签署、审判管理、绩效考核等法院内部行政管理事项的规章制度；等等。

4.Y省高院相关资料的补充收集。为保证数据的权威性和完整性，弥补个案研究的内在局限，实现对基层法官流失图景的整体把握，尚有必要将微观视角与宏观视角结合起来进行考察。为此目的，2018年9月，在问卷调查及对6个典型基层法院进行内部文件资料收集和人员深度访谈的基础上，笔者还针对Y省高级人民法院的相关数据进行了补充收集和整理。其内容主要涉及三个方面：第一，中央和省级层面有关司法改革的规范性文件以及各地试点改革的总体情况。包括人、财、物省级统管的改革方案和实施现状，员额制改革和司法责任制改革的方案及其实施情况，改革后各类人员的绩效考核方案和省高院内部调研报告等。第二，中央和省级层面关于审判管理的规范性文件。第三，对6家典型基层法院以外的其他基层法院相关资料进行补充收集。共补充收集到B市、Q州、X州、D州、C市、P市6个地州基层法院近5年来流入和流出人员数据资料。[①] 包括流入和流出人员数据统计，流入、流出人员性别、年龄、学历和职级构成，以及流出人员的去向等个性化信息。

四 基本结构与内容

本书以Y省部分基层法院为例，通过大量的实证资料对新一轮司法改革背景下基层法官流失的整体状况及其逻辑作了深度阐述，进而在系统分析其生存状况的基础上，结合我国司法改革和司法制度现实提出了进一步的完善思路。

具体就本书的基本结构和内容而言，本书一共包含以下8个部分。

导论部分集中介绍了关于基层法官流失问题的选题意义、研究现状，以及本书使用的研究方法和资料来源等基础性问题。通过对相关文献进行梳理和分析后发现，近年来在贯彻落实司法改革过程中，我国相

---

① 需要特别说明的是，由于涉及地区及基层法院众多，下文中出现基层法院与中院名称所使用的标识字母重复时，将在字母后面注明是基层法院还是中等人民法院；当表示地名时亦采取相同的标识法。为了表述的方便，当字母后面直接标注"法院"时，如无特别说明均指基层法院。

继提出和实施了一系列针对法官制度的改革举措，旨在通过制度革新来留住并吸引更多优秀的法律人才，将其集中到审判业务前线，优化审判资源的配置。然而实践结果却与改革初衷相去甚远，全国各地法院系统尤其是基层法院不断出现的法官流失现象反映出相关制度或者改革措施存在不可忽视的问题。对此国内学界从不同层面做了极富启发性的探讨。但整体上看，系统的专门性研究较为少见。而且既有研究大多固守传统的"问题—对策"模式而难以形成对基层法官流失问题的深度理解；由于缺乏系统的实证资料，在研究对象和视角上偏向宏大叙事，放大共性而忽视了不同地区基层法院和法官所处环境与面临问题的特殊性。因此仍有必要对基层法官流失的基本状况及其原因进一步予以探讨，以期找寻出可能的解决之道。

第一章是对 Y 省的物理和社会空间及其司法概况的宏观展示。Y 省作为我国典型的西南边疆多民族地区，具有独特的自然环境与政治、经济和文化背景。由于少数民族多分布在边疆、山区等交通不便地区，受封闭的自然环境影响，其民族文化客观上亦呈现较强的封闭性特征。囿于文化交流的缺乏，新的法治观念往往难以深入偏远少数民族社区，传统社会规范在一些地区仍然作为主要行为规范调整着人们的社会生活。此种自然环境和社会文化的双重封闭性，使得国家法制宣传教育、现代法律观念的普及，以及基层司法活动亦因此面临诸多困难和挑战。在基层法院及其司法方面，一方面，随着立案登记制改革的推行以及社会经济的发展，Y 省基层法院的受案量整体上呈现逐年增长的趋势；另一方面，高等教育的发展以及法官招录方式的变革，越来越多的年轻大学生通过公开招录进入法院系统，基层法官的年龄结构呈现年轻化的趋势，学历层次较之以前亦有大幅度的提升，本科以上学历占近95%以上，其中硕士及以上学历占有较大比例。此外，绝大多数基层法官通过了司法考试。这表明，经过改革开放以来的建设和发展，我国基层法院的人员队伍整体质量已然发生了突破性进展。这些转变为进一步的司法改革，实现法官专业化与精英化奠定了较为扎实的现实基础。

第二章运用大量的数据资料系统分析了基层法官流失的整体图景及其逻辑。通过对 Y 省若干基层法院的实证研究发现，基层法官流失整体上虽呈逐年递减的趋势，但从微观层面看仍较为严重且表现出显著的地域性。从流出与流入人数对比看，经济社会发达地区与偏远落后地区基层法院流失率最高；远离大都市且经济发展较好的地区基层法官流失率则相对较低。从类型上看，总体以内向型和外向型的体制内流动为主，市场型流动极为有限。其中外向型与市场型流动所占比重同法院所在地区经济社会的发展程度成正比例关系。从流失人员的构成来看，表现出年轻化、高学历趋势。本章的研究表明，在新一轮司法改革背景下，应对基层法官流失，应在考虑地区差异的同时注重法官职业保障深层次方面制度的完善，而不能仅仅关注福利待遇的提升抑或纯粹的行政压制。

第三章以问卷调查和访谈资料为基础就基层法官的职业风险与福利保障作了较为深入的实证分析。结果显示，难以"留住"优秀法官主要原因，如抛开纯粹个人因素来看，关键是由基层法官的生存状况所决定的。其中，法官本人及其近亲属的人身安全缺乏有效保障以及整体收入水平仍然偏低是现阶段基层法官所面临的突出问题。虽然法官的工资收入与其年龄增长呈现正相关关系，但工资增长的空间有限。而且由于工资收入与行政职级密切相关，从而造成年轻法官与职级较高的中老年法官收入差距较大。员额制改革推行后，基层法院的入额法官和非入额法官的工资福利具有极大的复杂性和地域性特征。由于改革前地方财政支持力度不一，改革后人员经费由省级财政统一保障，地方财政即不再予以支持，由此造成部分地区法院人员增资不甚明显，甚至略有下降。但从整体情况看，绝大多数基层法院在改革预设的增资目标全面落实以后，其人员收入将会有显著的提高，而且入额法官的平均工资水平将明显高于非入额法官。然囿于各种复杂因素的制约，截至调研期间，各地区员额制改革承诺的增资部分普遍尚未兑现，而改革前由地方财政负担的各类津贴、补贴在改革后地方财政即已经全面停止发放，从而造成多数法官改革后工资收入基本没有变化、变化不大甚至不升反降。在公安机关、司法行政机关和政法委普涨工资并快速到位的背景下，巨大的反差在基层法官中造成普遍的失落与不满情绪。

第四章进一步分析了基层司法本身的压力和困境。除了工资福利与职业风险，基层法院的司法环境与司法活动本身的压力也是造成法官离职的关键因素。在基层司法的困境方面，首先表现为员额制改革后入额法官审判压力和责任剧增。一是一线审判力量削弱导致人案比例的失衡；二是事关改革成效的法官团队未能顺利组建；三是由于审判团队打破过去的专业分工、责任标准模糊与追究主体的多元化，导致受理案件多元化与司法责任之强化。不仅如此，基层法官在司法活动中还面临着司法独立性不够以及公信力欠缺的问题。以去地方化和去行政化为导向的改革举措带来了一系列的意外后果。改革后地方党委、政府的职责界限模糊，导致地方化不仅未曾消减，反而强化了法院对地方党委政府的依附性，而省级统管的实行也有加剧上下级法院之间"行政化"之虞。司法公信力的欠缺则体现在社会舆论和当事人对司法的普遍不信任，涉法涉诉信访多发。地方党委政府非业务性工作占据较多办案时间是基层法官司法中的又一困境。此外，偏远民族地区的基层法官除要面临前述一般问题以外，还因其所处的自然环境和社会环境而面临一些独特的困难。不仅体现在改革后人案矛盾突出的背景下，恶劣的自然和交通条件对法官办案压力的进一步加重，还体现在法官所面临的熟悉并运用多民族语言的挑战。

第五章重点关注法院内部行政管理对基层法官所造成的压力。在法院系统内部管理方面，基层法院内部行政管理在整体上呈现组织机构科层化、管理方式的唯数字化以及案件质量评估指标体系分类及权重设置的细密化和主观性等特征。而且现行绩效考核指标因其过于开放性和抽象性，一方面使大量非业务性要素被广泛纳入进来，在制度层面进一步强化了非业务性工作对基层法官的压力；另一方面将置法官于一种权责高度不确定的司法环境中，徒增法官办案压力。而且模糊性的指标变相赋予法院内部行政管理阶层过大的自由裁量权，进一步强化了法官的人身依附性，同时也为权力的运作提供了"灰色地带"。

第六章针对基层法官流失的整体状况及其生存困境提出进一步改革的基本思路和具体路径。首先，强化基层法官的职业保障。其一，建立基层法官及其近亲属人身安全保障制度。其二，建立和完善法官单独职务序列管理制度，改革入额法官职务套改单纯以行政职级为依据。其三，提升法官助理与书记员的福利待遇。其次，健全员额制改革的配套措施，缓解法官办案压力。第一，根据地区差异合理设置员额比例，在综合考虑地区差异的基础上予以统筹分配。第二，推动法官团队的实质化运行。调整法院内设机构，合理分配司法辅助人员与行政人员；完善配套措施，落实法官助理制度；厘清法官、法官助理与书记员之间的权责关系；改革合同制书记员的招录与管理方式，增加书记员配备比例。第三，完善诉讼分流机制。完善非诉讼程序和诉讼外纠纷解决方式。第四，完善少数民族地区"双语法官"的培养和任用机制。再次，厘清条块关系以维护基层法院及其法官独立性。一是明确基层法院与同级党委政府之间的相互关系，明确改革后地方党委、政府的责任，适当减少法官的业外活动。二是合理定位基层法院与上级法院之间的监督关系，依据《宪法》规范以及诉讼规律厘定上下级法院的相互关系，在法院组织法及预算法中明确司法经费预算编制的标准、程序与部门权限。条件成熟时效仿域外制度安排，实行司法经费单独预算制度。三是从法律层面确立入额法官的独立司法权。从宪法、法官法等权威法律规范层面对法官职位的独立性及其制度保障予以具体规定。最后，建立符合诉讼规律的内部监督管理制度。一是要合理确定法院案件质量的根本标准和依据，转变偏重于行政控制的管理理念。二是依循司法规律调整法院案件质量和绩效考核评价体系。三是弱化法院审判管理组织机制的强行政化。在合理划分审判管理中上下级法院关系的基础上，凸显审判管理实施机构人员构成的专业性，削弱其行政属性。

最后是本书的一个简短的结语。对于基层法官之流失及其生存困境，其中主要是由新一轮司法改革的"妥协性"所决定的。但对于此种"妥协性"理应辩证地加以评价，其本身体现了改革的复杂性和渐进性。

第一章

基层法官所处的宏观社会背景

社会学理论认为，社会生活栖息于自身的世界即社会空间之中。这一空间由人们的互动本身所产生，它具有多维的位置和方向。且每种社会生活的运作形式均可以由其所处的社会空间的形状即社会结构予以预测及解释。① Y省作为西南多民族地区，其政治、经济与文化状况构成了基层法院及其法官日常运行的社会空间，在一定程度上制约甚至决定着基层法官的行动方式与策略。因此，在对Y省基层法官的流失及其生存状况加以具体分析之前，有必要就其所处的宏观社会结构予以系统阐释，从而为更深层次地理解基层法官流失问题并寻求进一步的解决之道奠定基础。

需要特别说明的是，文中"法官"一词并非完全基于《法官法》的界定。根据现行《法官法》的第2条之规定，"法官是依法行使国家审判权的审判人员，包括最高人民法院、地方各级人民法院和军事法院等专门人民法院的院长、副院长、审判委员会委员、庭长、副庭长和审判员"。可见，我国法律规范层面的法官除院领导阶层以外一般仅指审判员。由于本书的主题系基层法官流失及其生存状况，如若将法官的概念严格限定在《法官法》的范围之内，势必削弱本项目研究的理论意义和实践价值。事实上，审判员以外的人员往往是基层法院重要的后备力量，这部分人员的流失不仅会带来基层法院人才断代的严重问题，还由于这类人员在改革背景下多为司法辅助人员，其生存状况和职业素养将直接关乎法官团队的组建以及基层法院司法活动的顺利运转。因此本

---

① ［美］布莱克：《正义的纯粹社会学》，徐昕等译，浙江人民出版社2009年版，第158—162页。

书的研究有意扩大了"法官"的外延,包含整个政法编制内的所有法院工作人员。故下文中如未明确区分法官、法官助理、书记员以及司法警察,则均在前述宽泛意义上适用"法官"这一术语;如出现入额法官(亦称员额法官)、法官助理、书记员等专门性术语,则仅指基层法院中相应的特殊人群。

一 自然环境与经济条件

(一) 自然环境

Y 省地处中国西南边陲,是古代丝绸之路的必经之地。东与贵州省、广西壮族自治区为邻,北与四川省相连,西北紧依西藏自治区,西部与缅甸接壤,南部和老挝、越南毗邻。在地理位置方面,省内国境线长达 4060 公里,其中中缅边界约 2000 公里,中老边界约 710 公里,中越边界约 1300 公里,国境线上有 25 个边境县。全省国土总面积达 39 万平方公里,占全国国土总面积的 4.1%,居全国第 8 位。① 周边邻国众多,边境线蜿蜒曲折是 Y 省的特殊省情。这使其边疆民族地区基层法院受理的案件中,有相当比例涉外因素的案件。

在地形地势上,Y 省整体地势西北高、东南低,自北向南呈阶梯状逐级下降的特征。北部是青藏高原南延部分,高黎贡山、怒山、云岭等巨大山系和怒江、澜沧江、金沙江等大河自北向南相间排列,地势险峻;南部为横断山脉,主要有哀牢山、无量山、邦马山等高山阻隔,地势向南和西南缓降,河谷逐渐宽广;在南部、西南部边境,地势渐趋和缓,山势较矮、宽谷盆地较多。② 西北部的中甸海拔 3385 米,中部地区海拔约为 1800 米,最南部地区海拔约 76 米。域内地势、地貌、山脉走向、河流分布等差异极大,境内地区高山、峡谷、河流纵横交错,独特的山区、半山区和宽谷盆地混杂的地理状况导致了 Y 省境内部分少数民

---

① Y 省人民政府门户网站,http://www.yn.gov.cn/yn_yngk/yn_sqgm/201201/t20120116_2914.html,最后访问日期:2017 年 8 月 27 日。

② Y 省人民政府门户网站,http://www.yn.gov.cn/yn_yngk/gsgk/201509/t20150923_22230.html,最后访问日期:2017 年 8 月 27 日。

族地区的交通、通信等基础设施建设极为落后，居住在边远地区的人们与外界的联络和沟通较少。受制于恶劣的自然条件，这些地区基层法院的司法活动以及法官的工作与生活亦因此面临着较为严峻的挑战。

(二) 经济水平

在经济发展水平方面，截至2015年，Y省全体居民人均可支配收入突破15000元，城镇常住居民人均可支配收入约为26000元，农村常住居民人均可支配收入约为8000元。按照2015年农村常住居民人均可支配收入2855元的全国农村贫困标准计算，Y省全省农村贫困人口截至2015年为471万人。[1] 在2015年全国GDP排名中Y省处于第23位。2016年Y省全省生产总值（GDP）达14869.95亿元，比上年增长8.7%，高于全国平均水平2.0个百分点。其中，第一产业完成增加值2195.04亿元，增长5.6%；第二产业完成增加值5799.34亿元，增长8.9%；第三产业完成增加值6875.57亿元，增长9.5%。

从以上数据可以初步发现Y省的整体经济状况呈现以下特征：一是从总体经济水平来看其经济发展相较于全国特别是发达地区尚有较大的差距；二是贫困人口占总人口比重仍然较高；三是虽然农村人口占总人口的绝大多数，但第一产业产值较低，农村经济发展水平偏低。受整体经济水平尤其是农村地区经济发展状况的影响，该省基层法院法官队伍的收入水平以及生活条件与内地同行相比不可避免地存在较大的差距；而且由于农村贫困人口占比较大，也给基层法官的司法活动带来一系列的压力和困境。

二 政治、民族与文化

(一) 政治

Y省地处南方古丝绸之路要道，是我国面向南亚、东南亚地区开放的桥头堡，同时也是"一带一路"建设连接交汇的战略支点。Y省也是

---

[1] Y省年鉴2016年，http://www.yn.gov.cn/yn_yngk/gsgk/201703/t20170330_28953.html，最后访问日期：2017年8月27日。

人类重要的发祥地之一，生活在距今170万年前的元谋猿人，是迄今为止发现的我国和亚洲最早的人类。① 夏、商时期，Y 省地区属中国九州之一的梁州；秦朝以前，曾出现古滇王国；秦汉之际，中央王朝在此区域推行郡县制；西晋时期，改设为宁州，是全国十九州之一；唐宋时期，曾建立过南诏国、大理国等地方政权；直至公元1276年，元朝设立行中书省，Y 省正式成为全国省级行政区划名称；公元1382年，明朝设承宣布政使司、提刑按察使司、都指挥使司，管辖全省府、州、县；清朝沿袭明朝旧制，设承宣布政使司，下设道、府、州、县；1949年，全省分设1个省辖市、12个行政督察区、112个县、17个设治局；1950年2月24日，Y 省完全获得解放。②

独特的区位优势决定了 Y 省在国家边疆治理中的重要地位。近年来，Y 省日益加强与周边邻国和邻近省份的政治、经济和文化交流。全省境内逐步形成三条对外开放大通道，其一是素有"南方丝绸之路"之称的滇西大通道，连接德宏、怒江州和临沧、保山等民族聚居区，沿滇缅（昆畹）公路、中印（史迪威）公路和广大铁路西进，通过边境口岸可分别到达缅甸和印度；其二是滇东大通道，其连接红河、文山州等民族地区，经由滇越铁路、昆河公路从昆明到河口口岸；其三是滇中大通道，主要连接西双版纳和普洱等民族地区，主要组成部分为澜沧江—湄公河一条水路、昆洛公路及其支线、中老公路、思澜公路三条对外公路以及景洪机场，形成由 Y 省通往老挝、缅甸、泰国交界地带的通道，并经泰国的公路、铁路和湄公河河道可以到达曼谷、马来西亚和新加坡等地。上述三条大通道贯穿全省境内，是沟通周边地区和连接省内各地区的主要交通干道。从周边地缘政治环境和主要交通网络可以看出，Y 省在与东南亚政治、经济和文化交流中能够发挥举足轻重的作用，这也决定了其纠纷与案件的多元化特征。

（二）民族地区

Y 省共有8个自治州和8个地级市，共129个县（市、区），其中

---

① Y 省人民政府门户网站，http：//www.yn.gov.cn/yn_yngk/yn_sqgm/201111/t20111107_1893.html，最后访问日期：2017年8月27日。

② 同上。

13个市辖区，12个县级市，29个民族自治县，75个非民族自治县。① 全省少数民族人口数超过1500万人（"第六次全国人口普查"数据），占全省人口总数约30%，民族自治地方的土地面积大约为27万平方公里，占全省总面积约70%。全省少数民族人口数超过100万人的有彝族、哈尼族、白族、傣族、壮族、苗族6个；超过10万人不到100万人的有回族、傈僳族、拉祜族、佤族、纳西族、瑶族、景颇族、藏族、布朗族9个；超过1万人不到10万人的有布依族、普米族、阿昌族、怒族、基诺族、蒙古族、德昂族、满族等8个；超过6000人不到1万人的有水族、独龙族两个。② 从地域上看，Y省少数民族呈现交错分布的格局，大杂居、小聚居的分布状况是其民族分布的常态。其中彝族、回族在全省大多数区县有分布。③ 表1-1与表1-2分别是Y省各地级市与自治州少数民族人口的基本情况。

表1-1　　　　　Y省各地级市少数民族人口分布状况

地　区	人口总数	少数民族人口	少数民族人口比重	自治县数（个）
K市	662.6万	85.6万	15.6%	3
Z市	521.3万	53万	10.2%	0
J市	647.9万	51万	7.9%	0
Y市	230.4万	73.1万	34.1%	3
B市	250.6万	24万	9.6%	0
P市	258万	157.4万	61%	9
C市	247.9万	96.3万	38.9%	3
L市	128.5万	73万	56.8%	2

资料来源：各地级市自治县分布状况来自Y省人民政府门户网站；关于人口及民族数据来自各地市政府信息网。另由于各地市公开的人口及民族组成信息统计时间存在差异，统计时间在2012—2016年，故表中的数据与实际情况存在一定出入。但由于人口及少数民族的数量在短期内相对稳定，故基于上述数据的粗略对比亦能反映出Y省普通地级市的民族分布基本状况。

---

① Y省人民政府门户网站，http://www.yn.gov.cn/yn_yngk/yn_sqgm/201111/t20111107_1893.html，最后访问日期：2017年8月27日。
② Y省人民政府门户网站，http://www.yn.gov.cn/yn_yngk/gsgk/201509/t20150923_22230.html，最后访问日期：2017年8月27日。
③ Y省人民政府门户网站，http://www.yn.gov.cn/yn_yngk/yn_sqgm/201201/t20120116_2914.html，最后访问日期：2017年8月27日。

表 1-2　　　　　　　Y 省各自治州少数民族人口分布状况

地　区	人口总数	少数民族人口	少数民族人口占比	自治县数（个）
C 彝族自治州	273.9 万	94.5 万	35.9%	0
H 哈尼族彝族自治州	456.1 万	241 万	52.8%	3
W 壮族苗族自治州	360.7 万	208.9 万	57.9%	0
X 傣族自治州	98.2 万	76.3 万	77.6%	0
D 白族自治州	360.5 万	185.8 万	51.8%	3
H 傣族景颇族自治州	121.1 万	58.1 万	48%	0
N 傈僳族自治州	52 万	47.9 万	92.2%	2
Q 藏族自治州	36.4 万	32.3 万	88.7%	1

资料来源：各自治州的自治县分布与数量来自 Y 省人民政府门户网站；有关人口及民族数据均来自各地市政府信息网站。另由于各地市公开的人口及民族组成信息统计时间存在差异，统计时间段在 2012—2016 年，故表中的数据与实际情况存在一定差异。尽管如此，由于人口及少数民族的数量在短期内具有一定的稳定性，因此通过上述数据的粗略对比亦能反映出 Y 省自治州的民族分布基本状况。

通过对比分析表 1-1 与表 1-2 可以发现，整体上看自治州的少数民族人口占比较地级市要高。如表 1-2 所示，少数民族人口占总人口最高比例为 92.2%，最低亦达到近 35.9%。但普通地级市中少数民族占总人口的比重亦不可忽视，而且部分地区与民族自治州相比，少数民族人口所占比重并无明显的差距，甚至更高。如 L 市和 C 市，少数民族人口分别达到 56.8% 和 38.9%。这意味着少数民族在诸多非民族自治州均有分布且占比较高。可见在 Y 省，对民族地区的界定不能仅仅以是否为民族自治地方作为唯一的划分标准。事实上，由于 Y 省各民族自治地方的设立较早，经过多年的发展，随着各地区经济社会的持续变迁、少数民族人口的自然增长以及人口的流动变化等，民族自治地方已不能完全体现少数民族的实际分布情况。综合少数民族分布特点和人口占比等因素，相较于全国其他省份，可以认为 Y 省在整体上亦属于民族地区。

（三）民族文化

人类学认为，法律是一种动态的文化现象，而且无法自外于其所由生的整个社会文化背景。① 作为多民族地区，法律在 Y 省的实施亦势必会受其多元社会文化的影响，其司法在实践中亦呈现多元的面貌和特征。因此，为了便于实现对 Y 省基层法官的生存状况及其司法困境的"解释性的理解"②，首先必须全面仔细地审视其社会和文化，以便发现法律在整个社会结构中的位置。即"我们必须先对社会如何运转有所认识，然后才可能对何为法律以及法律如何运转有一个完整的认识"③。

从法律文化上看，少数民族的传统法律文化是民族文化的一个侧面，内容多是涉及少数民族自身生存、发展以及对民族成员行为观念的一种价值判断，主要以在漫长的历史进程中逐渐形成的风俗习惯、社会舆论、成文或不成文的非正式社会规范的形式展现出来。Y 省少数民族法律文化有着深厚的历史渊源。新中国成立前，各少数民族大多有着自己的习惯法和民族规约，大小头人和土司既是习惯法和民族规约的制定者，也是掌握生杀予夺大权的执行者和监督者。由于文化具有极强的固滞性，④ 这样一种长期形成的民族法律文化具有深厚的传统效力。它很难因为外在制度和国家正式法律规则的变化而立刻发生改变。新中国成立后，虽然头人土司制度早被废除，但历史遗留下来的非正式社会规范至今仍在一些边疆少数民族地区发挥着习惯性影响，成为沿用至今的重要行为规范。

而且 Y 省少数民族多分布在边疆、山区等交通不便地区，受封闭的自然环境影响，其民族文化客观上亦呈现较强的封闭性特征。尽管现代通信技术和交通设施目前已有很大改善，但是这种封闭性仍然成为民族地区同外界交流的重大障碍。诚如论者所言，"地理上的孤立，常能阻止文化的传播。人与人间的接触，常能促进文化的传播"⑤。由于文化交流的缺乏，新的法治观念往往难以深入少数民族社区，传统社会规范

---

① [英] 马林诺夫斯基：《原始社会的犯罪与习俗》，原江译，法律出版社2007年版，第94—95页。
② 参见 [德] 马克斯·韦伯《社会学的基本概念》，胡景北译，上海人民出版社2005年版，第7—12页。
③ [美] 霍贝尔：《原始人的法》，严存生等译，法律出版社2006年版，第5页。
④ 参见 [美] 乌格朋《社会变迁》，费孝通译，《费孝通译文集》（上册），群言出版社2002年版，第80—84页。
⑤ 同上书，第75页。

在一些地区仍然作为主要行为规范调整着人们的社会生活。此种自然环境和社会文化的双重封闭性，使国家法制宣传教育、现代法律观念的普及，以及基层司法活动亦因此面临诸多困难和挑战。

三 基层法院、法官与司法

(一) 基层法院及其司法

Y省高级人民法院下辖16个州市中级人民法院和1个直管中级人民法院，共131个基层法院。自2014年8月被确定为全国第二批司法改革试点省份以来，Y省全省法院在试点期间采取统一考试与分级考核相结合、审判员等额确认、助理审判员差额遴选的方式共遴选出4008名入额法官。① 考虑到Y省系多民族地区，各地区社会经济与文化发展水平存在较大的地域差异，故此次司法改革对民族地区法官的遴选在学历要求、考试分数上均给予了适当放宽对待，以保证边疆民族地区一定比例的少数民族法官顺利入额。截至目前，全省少数民族员额法官共有1123人，占入额法官人数的28.02%，其中入额"双语法官"559人，占全省入额法官的13.9%。②

在基层法院的分布及其司法概况方面，Y省8个自治州累计有58个基层法院；8个地级市共有73个基层法院（含71个基层县、区法院和两个基层铁路运输法院）。从收结案情况看，根据省高院工作报告显示，近年来全省法院系统受案量呈逐年快速增长趋势。如图1-1所示，2013年，全省法院受理案件31.2万件，审（执）结29.2万件；2014年全省法院共受理各类案件34.2万件，审（执）结各类案件31.8万件；2015年，全省法院受理案件数量首次突破40万件，达43.4万件，审（执）结各类案件37.4万件；2016年，全省法院受案量达53.8万件，审（执）结案件45.7万件；2017年，全省法院受理各类案件57.7万件，审（执）结50.1万件，同比分别上升7.25%、9.63%。由于基

---

① 《Y省司法改革蹄疾步稳》，载"光明网"，http://difang.gmw.cn/yn/2017-08/11/content_25568353.htm，最后访问日期：2017年8月27日。

② 同上。

层法院及其司法一直以来都是我国整个司法系统最主要的部分,① 因此可以通过全省法院的收结案数据合理推断,Y省基层法院的收结案亦呈现持续增长的趋势。

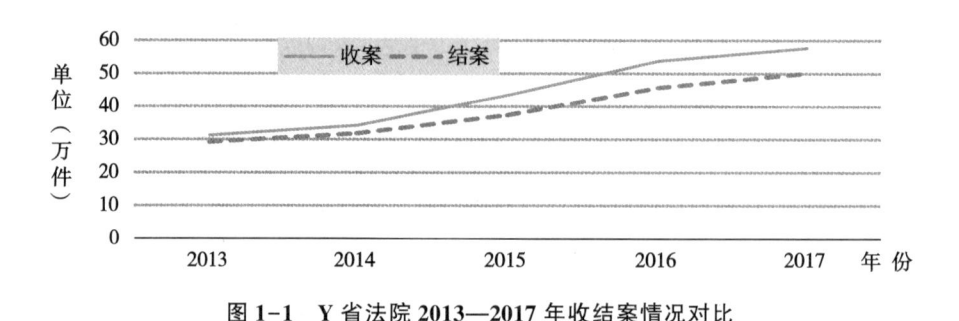

图 1-1　Y省法院2013—2017年收结案情况对比

资料来源:Y省高级人民法院近5年工作报告。

(二) 基层法官的整体情况

基层法官的整体状况将是衡量司法队伍的重要指标,同时也是司法质效的决定性因素。为了能够对Y省基层法官的真实状况有一个更加直观和深入的了解,在问卷调查中专门设置了性别、年龄、教育程度以及进入法院的方式等选项。

1. 基层法官的性别分布。问卷结果显示,Y省基层法官的性别比在整体上较为均衡。其中男性法官占比约为56%,女性法官占比为44%(见图1-2所示),男性法官仅略多于女性法官。在对具体基层法院的实证调查中,亦呈现相似的男女比例分布状况。以N州为例,截至2016年12月31日,全州基层法院政法编制内的工作人员中,男性占比为60%,女性为40%(见图1-3)。与问卷调查的数据统计结果基本一致。

2. 基层法官的年龄结构。法官年龄结构方面,Y省参与问卷的法官中约55%为35周岁以下,36—45周岁占比约为28%,46周岁以上者近17%(见图1-4)。仍以N州为参照,如表1-3所示,N州全州基层法院35岁以下法官占比为47%,36—45周岁以及46周岁以上

---

① 苏力:《送法下乡——中国基层司法制度研究》,中国政法大学出版社2000年版,第9页。

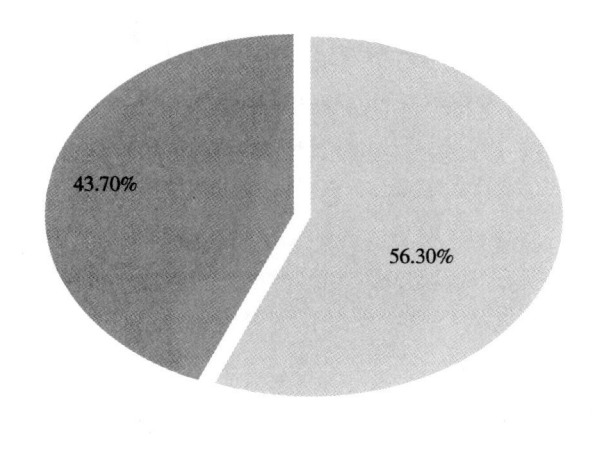

图 1-2　Y 省基层法院法官的性别分布（N=462）

资料来源：项目组于 2017 年 5 月针对 Y 省基层法官的问卷调查。

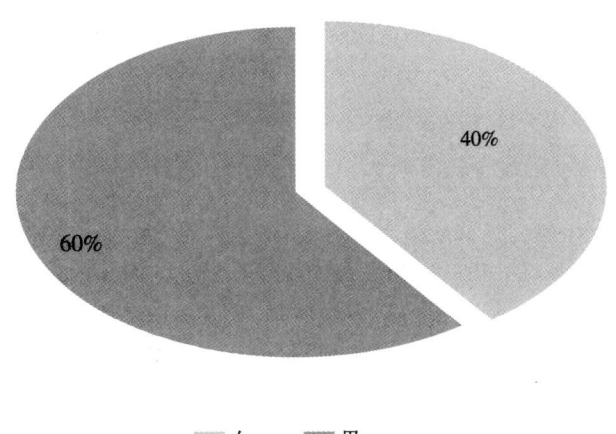

图 1-3　N 州基层法院法官性别比（N=166）

资料来源：N 州两级法院人员基本情况统计表。

占比均为 26%。通过对比可以发现，除了略有差异以外，N 州基层法院法官的年龄结构与问卷调查的整体情况具有高度的相似性。由此可见，Y 省当前基层法院的人员结构呈现较为明显的年轻化趋势，年龄结构较为合理。

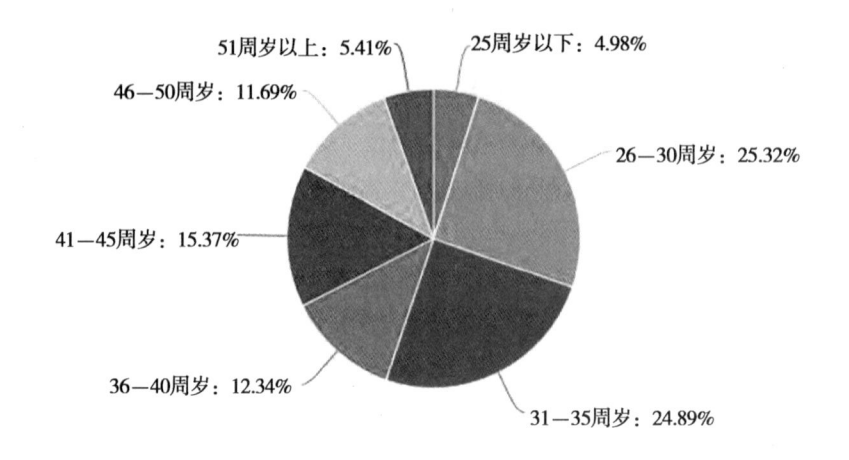

51周岁以上：5.41%　25周岁以下：4.98%
46—50周岁：11.69%
26—30周岁：25.32%
41—45周岁：15.37%
36—40周岁：12.34%
31—35周岁：24.89%

图 1-4　Y 省基层法院法官的年龄结构（N=462）

资料来源：2017 年 5 月针对 Y 省基层法官的问卷调查。

表 1-3　N 州基层法院法官年龄结构（N=166）

年龄	30 周岁以下	31—35 周岁	36—40 周岁	41—45 周岁	46—50 周岁	51—55 周岁	56 周岁以上
L 市（人）	6	10	7	10	9	7	2
F 县（人）	14	6	4	5	2	2	1
G 县（人）	14	2	2	2	4	2	0
P 县（人）	20	6	4	10	13	1	1
合计（人）	54	24	17	27	28	12	4
百分比	33%	14%	10%	16%	17%	7%	2%

资料来源：N 州两级法院人员基本情况统计表。

3. 基层法官的学历层次与司法考试通过情况。基层法官的学历层次方面，图 1-5 与图 1-6 分别为问卷调查与 N 州的基层法官学历情况。对二者进行简单对比后发现，问卷结果基本符合基层法院的实际学历情况。法学教育经过近几十年的发展，随着统一的公务员考试逐渐成为主要的人员录用方式，基层法院法官的学历层次已有实质性的提升，绝大多数法官拥有本科以上学历；硕士及以上学历亦有较高比例，其中城区基层法院硕士以上高学历人群占比高达 25%；专科以下学历人员较过去则有大幅降低，占比在 3% 以下。

从基层法官司法考试情况看，如图 1-7 所示，参与问卷的法官中有

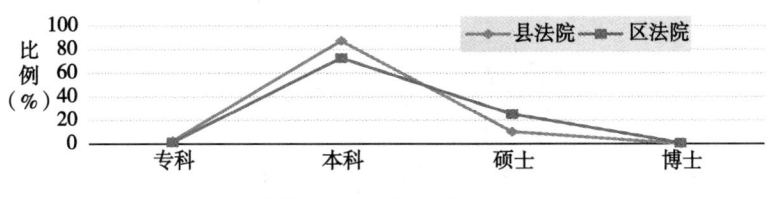

图1-5　Y省基层法官的学历层次（N=462）

资料来源：项目组于2017年5月针对Y省基层法官的问卷调查。

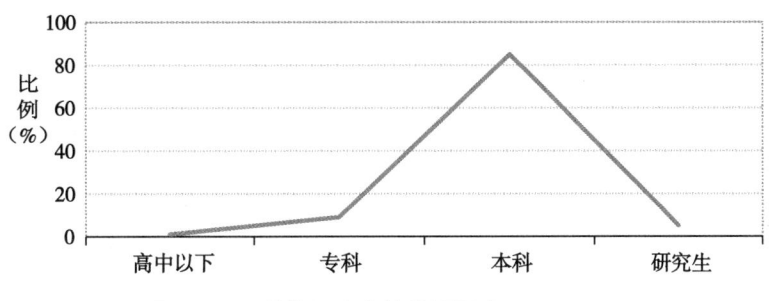

图1-6　N州基层法官的学历层次（N=166）

资料来源：N州两级法院人员基本情况统计表。

近72%通过了司法考试，未通过者仅为28%。考虑到Y省除K市主城区外其他地区持有C证即视为通过司法考试，加之为解决偏远民族地区司法人员法官资格问题，司法部曾专门针对法检系统内部人员组织过特殊形式的司法考试，不少基层法官为"特C"法律职业资格证。因此图1-7中的数据与实际情况存在一定出入，尤其不能简单地以该项数据同中东部地区相比较。即使大量人员持有的是C证乃至"特C"，毕竟通过司法考试的条件设置的确促使基层法官的专业化程度有了较为显著的改善。

4. 基层法官的进入渠道。从进入渠道看，有近65%的基层法官通过公务员考试进入法官岗位；其次为毕业直接分配，占14%；另有8%系从其他单位选调进入法院；军人专业等其他选拔方式所占比例较低，均不足5%（见图1-8）。由于毕业分配是1996年以前国家对大专以上毕业生包分配的历史政策的产物，人事部1996年《国家不包分配大专以上毕业生择业暂行办法》颁行以后，包分配的做法即告停止。目前基层法院内部以毕业分配方式进入法院的多为45周岁以上法官。因此可

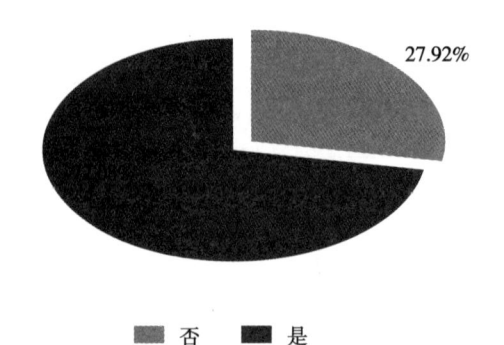

图 1-7　Y 省基层法官司法考试通过比例（N=462）

资料来源：项目组于 2017 年 5 月针对 Y 省基层法官的问卷调查。

以预见，随着法院人员的持续更新，未来通过公开选拔方式进入法院的比例将进一步增加。

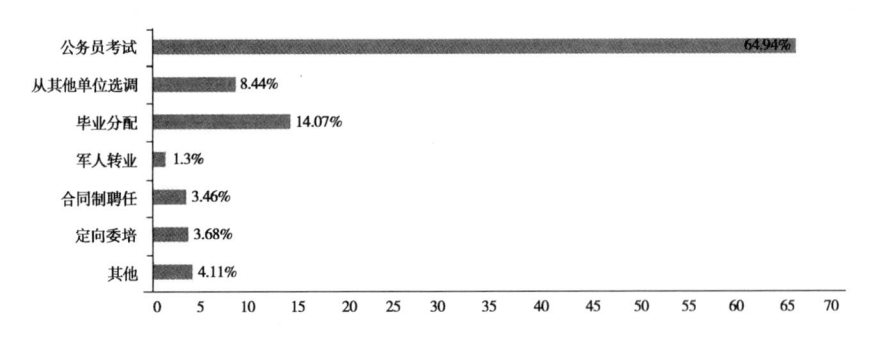

进入渠道	比例
公务员考试	64.94%
从其他单位选调	8.44%
毕业分配	14.07%
军人转业	1.3%
合同制聘任	3.46%
定向委培	3.68%
其他	4.11%

图 1-8　Y 省基层法官的进入渠道（N=462）

资料来源：项目组于 2017 年 5 月针对 Y 省基层法官的问卷调查。

综上所述，随着我国高等教育的发展以及法官招录方式的变革，越来越多的年轻大学生通过公开招录进入法院系统。一方面，基层法官的年龄结构呈现年轻化的趋势，中青年法官占绝对多数；另一方面，基层法官的学历层次较之以前亦有大幅度的提升，本科以上学历占近 95% 以上，其中硕士及以上学历占有较大比例。与此同时，基层法官司法考试通过人员亦占绝大多数。这些均表明，经过改革开放以来的建设和发展，我国法院系统尤其是基层法院的人员队伍整体质量已然发生了突破性的进展。这些转变为进一步司法改革，实现法官的专业化与精英化奠定了较为扎实的现实基础。

四 S、D 和 G：三个典型区域的基层法院

为了对 Y 省全省基层法官的流失情况及其生存状况有一个较为系统而准确的把握，除对全省基层法官随机选取一定样本进行问卷调查以外，笔者还对多家基层法院开展了深度的实证调研。由于调研点众多且分散，因此不太可能亦无必要对调研点一一进行介绍。此处仅仅选取三个典型基层法院予以展示，以期能够实现以小见大的理论目标。通过该部分的写作，我们试图表明，这三家法院实际分别代表了 Y 省乃至全国大部分地区最主要的三种类型的基层法院。

（一）三个典型地区概览

1.S 县概况。S 县位于 K 市主城区边缘，距离主城区仅 43 公里。2014 年末总人口 30.13 万人，其中，男性 15.05 万人，女性 15.08 万人；农业人口 16.13 万人，非农业人口 14 万人；汉族 27.78 万人，少数民族人口 2.35 万人，其中回族 1.59 万人，彝族 3961 人，苗族 1373 人。[①]

2014 年，全县经济完成生产总值 84.41 亿元。第一产业完成 14.10 亿元；第二产业完成 46.43 亿元，比上年增长 13.3%；第三产业完成 23.87 亿元。全县财政总收入完成 14.84 亿元。其中地方公共财政预算收入 9.7 亿元；全社会固定资产投资完成 106.09 亿元。社会消费品零售总额完成 23.32 亿元。农村常住人口人均可支配收入达 1 万元，城镇常住居民人均可支配收入达 2.9 万元。[②]

从地方产业结构与经济水平来看，S 县已经形成以第二产业工矿业为主导，第三产业为支撑的产业结构。从产业结构与农业人口比例看，S 县在 Y 省属于介于都市社会与传统农业社会之间的半都市社会经济形态，系全省经济社会较为发达区县的典型代表。

2.D 回族彝族自治县。D 县属于民族自治县，亦属于 K 市管辖，距离主城区 91 公里左右，相对 S 县较远。2014 年末，全县总人口 48.02

[①] S 县地方志编纂委员会：《S 县年鉴》，德宏民族出版社 2015 年版，第 49 页。

[②] 同上。

万人，其中女性 23.23 万人，占总人口的 48.38%；非农业人口 6.79 万人，占总人口的 14.14%；少数民族人口 15.4 万人，占总人口的 32.07%。少数民族人口中，彝族 10.95 万人，占少数民族人口的 71.10%；苗族 1.52 万人，占少数民族人口的 9.87%；傈僳族 1.6 万人，占少数民族人口的 10.39%；其他少数民族人口 1.32 万人，占少数民族人口的 8.57%。①

2014 年实现地区生产总值（GDP）63.64 亿元。第一产业实现增加值 20 亿元，第二产业实现增加值 20.87 亿元，第三产业实现增加值 22.78 亿元。年全县工业总产值 38.45 亿元，规模以上固定资产投资完成 101.38 亿元；农林牧渔业总产值 36.81 亿元；社会消费品零售总额 23.72 亿元，同比增长 13.16%。②

全县粮食总产量 22.48 万吨，13 个乡（镇、街道）完成大、小春粮食作物种植 77.89 万亩（转龙镇、雪山乡、乌蒙乡除外），实施粮食作物高产创建 9.66 万亩。蔬菜播种 11.2 万亩，总产量 20.8 万吨，总产值 3.33 亿元。马铃薯种植 14.73 万亩，规模化程度位于全市前列。新植桑园面积 3500 亩，开展低产桑园改造 2000 亩。花卉园艺种植 6810 亩，总产量 5436 万枝（盆），总产值 2.78 亿元。特色水果示范种植 3000 亩，中药材种植 4.26 万亩。完成养殖场（小区）建设 6 户。指导发展农民专业合作经济组织 101 个，土地流转 13.61 万亩。种植烤烟 9.56 万亩，完成指令性烟叶收购 1.07 万千克，烟农收入 2.87 亿元。出栏生猪 65.01 万头、畜牧业产值 17.06 亿元。③

从其城乡人口比例及产业结构看，D 县属于典型的传统农业县域。三大产业中，第一产业占据较大比重，第二、三产业优势并不明显。从人口类型看，农业人口占了绝大多数，非农人口不到 20%。Y 省大部分地区属于此种类型。

3. G 独龙族、怒族自治县。G 独龙族怒族自治县地处 Y 省西北部怒江大峡谷北段，东与德钦、维西两县相连，南与 N 州 F 县相邻，北与西

---

① K 市人民政府办公厅：http://zfbgt.km.gov.cn/c/2015-09-09/1183288.shtml，最后访问日期：2017 年 8 月 30 日。
② 同上。
③ 同上。

藏自治区察隅县接壤，西与缅甸联邦毗邻，国境线长达172.08公里。G县地势呈"三山夹两江"高山峡谷地貌，最高处海拔5128米，最低处海拔1170米，海拔差达3958米。

2012年底全县户籍人口约为3.6万人，其中非农业人口0.7万人，占总人口的19.4%；少数民族人口3.4万人，占总人口的94.4%。[①] 境内分布有独龙族、怒族、藏族、傈僳族等少数民族。由于地处中缅、滇藏接合部，多民族杂居，天主教、基督教、藏传佛教、原始宗教四教并存，因而G县成为多民族传统文化与东、西方宗教文化交汇融合的地方。[②] 经济方面，2014年G县完成生产总值（GDP）7.15亿元，在全省GDP排名中居最后一位。[③]

由于地处边境地区，受制于恶劣的自然环境，辖区内交通等基础设施建设薄弱，经济、文化发展水平相较省内其他地区存在较大差距，其作为典型偏远贫困地区，在Y省具有较大的代表性。

（二）三个典型基层法院及其司法

1. 三个典型基层法院。S县法院全院64个政法编，现有编制内人员59人。员额制改革以前，法院有一线法官42人，改革后法院有入额法官24人。由于笔者调研期间恰逢一位副院长调任县政协副主席，因此实际拥有入额法官数量为23人。其中院领导5人，包含院长1人，副院长3人，执行局长1人。亦即员额制改革后，该院一线普通法官人数仅有18人。此外，该院有24名合同制书记员以及13名聘用制协警。编制外的人员经费目前由县财政负担。但法院领导坦言，上划（指人财物统管）后该部分人员的保障可能要面临困难，因为难以确定地方财政是否会继续支持。[④]

由于人口众多，辖区幅员辽阔，D县法院的编制内人员要略高于S县法院。该院现有政法编制78人，员额制改革前一线办案法官有40余

[①] G独龙族、怒族自治县人民法院编：《G独龙族怒族自治县人民法院志》，怒江民族报社有限责任公司印装，2015年，第1页。
[②] 同上。
[③] 怒江大峡谷网，http://www.nujiang.cn/html/2015/gongshan_0407_19147.html，最后访问日期：2017年8月30日。
[④] 《S县法院调研笔记》，2017年8月14日。

人，改革后含院领导共 29 个员额法官。其中含院长 1 人、副院长 3 人，执行局长与副局长各 1 人，审管办主任 1 人。因此该院改革后一线员额法官实有 22 人。除政法编制内人员外，该院亦有合同制人员 40 人。2014 年经县委同意招聘了 40 名合同制书记员，但县财政实际只保障了 20 人的经费，另外新招的 20 人由法院自行解决。目前该院已上报省财政厅并申请以"非税收入"予以支出。由于该院系第一批司法改革单位，2016 年底司法财物省级统管以后，之前由地方财政保障的这 20 个合同制人员的经费截至 2017 年 8 月仍未兑现，因此法院面临着较为严峻的经费压力。①

作为偏远民族地区的基层法院，G 法院全院规模较小。其拥有政法编 31 人，实有 25 人。员额制改革后，入额 6 人。员额法官中包括院长及副院长共 4 人，庭长 1 人，普通法官仅 1 人。其余包括法官助理 10 人，法警 3 人，司法技术人员 1 人，审管办和研究室 1 人，司法行政人员 4 人。由于当地财政紧张，难以负担合同制人员经费。为缓解人员压力，该院自行从办案经费中挤出部分经费聘请了两名合同制书记员。因书记员数量有限，加之地方政府时常安排大量非业务性工作任务，法官助理的职能划分在该院仅有形式意义，实践中不得不兼做书记员以及其他行政性事务。②

2. 三个基层法院的司法概况。与当地经济社会发展水平相应，三个基层法院的年收结案情况亦呈现不同的特征。如表 1-4 所示，S 县人民法院 2015 年至 2016 年年平均收案数为 3776 件，③ 年平均结案数为 3643 件。且 2016 年较 2015 年，无论是收案数还是结案数均有明显增加，因此一线法官的年平均结案数亦随之上升。由于 S 县系第二批员额制改革试点单位，因此 2016 年以前仍有 42 名一线法官，自 2017 年开始其一线法官则锐减为 23 名。在案件数量普遍出现逐年递增趋势的背景下，S 县法院一线入额法官的工作量势必会成倍增加。

---

① 《D 法院调研笔记》，2017 年 8 月 15 日。
② 《G 法院调研笔记》，2017 年 8 月 2 日。
③ 由于法院系统内部报表与官方文件表述往往同时混用"受案"与"收案"两个术语，因此本书亦未严格予以区分，二者均在相同的语义范围内使用。

表1-4　　　　　　　S县法院2015—2016年收结案情况

年份	案件类型	受案总数（件）	结案总数（件）	一线法官人数	一线法官平均结案数（件）
2015	刑事	319	302	42	80.4
	民事	2401	2077		
	行政	3	3		
	执行	975	994		
	合计	3698	3376		
2016	刑事	366	392	42	93.1
	民事	2200	2601		
	行政	0	0		
	执行	1287	1309		
	合计	3853	4302		

资料来源：S县人民法院近两年人案基本数据表。

D法院2014年至2016年3年间年平均收案3672件，结案3404件（见表1-5）。年平均收结案数均略低于S法院。如若将人口总数纳入考察范围，以年平均收案数为基数进行测算，S县的案人比值约为1.3%；D县约为0.1%，远低于S县。① 亦即与S县相比，D县相同数量的人口中发生纠纷并成功诉至法院的比例要低出10倍以上。这一组比值结果，亦在一定程度上反映出两地工商业活动的活跃程度，其与前述两地之间在经济、社会与文化发展状况方面的差距是高度吻合的。与普遍趋势一致，D县法院的案件量亦表现出逐年增长的特征。从而加剧了员额制改革后一线法官与工作负担之间的矛盾。

表1-5　　　　　　　D县法院2014—2016年收结案情况

年份	案件类型	受案数	结案数	一线法官数	平均受案数	平均结案数
2014	刑事	338	335	6	56	56
	民事	1865	1808	31	60	58
	行政	11	9	1	11	9
	执行	489	443	7	70	63
	合计	2703	2595	45	60	58

① 此处的人案比例系以年平均收案数除以全县人口总数所得的数值。

续表

年份	案件类型	受案数	结案数	一线法官数	平均受案数	平均结案数
2015	刑事	350	341	5	70	68
	民事	3123	2830	33	95	86
	行政	26	22	1	26	22
	执行	675	582	7	96	83
	合计	4174	3775	46	91	82
2016	刑事	420	409	3	140	136
	民事	2676	2527	19	141	133
	行政与执行	1042	907	7	149	130
	合计	4138	3843	29	143	133

资料来源：D 县人民法院近 3 年人案基本数据表。

对比以工商业为主导的 S 县以及以传统农业为核心而经济较为发达的 D 县，G 县属于典型的偏远、贫困地区。因此其基层法院的案件量与前述两家基层法院相比可谓存在霄壤之别。如表 1-6 所示，2015 年 G 法院收案 371 件，2016 年仅为 184 件，2017 年上半年为 174 件，考虑到下半年为诉讼高发期的收案规律，2017 年全年收案量预计将达到 2015 年的水平，即 350 件左右。与此相应，其一线法官的年人均收结案量亦处于较低的状态。即使员额制改革后，如果仅从年人均案件负担看，① 该院的法官与前两类地区法院的同行相比仍显轻松。在工商业高度发达的当今社会，G 县法院依旧维持极低的收案状态，除了受辖区人口因素影响外，还因其保留着相对封闭和原始的村庄生活形态。有学者研究表明，封闭村庄中的人们在日常活动中会形成大量非正式社会规范以实现关系密切成员间福利的最大化。当纠纷发生时，人们往往会选择非正式习惯而非诉诸法律。② 因此 G 县法院收结案数量相对较少不是其社会中没有纠纷，而是村庄内生性规范和纠纷解决机制在村庄这一具体

---

① 由于该地区交通极为不便，而且少数民族语言文化保留较为完整，在大量案件需要法官频繁下乡的情况下，法院收结案数据并不能完全体现出法官的案件负担。而且，如若进一步分析其员额法官的构成则会发现，其一线法官的数量是极为有限的。对此，后文还会详加论述。

② 参见［美］罗伯特·C. 埃里克森《无需法律的秩序》，苏力译，中国政法大学出版社 2003 年版，第 349—350 页。

的场景内使大部分纷争得以消弭。

表 1-6　　　　G 县法院 2014—2017 年上半年收结案情况

年　份	受案数	一线法官数	平均受案数	平均结案数
2015	371	13	28	27
2016	184	13	14	13
2017 年上半年	174	6	29	17

资料来源：G 县人民法院近 3 年人案基本数据表。

第二章

法官流失的基本样态、类型与特征

基层法官流失问题自 20 世纪末以来一直是司法实务界热议的话题，尤其是最高人民法院近期发布的《关于贯彻执行〈关于规范公务员辞去公职后从业行为的意见〉的实施意见》对于离职法官从事与原任职务相关的营利性业务作了史上最严厉的规定以后，更是获得实务部门以及社会舆论前所未有的关注。然而总体上看，除了法制类报刊持续撰文予以报道和讨论以外，① 鲜有针对基层法官流失的专门性学术研究，偶有论及亦多侧重于静态的制度层面分析，② 缺乏充分的实证资料支撑。正在进行的新一轮司法改革一方面使基层法官面临着更为微妙和复杂的司法环境，另一方面又为从根本上解决基层法官流失问题带来了新的契机。鉴于此，亟须对该问题重新加以检视。本章拟以西部地区 Y 省 5 个典型地州 14 个基层法院为核心样本对基层法官流失问题加以分析。其中 K 市为省会所在城市，是典型的都市社会；B 市为经济社会较为发达的地级市，代表了我国大多数中等发展程度地区；N、Q、X 为经济社会相对落后的自治州，代表偏远贫困地区。

在正式展开本章内容之前，有必要就"法官流失"予以界定和说明。有学者认为，在同一司法系统内部，从一个法院向另一法院流动不能称为流失，因为司法系统内的人员数量并未减少，不存在"失"的问题。③ 的确，司法系统内的法官流动对整个国家司法力量来说并不会造成数量上的

---

① 《法制日报》《人民法院报》《中国审判》《法制资讯》等报刊自 20 世纪末至今登载了大量有关法官流失的新闻报道以及时评性文章。
② 此类文献典型者如刘练军《法院科层化的多米诺效应》，《法律科学》2015 年第 3 期；刘斌《从法官"离职"现象看法官员额制改革的制度逻辑》，《法学》2015 年第 10 期。
③ 参见吴国平《法官流失现象及其应对》，《福建行政学院学报》2015 年第 3 期。

直接减少。然而本书并非从一般意义上讨论法官流失问题，而是聚焦于基层法官的流失。对于人员输出的基层法院而言，即使是内部流动亦是人员的直接流失。而且近年来不少基层法院持续的内部流动实实在在地对其产生了巨大的压力，尤其在员额制改革的背景下使原本已经突出的人案矛盾日益严峻。因此从改革后稳定基层司法队伍、维护司法质效的角度看，基层法官在司法体系内部的流动理应纳入基层法官流失的考察范围。鉴于此，本书的法官流失不仅包括向体制外的流失，还包括向其他党政部门及法院系统内部的流动。

一 基层法官流失的整体样态

（一）基层法官流出与流入数据对比

1. 基层法官流动的总体情况。调研共收集到 B、N、Q 三个地州以及 K 市 S 县和 D 县等地 14 家基层法院近几年较为全面的法官流出与流入数据。2013 年至 2017 年 8 月近 5 年期间，各基层法院共流入法官 235 人，流出 165 人。其中流出人员与流入人员的比值为 0.7，[①] 流出与流入人数几乎处于持平状态。此外，2017 年 5 月，笔者对 Y 省基层区、县法院的问卷调查显示，区法院与县法院分别有 82%、83% 的法官曾想过离职或正在考虑离职；已准备离职者占 4% 及 3%，而两类地区法院从未想过离职的法官仅为 14% 左右（见图 2-1）。可见现阶段基层法官去职已然成为一种普遍心理。除已离开法院的人员外，尚存大量潜在的流出人员。

从横向区域对比看，基层法官的流失呈现较为明显的经济社会关联性。鉴于 K 市仅收集到 S 和 D 法院的相关数据，故在进行跨区域比较时主要以 B 市、N 州以及 Q 州近年来各基层法院人员流动的平均数与之对比。如表 2-1 所示，近 5 年来在各地区的基层法院中，靠近 K 市主城区的 S 县基层法官的流失情况最为严重，其次是 Q、N 州与离主城区相对较远的 D 县，B 市基层法官的流失情况相对较好。

---

① 资料来源：调研地区基层法院 2013 年至 2017 年 8 月人员流出与流入统计表。下文中的数据如无特别说明均源自实证调研。

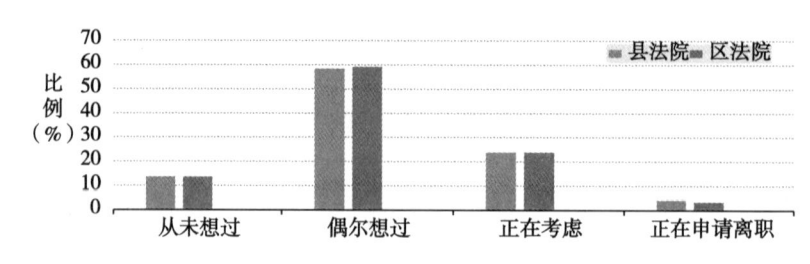

图 2-1 区、县法院人员的离职态度

资料来源：项目组于 2017 年 5 月针对 Y 省基层法官的问卷调查。其中县法院对此问题参与问卷的有效人数有 315 人，区法院参与问卷的有效人数为 147 人。

表 2-1　　　　　　各基层法院人员流出与流入对比

法院	S县法院	Q州基层法院	N州基层法院	D县法院	B市基层法院
流出人数	17	14	10	12	11
流入人数	17	17	13	16	20
流出流入比	1	0.82	0.77	0.75	0.55

资料来源：调研地区基层法院 2013 年至 2017 年 8 月人员流出与流入统计表。

结合访谈所获取的信息判断，之所以出现这种状况，系由基层法官所处的区位状况及其经济社会发展水平所决定的。S 县由于紧靠 K 市主城区，属于半都市社会，加之所招录人员个人综合素质较高，相比其他地区的基层法官，该地区的法官拥有更多的选调、内部选拔等机会，而且辞职以后依旧能迅速适应新的工作环境和生活状态，因此法官流动较为频繁。而 Q 州与 N 州基层法官出现普遍流失的现象主要因其大部分地区生活条件过于艰苦，基础设施建设与医疗、教育条件等较为落后。D 县较 S 县略显偏僻，但亦紧邻 K 市主城区，这种区位条件亦为基层法官的流动创造了较为便利的条件。B 市则一方面地处边疆，远离核心城市带，因此当地的基层法官并不具备类似 S 县法官的流动优势；另一方面，其经济社会发展水平在 Y 省位于中间状态，基层法官的工作、生活条件亦较偏远民族地区更为优越。从而决定其呈现较低比例的人员流失。

从纵向层面看，基层法官流出与流入均显示出逐年递减的趋势（见

图 2-2),而且除 2017 年以外,① 各年份流入人数均高于流出人数。一个可能的原因在于经过改革开放以来的发展,特别是自 2010 年以来,各地经济与社会发生了巨大的转变。地方各级财政收入及对法院的财政支出持续增加的同时,中央和省级财政亦加大了对基层法院的保障力度,尤其是偏远民族地区基层法官的司法环境与工资待遇与过去相比均有了实质性提升,尽管尚存种种问题和困难,但积极层面的发展和变化仍然较为显著。

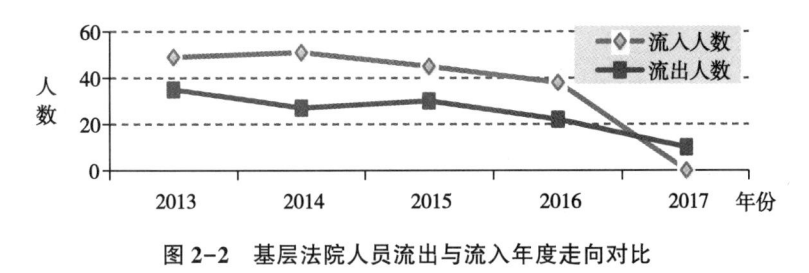

图 2-2　基层法院人员流出与流入年度走向对比

资料来源:K 市 S、D 法院,N 与 B 两个州 2013 年至 2017 年 8 月基层法官流出与流入情况统计表。

2. 三个典型基层法院的法官流失状况。以上从较为宏观层的面对 Y 省不同地区基层法院人员的流入与流出情况作了梳理和分析。为了确保分析结果的准确性,下文将以 K 市的 S、D 县与 N 州的 G 县三个典型地区的基层法院为例,对前文的分析予以进一步的检验。其中,S、D 和 G 分别代表了经济社会发达的半都市地区、较为发达的传统农业县域以及发展程度极为落后的偏远民族地区的基层法院。表 2-2 是三个基层法院近五年人员流入与流出情况的横向对比,其中 S 县法院的流出率最高,流出与流入总数的比值为 1;其次是 G 法院,流出与流入比达到 0.93,远高于总体调研地区的 0.7;D 法院流出与流入比为 0.75。基本上与调研的整体状况保持一致,即作为经济较为发达的 S 地区与条件极为艰苦的偏远落后民族地区流失率最高,经济发展水平一般而且靠近 K 市主城区的 D 法院的人

---

① 2017 年各基层法院流入人员显示为 0,主要是受调研时间的影响。项目组集中调研期间为 2017 年 7—8 月,本年度新流入的人员往往尚未办理入职手续,因此图表中关于 2017 年的流入数据并不能反映各基层法院实际的人员流入情况。但通过对比近几年的数据仍可以大致反映出基层法院案的人员流动趋势。笔者对 2017 年 Y 省法检系统公务员招聘岗位进行统计后发现,N 州基层法院招聘 5 人,B 市基层法院招聘 11 人,基本延续了前几年的变化趋势。

员流失率略低于前两个地区，但因其区位因素亦有较高的流失率。

表 2-2　　　　　　　三个典型基层法院人员的流入与流出

法院	G 县法院	D 县法院	S 县法院
流出人数	14	12	17
流入人数	15	16	17
流出流入比	0.93	0.75	1

资料来源：G、D 与 S 县法院 2013 年至 2017 年 8 月人员流出与流入情况统计表。

从纵向年度变化层面看，三个基层法院同前述整体情况相比存在较大的差异。如图 2-3 所示，S 县法院的人员流出起伏较大，而且 2015 年以来有上升的趋势；D 县法院人员的流出虽有小幅度波动，然自 2013 年以来基本处于平稳下降的状态；G 县法院的人员流出量一直较为稳定，其中 2013 年至 2015 年逐年缓步上升，2015 年以后则又出现缓步下降的相反趋势。在人员流入方面，则基本与整体流入情况相似，在波动中逐年下降（见图 2-4）。①

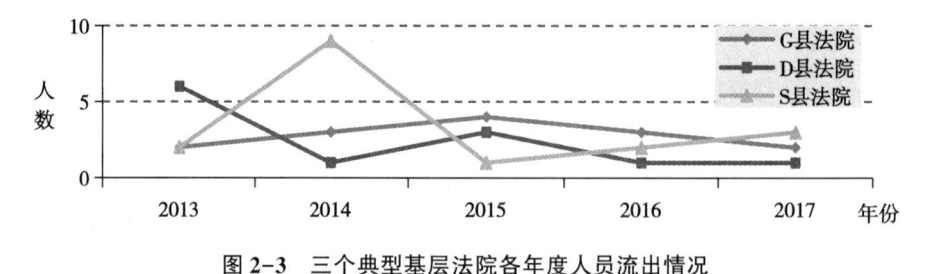

图 2-3　三个典型基层法院各年度人员流出情况

资料来源：G、D 与 S 县法院 2013 年至 2017 年 8 月人员流出与流入情况统计表。

根据基层法官的通常流出方式，大致可以将其分为两类：一是主动型法官流失，即法官辞职或通过调任、挂职及选调等方式离岗、离任；二是被动型法官流失，即在职法官因死亡或者根据国家有关年龄与纪律规范的规定，遭辞退、退休或离岗退养。其中第二类流失实际属于人员的自然更替，是每个单位及组织所共同面临的问题，其在本质上难以真正归为基层

---

① 其中三个基层法院 2017 年的流入数据并非实际流入数据，而是根据其公务员招聘职位所做的推算。

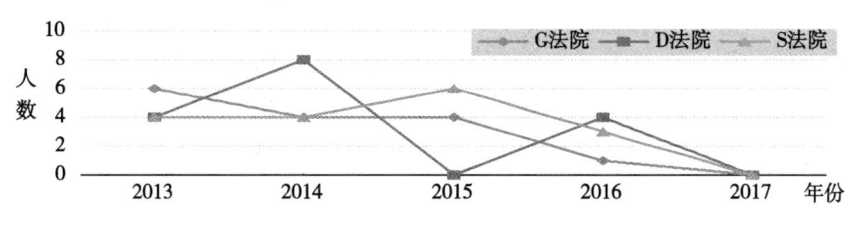

图 2-4 三个典型基层法院各年度人员流入情况

资料来源：G、D 与 S 县法院 2013 年至 2017 年 8 月人员流出与流入情况统计表。

法院人才流失的范畴。因此，为准确把握基层法院的人员流失问题，须进一步就主动型法官流失予以专门探讨。

表 2-3 与图 2-5 分别为三个典型基层法院主动型人员流出与流入情况对比以及各年度主动型人员流出情况。表 2-3 显示，主动型流失数据与流入数据的比值同表 2-2 的数据相比略有不同：一是主动型流失人员数与流入人员数的比值普遍有所下降；二是 G 法院取代 S 法院成为流失率最高的法院，D 法院在三个基层法院中的流失率仍为最低。而在主动型流失的年度变化方面，如图 2-5 所示，三个基层法院的数据走向基本保持了如图 2-3 所示的结构。通过以上分析可以发现，Y 省基层法院的法官流失呈现较强的地域性特征。其中靠近 K 市主城区的基层法院以及偏远落后地区的基层法院人员流失率最高，流失现象也最为严重；而远离省会城市主城区且经济发展较好的地区基层法院人员流失率则相对较低，其法官队伍的稳定性亦相对较高。

表 2-3 三个典型基层法院主动型人员流出与流入情况对比

法院	G 县法院	D 县法院	S 县法院
流出人数	11	3	10
流入人数	15	16	17
流出流入比	0.73	0.19	0.59

资料来源：G、D 与 S 县法院 2013 年至 2017 年 8 月人员流出与流入情况统计表。

（二）流出法官的主要去向

从宏观数据统计结果看，获取到详细数据的基层法院近 5 年主动型流

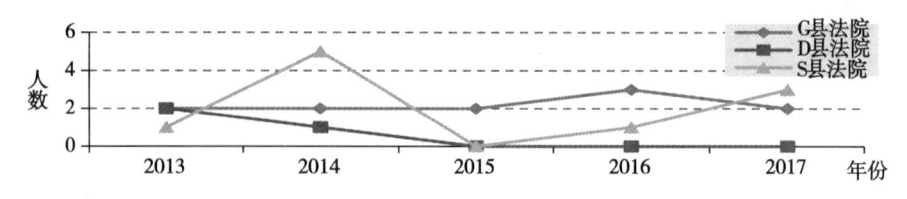

图 2-5　三个典型基层法院各年度主动型人员流出情况

资料来源：G、D 与 S 县法院 2013 年至 2017 年 8 月人员流出与流入情况统计表。

出人员共有 125 人，其中 51% 流向了其他法院，39% 被选调到了党政机关，2% 流向了检察机关，流向律所和国企的分别各占 1%，其他流向为 6%（见图 2-6）。① 亦即有超过一半的人员离职以后实际仍然在法院系统内工作，而超过 1/3 的人流向了党政部门。因此基层法官的流失去向主要集中在体制内的流动，完全脱离体制走向社会的仍是绝对少数。这一方面是因为 Y 省整体经济发展水平较为落后，法律人才市场化程度不高，市场性法律职业的社会需求度和容纳度均较为有限；另一方面也与基层法官整体综合素质有关，对于大多数法官而言，在体制内流动的发展机会要远大于体制外所提供的机遇。由此也可以看出，公开透明以及畅通的晋升空间和渠道对于留住基层法官具有根本性的重要意义。

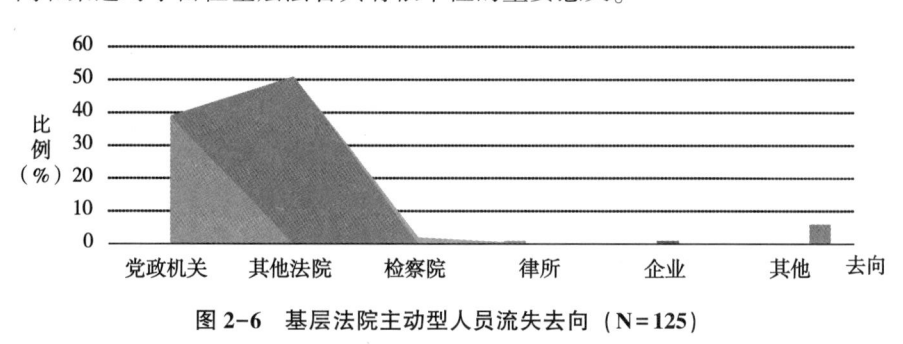

图 2-6　基层法院主动型人员流失去向（N=125）

资料来源：K 市 S、D 两个基层法院，以及 N、Q、X 三个自治州基层法院 2013 年至 2017 年 8 月人员流出情况数据总和。

如上所述，由于基层法官流失具有较为明显的地域差异，故为了便于区分不同区域基层法官流失去向的基本状况与特征，有必要对不同类型基

---

① 资料来源：K 市 S、D 两个基层法院，以及 N、Q、X 三个自治州基层法院 2013 年至 2017 年 8 月人员流出情况数据总和。

层法院的人员流失去向从横向层面予以对比。图2-7是N、Q与X三个自治州基层法院流失人员去向的对比图。去掉退休、死亡等被动型流失人员后，各地基层法官的流失去向同总体去向情况呈现较高的一致性，离职法官的首要去向均为法院系统，其次为向党政机关，仅有极少的人员辞职后流向了企业或者律所。

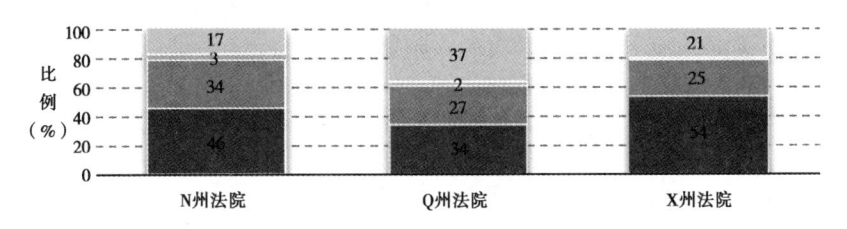

图 2-7　自治州基层法院人员流失去向对比

资料来源：2013年至2017年8月N、Q、X州基层法院人员流出数据，其中N州基层法院流出总人数为40人，Q州为41人，X州为56人。

相比偏远贫困地区的自治州，K市（以S县与D县为代表）在离职法官的去向方面则有较大的差异。如图2-8所示，除了被动型流失外，K市基层法院近几年人员流失去向主要为党政机关，占流出人数的31%；在偏远贫困地区占比最大的"其他法院"在K市基层法院占比仅为4%；相反，向其他企业或律所流动的占比则有大幅增加，达到了10%。

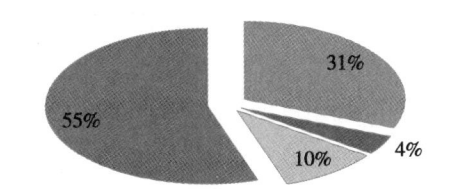

图 2-8　K市部分地区基层法院的人员流出去向（N=29人）

资料来源：2013年至2017年8月K市S县与D县基层法院人员流出数据。

如果从微观层面对K市与偏远地区基层法院的人员流失去向进一步加以比较，区域差异则尤为显著。如图2-9所示，排除被动型流失人员以后，D法院流失人员中25%流向了党政机关，8%流向了律所及企业；S

法院41%流向了党政机关，12%流向了律所与企业，仅有6%流向了其他法院；与此相反，流失人员中，F法院（亦属N州）高达88%的人流向了其他法院，剩余12%流向了党政机关；G法院首要流失去向系党政部门，其次是其他法院，流向律所或其他企业者占了7%。由于G法院流失基数较小，故实际流向律所的仅有1人，而且在访谈中获悉，这位法官之所以离职做律师主要是迫于家庭原因。故G法院与F法院相比，其实际流失人员去向并没有数据表现出的差距那么大。

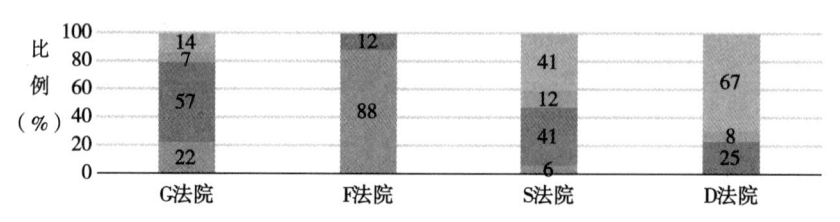

图 2-9　四个基层法院流失人员去向对比

资料来源：2013年至2017年8月G、F、S与D县基层法院人员流出数据，其中G法院流出总数为15人，F法院为8人，S法院17人，D法院12人。

综上所述，Y省基层法院人员流失整体上以向其他法院、党政机关流失为主，流向律所与企业人员所占比重较小。但从微观层面进行观察，其流失去向又呈现较大的地域差异。其中，除退休、死亡等被动型流失，靠近K市主城区的S、D法院流失法官主要流向地方党政部门，其次为律所及企业，流向其他法院者占比较小；而G、F等偏远民族地区，流向其他法院与党政部门均占较大比例，而流向律所与企业的人员极为少见，部分地区甚至没有这类流失。这是由基层法院所处的区位及社会经济条件所决定的。一方面，由于K市主城区以及周边地区党政部门较为密集，岗位众多，能为附近的基层法官提供较多的选调、选拔机会与渠道；另一方面，由于地处城市带，市场经济与工商业较为发达，该地区基层法官的福利待遇一直以来较其他地区更为优越，如若离职后进其他法院并无太多增资空间，而且主城区案件压力巨大，加之法院系统晋升渠道狭窄，因此有能力离职的法官往往会选择更具经济优势的企业或者律所。正如某离职法官所言："既然得不到职业尊荣感，那还不如去外面多赚点钱。"

（三）流失法官的年龄、性别、学历与职级构成

1. 流失法官的年龄构成。通过对三个地州基层法院以及 K 市两个基层法院流失人员数据予以统计发现，在主动型流失人员中，30 周岁以下的年轻法官占 41%，31—40 周岁的中青年法官占 28%，41—50 周岁的法官占 31%（见图 2-10）。就整体情况看，除年轻法官占比略高以外，不同年龄段的流失情况分布较为均衡，并无特别明显的差距。

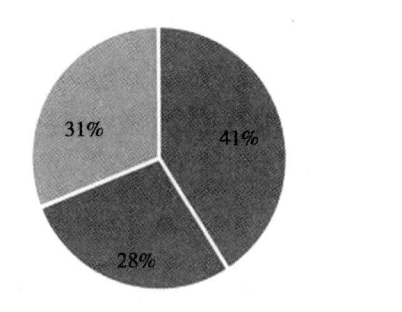

图 2-10　基层法院主动型流出人员年龄构成（N=119）

资料来源：2013 年至 2017 年 8 月 N 州基层法院、B 市基层法院、Q 州基层法院和 K 市 S 县法院流出人员情况表。① 其中 N 州基层法院主动型流出人数为 33 人，B 市基层法院主动型流出人数为 55 人，Q 州基层法院主动型流出人数为 21 人，S 县法院主动型流出人数为 10 人。

从地域方面看，各地流失法官的年龄分布虽存在一定的差异性，但与整体情况相比并无结构性不同。如图 2-11 所示，2013 年至 2017 年 8 月，N 州基层法院流失法官的年龄集中于 30 周岁以下，占比超过了流失人数的一半以上，为 59%；31—40 周岁与 41—50 周岁区段内的流失情况相对缓和，分别占 19%、22%。Q 州与 N 州相邻，在地理位置上具有一定的相似性，但其流失法官的年龄构成却有所不同，流失人员的年龄集中在 41—50 周岁阶段，占比约为 43%；30 岁以下的流失人员占比为 36%，31—40 周岁的流失情况较少，为 21%。B 市作为非少数民族自治州，其基层法院流失人员中，30 周岁以下的占 27%，31—40 周岁的占 37%，41—50 周岁的占 36%。

---

① 需要说明的是，在获取的资料中有 51 周岁以上的年龄段，但实际调查发现，51 周岁以上流失原因均为退休或死亡，对于整个基层法官流失问题并不具有太大的分析价值。因此下文有关流失人员年龄情况的图表中均去除了这一区间段。

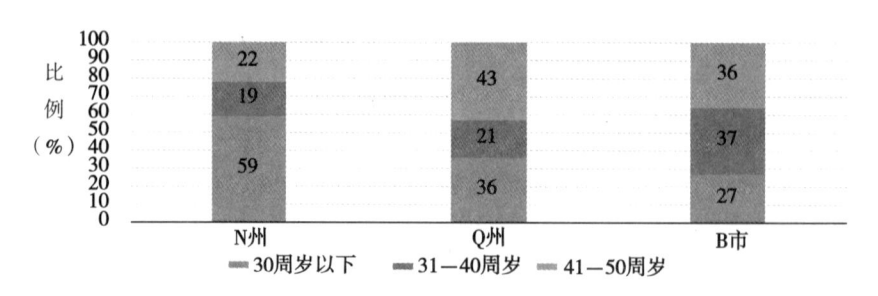

```
                                                                    
  比 100  22              43              36
  例  90
 (%) 80  19              21              37
      70
      60  59              36              27
      50
      40
      30
      20
      10
       0
           N州              Q州              B市
       ■ 30周岁以下  ■ 31—40周岁  ■ 41—50周岁
```

图 2-11　不同地区基层法院主动型流出人员年龄结构

资料来源：2013 年至 2017 年 8 月 N 州基层法院、B 市基层法院、Q 州基层法院流出人员情况表。其中 N 州基层法院主动型流出人数为 33 人，B 市基层法院主动型流出人数为 55 人，Q 州基层法院主动型流出人数为 21 人。

如果将比较的范围进一步缩小，以个别基层法院作为分析对象，则会发现流失法官的年龄分布呈现更为明显的地域差异。图 2-12 是 F、G 和 S 县 2013 年至 2017 年 8 月流失法官年龄分布的统计数据。其中，30 周岁以下法官流失最为严重的法院为 G 法院，其次是 F 法院，S 法院占比较小且与前者差距较大；31—40 周岁区间段在整体上与 30 周岁以下法官流失情况相似，但占比略有下降；而在 41—50 周岁段上，S 法院占比最高，G 法院与 F 法院却呈相对较低的占比。对比分析显示，F 法院与 G 法院流失人员年龄结构相似，从 30 周岁以下直至 41—50 周岁区间呈递减趋势，人员流失集中于低年龄段；而 S 法院与此相反，主要流失年龄段集中在 41—50 周岁，呈现经验型流失趋势。

```
       80
       70              ◆ F法院  ■ G法院  ▲ S法院
  比  60
  例  50
 (%) 40
       30
       20
       10
        0
           30周岁以下      31—40周岁       41—50周岁
```

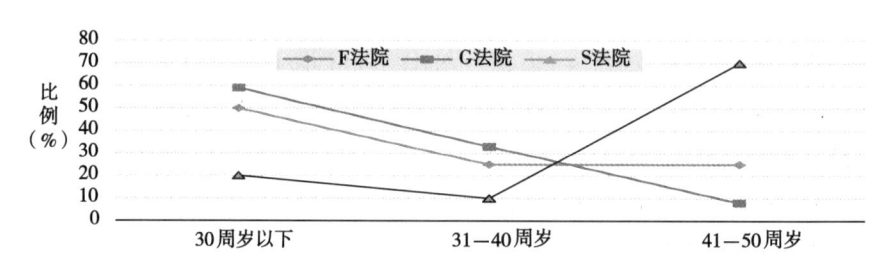

图 2-12　典型基层法院主动型流出人员年龄结构对比

资料来源：2013 年至 2017 年 8 月 G、F、S 县基层法院人员流出数据，其中 G 法院主动型流出人数为 13 人，F 法院主动型流出人数为 8 人，S 法院主动型流出人数为 10 人。

可见从区域上看，偏远贫困地区基层法院的人员流失总体上呈现年轻化趋势，主要为 40 周岁以下"后备力量"的流失；与之相反，距离主城区较近，经济社会较为发达地区的基层法院人员流失则主要为41岁以上资深法官的流失，为"上层力量"缺失。这主要是由不同地区法官流失的去向所决定的。靠近主城区且经济社会发展水平较高的地区基层法官主要流向地方党政部门以及律所、企业等，这些单位都面临着较为激烈的内部竞争或者市场竞争，因此对应聘人员的个人综合素质要求较高。一般而言，40周岁以上的法官经过较长时间的实践经验积累与人脉经营，相对年轻法官具备更多的择业优势。而偏远贫困地区由于体制以及市场所提供的岗位的有限性，离职法官多在法院系统内部流动，这类流动的主要方式往往是选拔性考试与考核，业务能力是主要任用指标，并不过多涉及其他社会资源因素，因此多以年轻法官为主。

2. 流失法官的性别状况。除年龄因素外，性别与法官流失之间也亦存在一定的关联性。对B市与Q州基层法院近5年流失人员的性别状况进行统计分析后显示，在两个地州所有基层法院的流失人员中，男性占比为53%，女性为47%。其中B市基层法院流失人员同整体情况基本一致，男性占比为56%，略高于女性所占比例；Q州的流失人员则出现了相反的性别构成，女性占51%，男性为49%。考虑到其流失基数较小（近5年流失33人），且女性所占比例较男性仅有微弱的优势，故其流失人员的性别比几乎接近1∶1的总体状况。可见在基层法院流失人员的性别方面，男性与女性占有相似的比例份额，且受区域影响较小。

3. 流失法官的职级结构。从B市与Q州基层法院流失人员职级结构的整体情况看，科级领导占51%；其次为普通科员，占39%；副处级领导占比为9%。从区域上看，Q州与B市存在较为明显的差异。在Q州，科级干部占流失人员的比例高达76%，副处级为7%，普通法官仅占17%；而B市基层法院副科以上流失人员为41%，普通科员占比达57%。由于缺乏更多的数据样本，因此难以确切地判断此种差异是否与地域及经济社会发展情况相关。但可以肯定的是，各地基层法院流失法官中科级以上占了相当大的比例，是主要的流失人员。之所以如此，一个重要原因可能是职级较高的法官由于拥有较为丰富的司法经验、人生阅历与社会资源，往往有更多的机会离开原法院流向生活条件较好或晋升空间更大的地区及部门。事实上，基层法院较高职级者流出多为升迁到上级法院或同级党政部门。

4. 流失法官学历层次。法官的学历层次和专业教育背景是基层法院走向办案专业化、精英化的重要影响因素。N 州、B 市、Q 州基层法院和 K 市 S 县法院近 5 年的数据显示，有 85% 的流失人员系大学本科学历，研究生学历占 4%，大专及以下仅有 11%。因此宏观上看，基层法院的流失人员中，多为拥有本科以上较高学历层次者。其中，N 州、Q 州以及 B 市 3 个地区基层法院的流失人员中，本科及以上学历均占绝对多数。而在流失人员的具体学历层次分布上，3 个地区又同时存在一定的差异。其中，Q 州大专以下的流失人员占比最高，达到 29%；其次为 N 州，低学历流失人员占比为 6%；B 市低学历流失人员较少，仅为 2%。因此基层法院流失人员的学历层次总体上与地区经济发展水平存在一定的内在联系。一般而言，经济发展水平越高，流失法官的学历层次亦相对较高，低学历人员所占比重即越低。

二 基层法官流失的类型分布

以上对基层法官流失的基本样态作了较为全面的分析。整体上看，一方面基层法官流失目前仍呈现流失速度较快、流失数量较多等特征，但随着法官职业保障的逐步完善，这种状况日渐缓和；另一方面，基层法官流失以体制内流动为主要去向，且有年轻化、高学历以及高职级化等趋势。为了实现对基层法官流失内在成因的"解释性的理解"，[①] 找寻更具针对性的解决之道，下文将对法官流失从类型学上进一步予以探讨。以去向属性为标准，基层法官流失主要有内向型、外向型和市场型流动三种类型。[②]

（一）内向型流动

内向型流动是指法官虽离开原法院，但依旧在法院系统内工作，是一种司法体系内的流动。内向型流动从流向上又可以分为两类，一是横

[①] 参见［德］马克斯·韦伯《社会学的基本概念》，胡景北译，上海人民出版社 2005 年版，第 7—12 页。

[②] 需要说明的是，为了精确地把握基层法官的流失问题，在对法官流失的类型进行分析的过程中，主要针对的是主动型流失，诸如退休、死亡等正常人员更替的被动型流失则不在该部分的讨论范围之内。

向流动，即同级别法院之间流动；二是纵向流动，基层法院人员通过遴选、选调等方式向上级法院流动。调研显示，近年来流失法官中有一半以上是内向型流动，占流失人数的51%。从地区分布上看，N、Q与X等偏远贫困地区基层法院的人员流失均呈现较为明显的内向性（见图2-13）。相对较为偏远和落后的少数民族自治州，K市基层法院内向型流动在流失人员中所占比重差异显著，其人员流失的内向性特征并不突出。如图2-14所示，2013年至今，该地区基层法院内向型流失的法官占比均未超过10%，个别地区如D县法院同期向其他法院或检察院流失的法官数甚至直接为零。

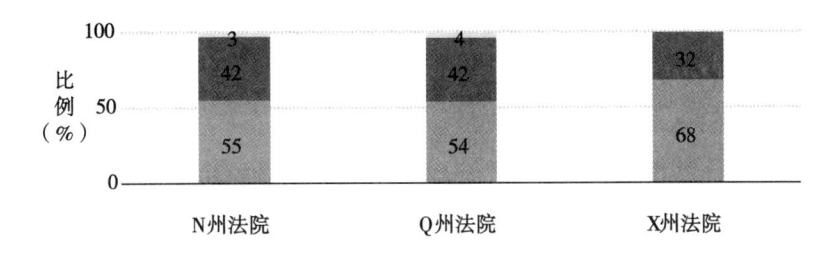

图 2-13　3 个自治州基层法院人员流失类型

资料来源：2013 年至 2017 年 8 月 N、Q、X 州基层法院人员流出数据，去掉被动型流动数据以后，N 州基层法院流失总数为 33 人，Q 州为 26 人，X 州为 44 人。

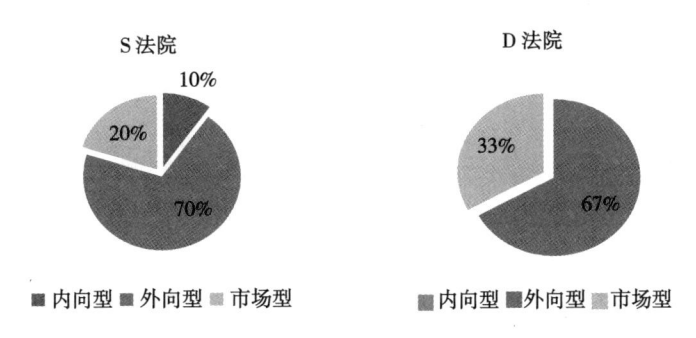

图 2-14　K 市基层法院人员流失类型对比

资料来源：2013 年至 2017 年 8 月 K 市 S 县与 D 县基层法院人员流出数据，去掉被动型流失数据以后，S 法院的流失人数为 10 人，D 法院为 3 人。

为了方便对比不同地区内向型流失的具体情况，下文将在偏远贫困地区与作为省会所在地的 K 市选取若干基层法院进行横向对比。如图 2-15 所示，F 与 G 系 N 州的两个偏远基层法院，S 和 D 县法院则为 Y 省经济社会发展水平相对较高的 K 市基层法院。通过简单对比可见，偏远贫困地区基层法院人员流失的内向性较经济社会发达地区尤为明显。这表明，在偏远贫困地区，法官真正逃离的不是法院或者法官这份职业，而是相对艰苦和封闭的工作与生活条件。

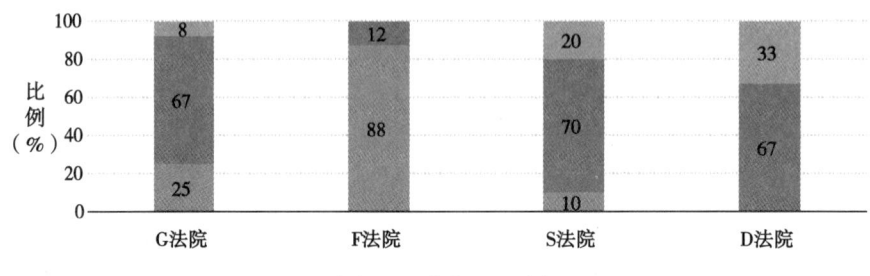

法院	内向型	外向型	市场型
G 法院	25	67	8
F 法院	0	88	12
S 法院	10	70	20
D 法院	0	67	33

图 2-15　4 个基层法院人员流出类型对比

资料来源：2013 年至 2017 年 8 月 G、F、S 与 D 县基层法院人员流出数据。去掉被动型流失数据以后，G 法院流出人数为 13 人，F 法院流出人数为 8 人，S 法院主动型流出人数为 10 人，D 法院为 4 人。

（二）外向型流动

与内向型流动相对，外向型流动主要是指基层法官离开司法系统，流向地方各级党政部门的流失类型。根据图 2-13 与图 2-14 所示，外向型流动在偏远贫困地区仅次于内向型流动，远高于其他流动类型；而在 K 市，外向型流动则普遍在 70% 左右，超过内向型流动所占比重。从微观层面看（图 2-15）除个别地区如 G 法院外，区域平均数据显示，偏远贫困地区基层法院人员流失的外向性较经济社会相对发达地区如 K 市周边地区要弱。

与偏远贫困地区的情况不同，在靠近主要城市带且经济社会发展水平较高的地区，基层法官离职更多是为了摆脱法官职业，其目的在于追求更大的晋升空间。在 K 市周边地区基层法院，一方面随着立案登记制改革以及伴随经济发展状况的案件自然增长，法官的工作压力成倍增长；另一方面，随着司法改革的不断推进，我国司法日趋规范化、精细化，法官的司法责任亦不断明确和逐步强化。在压力与责任剧增的背景下，法官的晋升空间和渠道，以及福利待遇与同级党政部门相比却无任何优势可言，甚至总体上居于劣势。与此同时，地方党政部门由于地处商业活动规模较大、市场经济较为活跃且人口稠密的地区，机关部门众多，所能提供的岗位及升迁渠道与空间不仅多于同级法院，而且也是偏远贫困地区的党政部门所无法企及的。因此，这些地区的基层法官大多选择而且也能够流向地方党政部门。

（三）市场型流动

所谓市场型流动是指基层法官离开国家公共部门体系，直接进入律所、企业等市场领域，在个人发展与收入方面完全取决于市场竞争的结果。新一轮司法改革以来，由于我国多地出现大量法官的市场型流动，致使其成为当下备受瞩目的法官流失类型。尽管如此，受社会经济发展水平影响，Y省基层法官的市场型流动较之于中东部发达地区并不十分突出。基层法院整体上尚未出现大范围的市场型人员流失，对当地的影响相对较小。然而在对Y省近500名基层法官的问卷调查显示，高达46%的人将律师列为离职后的理想职业，选择企业及自主创业的也分别占到21.43%与20.78%。可以预见，如果没有外在制度性保障，市场型流动的比例在未来还会逐步增加。

从区域上看，在N、Q与X三个少数民族自治州的基层法院中，市场型流动均较为少见。2013年至2017年8月，N州基层法院市场型流失人数仅占总流出人数的3%，Q州为4%，而X州同期市场型流失人数为零（见图2-13）。将比较的范围进一步缩小至N州的G、F与K市的S、D县等四家基层法院发现，市场型人员流动在偏远贫困地区与经济社会发达地区的差异显著。其中偏远贫困地区的市场型流动占比较小，均在10%以下；而经济发展程度较高的地区，市场型流动在基层法院中的占比相对要大得多，如S县与D县法院的市场型流失占比分别达到20%与33%（见图2-15）。之所以存在这种差异，依然主要是由经济社会发展水平所决定的。正如L县人民法院的某副院长所言："没有辞职做律师的人员与法院地处偏远地区有关。相对而言法官是一份不错的职业，虽然很多法官都有动摇过，但之所以没有离开主要是因为考虑到生活的稳定性及可以兼顾家庭。"① 另外，在与 F 县法院院长交流中其亦谈道："之所以辞职做律师的人员较少一方面系由于案件少，在职法官都做不够，辞职做律师更没事做；另一方面，较之于过去，现在法院条件已有所改善，而且法官职业在当地已是一份较为稳定且有一定尊荣感的职业，如果辞职，对大多数法官而言并不一定能找到更好的职业。"②

为了更直观、准确地展示人员流动类型与基层法院所在地区经济社会发展状况间的内在关联，图 2-16 是 N、Q、X 州与 K 市部分地区基层法院主动型人员流失类型分布与各地经济发展水平之间的关系图。根据 2015 年 Y 省各地州人均 GDP 的排名，从低到高依次为 N、X、Q 州和 K 市。在主动型流失法官的类型分布上，同经济社会发展水平间呈现高度的相关性和一致性。其中，内向型流动所占比重随着基层法院所处地区经济发展水平的提升而逐渐降低；外向型与市场型流动所占比重则随地区经济的发展而缓慢增加。

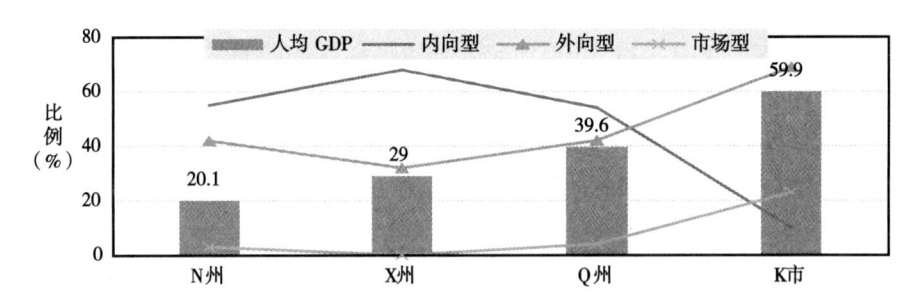

图 2-16　经济发展水平与基层法院人员流出的类型分布

资料来源：2013 年至 2017 年 8 月 N、X、Q 州与 K 市 S、D 基层法院人员流失数据，以及 2015 年 4 个地区的人均 GDP 排名数据。③ 其中 N 州人均 GDP 约为 2.01 万元，X 州人均 GDP 为 2.9 万元，Q 州人均 GDP 为 3.96 万元，K 市人均 GDP 为 5.99 万元。

综上所述，基层法院人员流失的三种主要类型的分布与法院所处地区的经济与社会发展水平密切相关。整体上看，Y 省基层法官的流失以内向型流动与外向型流动为主导，市场型流动占比较小。具体表现为以下三大特征：其一，偏远贫困地区人员流失表现出显著的内向性，与此

---

① 《L 法院调研笔记》，L 县人民法院 2017 年 8 月 1 日。
② 《F 法院调研笔记》，F 县人民法院 2017 年 8 月 1 日。
③ Y 省 2015 年 GDP 排名一览表：http://www.southmoney.com/hkstock/ggxinwen/201606/587201.html，最后访问日期：2017 年 10 月 10 日。

同时外向型流动占比亦相对较高；其二，经济社会发展水平较高的地区，其基层法官流失的外向性更为明显，内向型流动占比大幅下降，市场型流动首次超过内向型流动所占比重；其三，市场型流动呈现对市场经济的高度依赖性，并随经济发展水平的增长而增长。而且市场型流动主要集中分布在 K 市主城区及其周边地区。

三 基层法官流失的基本特征

以上通过对 Y 省若干调研地区基层法院人员流失的基本状况及其类型从宏观、中观和微观三个层面予以系统梳理和比较分析可以发现，现行基层法官流失呈现明显的地域特征。

（一）法院流出与流入人员数据比值较高且地区差异显著

从总体上看，基层法院的人员流入虽大于流出，然流出与流入人员的比值较高，达到近乎一比一的比例，且存在较大的地区差异。一般认为，市场经济越发达的地区，法官辞职的情况就越多。[①] 但本书的实证研究却显示基层法官流失同社会经济发展水平之间呈现更为微妙复杂的相互关系。如果以 Y 省最大的都市社会 K 市主城区为基层法院所处横向空间位置的一端，以偏远地区为另一端，以经济社会的发展程度为竖轴并分别以"发达"和"落后"为其两端，则形成如图 2-17 所示的基层法官流失之区域与社会经济状态分布图。

从空间上看，Y 省基层法院多处在都市社会与偏远地区之间的区域，位于大型都市社会的仅为 K 市主城区及其周边的基层法院，在基层法院中所占比重较小，而偏远地区的基层法院则相对较多；从经济社会发展程度看，典型发达地区较少而落后地区较多，但介于发达与落后之间的普通地区则为主导。由于空间与经济社会因素往往存在交叉，因此各基层法院主要分布在如图 2-17 所示的 A、B、C、D 四类经济社会与空间类型之中。其中 A 区域代表的是经济发达的都市社会，B 区域为经济水平相对较高的偏远地区，C 指代经济发展水平一般的近都市社会，

[①] 艾佳慧：《司法知识与法官流动：一种基于实证的分析》，《法制与社会发展》2006 年第 4 期。

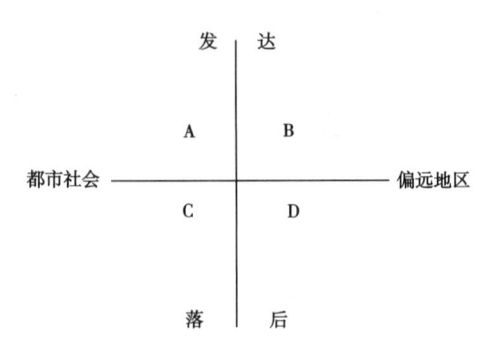

```
        发    达
         |
     A   |   B
都市社会 ——————— 偏远地区
     C   |   D
         |
        落    后
```

图 2-17　空间及社会经济状况与法官流失

D 为经济发展水平较低的偏远地区。综合前文的分析可以发现，基层法官流失在经济社会发展以及空间状况的坐标上呈现近似"U"形的曲线图，并非单一的线性状态。其中处于经济社会发达地区和极端偏远落后地区（即"U"形之两端）的基层法官流失率最高，随着经济社会发展程度的降低，基层法官流失率亦随之降低。然而，伴随地区经济社会发展水平下探至中间位置（"U"形之底端），即由欠发达地区质变为偏远落后地区，其基层法官的流失率则会转而随偏远落后程度的增加而逐步增加。从经济社会与空间类型看，位于 A、D 等发达地区和极为偏远落后区域的基层法官主动型流失最为严重，而 B、C 等中间区域的基层法官流失率相对更低。

之所以如此，一是越靠近都市地区，社会经济愈发达，离职法官体制内选拔、升迁、再就业甚至创业机会和空间更多；而经济社会最为偏远落后地区由于自然条件和生活环境过于艰苦，难以长期留住优秀的法律人才。前者是造成基层法官离职的激励性因素，后者则构成基层法官流失的压力性因素。二是经济社会较为落后的都市社会附近的基层法院，因其一般位于都市社会的外围，既拥有较其他地区更为优越的区位条件但又不具备核心城区优势，且司法环境与法官待遇往往处于中间状态，故其人员流失多呈现略高于平均流失率的特征；而经济社会发展较好的边远地区基层法院，因其不具备离职的区位优势，同时司法环境与法官待遇亦能得到地方财政较好的支持，因此法官流失率相对较低。

（二）流失法官多为具有本科以上学历的中青年骨干

从基层法院流失人员的构成来看，总体上呈现年轻化、高学历趋势。这与已有的其他地区基层法官的流失情况呈现较高的一致性。① 在本次调研地区，基层法院流失人员中绝大多数是拥有本科及以上学历的中青年骨干。首先，在年龄结构方面，流失人员中以30周岁以下为主，其次是31—40周岁年龄段，而41—50周岁人员占比相对较少。虽然三个年龄阶段所占比重差距并不大，但40周岁以下的流失人员整体上占了超过60%的比重，因此基层法官流失的年轻化趋势明显。从地域类型上看，偏远贫困地区的基层法院以低龄段法官流失为主，占比相对较大；而普通地市基层法院各年龄段流失程度大体相近，高龄段流失法官的占比则有随着地区经济社会发展水平的增高而增加的趋势。其次，在流失法官的学历层次方面，无论偏远贫困地区还是普通地市的基层法院，流失人员的学历均集中在具有本科及本科以上学历的人群中，占到流失总数的90%以上，呈现高学历层次流失的特征。

基层法官流失的高学历与年轻化倾向，对我国基层法院法官队伍建设以及基层司法质量的提升造成深远的影响。其原因主要表现为以下几个方面：一是基层法院近年来持续处于流失状态，而按照我国现行统一招录公务员的法院人员选拔与任用机制，流入人员基本上为新近毕业大学生，基层法院的人员在整体上趋于年轻化和高学历化；二是在偏远贫困地区，由于其公务员考试竞争相对较小，不少大学生往往将这些地区的基层法院作为就业的过渡单位，一旦有更好的去处，将更容易流出其原来所在单位；三是年轻人大多具备较强的应试能力，而且由于少了家庭的牵绊，因此在选拔性考试中更占优势，其流动性自然随之增大。而40周岁以上的大龄法官一方面由于家庭原因，使其不能任意流动，大多只能在特定区域范围内流动；另一方面因其已经具有较高的资历和职级，对新单位和岗位势必抱有更高的期望，故其流出的范围受到较大的限制。由此在不同的地区带来了完全不同的结果，偏远贫困地区由于较为体面且优越的就业渠道和工作岗位整体较少，因此限制了大龄法官的择业空间，其流失比重因此较低；而发达地区因为拥有更具多元化的择业环境与渠道，从而能为拥有资源和资历优势的大龄法官提供更多的择业空间，其流出比重亦随之增加。

---

① 参见方宏伟《法官流失及其治理研究》，《武汉理工大学学报》（社会科学版）2015年第3期。

(三) 流出去向和类型上以内向型和外向型为主

如前所述，在 Y 省，无论是少数民族自治州还是普通地市的基层法院，其人员流失均以内向型和外向型为主，两类流失占比达到 90% 以上。但就具体区域上看，两类地区流失类型的分布又略有不同。

其一，偏远民族地区的流失情况具有显著的内向性特征。调研情况显示，经济社会越是偏远落后，内向型流动占比愈高。一是由于所处地区差异，法官的收入及待遇存在较大的差距，由此诱发偏远地区法官向经济条件更好的法院流动；二是环境因素，贫困地区的基层法院大多地处山区等边远偏僻地区，工作生活条件差，且由于经济社会发展落后，司法工作的开展亦面临重重困难；三是由于体制限制，偏远贫困地区党政部门编制、岗位有限，因此基层法官向经济社会相对发达地区的基层法院流动较之于流向地方党政部门更为容易。此外，由于地处偏远，法官职业在当地来说是一份既稳定且收入较好的职业，当地民众对法官亦较为信服，法官相对具有较强的职业尊荣感。因此法官对于其职业本身并没有太多负面情绪，也没有脱离司法体系之想法，其仅基于对更好的生活条件上的追求而被迫离开当地基层法院。

其二，经济社会发达地区的人员流失则更具外向性。亦即经济越发达的地区，其内向型流失占比越小，外向型占比越高。这是因为经济社会较为发达地区的基层法院一方面随着案件数量的剧增，法官面临着更大的办案压力和责任；另一方面，相较于偏远贫困地区，经济社会发达地区的民众与外界交流频繁，受教育程度及收入水平等相对较高，对司法的信任度及认可度则相对较低，法官的职业尊荣感不足。此外，这些地区的法官职业与其他党政机关公务员之间在福利待遇及职业晋升机会和空间等方面均存在不小的差距，随着司法责任制的推进，法官的收益与成本日益失衡，"高要求与低保障"的鲜明对比促使其更多流向相对轻松且福利待遇更为优越的地方党政部门。[①] 而发达地区党政部门众多，所能提供的工作岗位与职级等亦相对较多则为此种外向型流动提供了现实条件。

---

① 黄斌：《当前我国法官流失现象分析与对策建议》，《中国审判新闻月刊》2014 年第 3 期。

(四) 市场型流动与地区经济社会发展水平成正比例关系

前文的分析显示，在 Y 省典型偏远贫困地区与一般地区的基层法院中，市场型流失均较为少见，但偏远贫困地区与经济社会相对发达地区的差异较大。其中偏远贫困地区基层法院市场型人员流失较为少见，在整个流失人员中占比不到 5%；靠近经济发达地区的基层法院市场型人员流失相对较高，达到总流失人员的 10% 以上，部分基层法院甚至达到 30% 左右。通过对不同地区以不同的视角予以对比分析显示，市场型流动与地区发展水平间呈现明显的正相关关系，即随着地区经济发展程度的增高，其基层法院市场型人员流失就越多。

这可以从一般的经济学逻辑得到解释。从社会整体经济发展情况看，经济越发达的地区所产生的纠纷就越多，[①] 对于法律产品的需求度及重视程度也随之升高，因此为法律人提供了除法官及公务员外更多的法律职业岗位。对于具备法律知识及技能的基层法官来说，享有更多的择业空间。且市场化的法律职业相对公权力机构的职业人员具有较大程度的灵活性及自我才能发挥的空间，在收入及待遇方面也因人而异，受体制约束较小。由此可以吸纳更多的基层法官选择从事市场型法律职业。而经济落后地区，由于社会对于法律产品的需求量大为降低，市场型法律职业的生存空间有限，从而造成大量离职法官主要以内向型与外向型方式在体制内流动，市场型流失占比相较经济社会发达地区的基层法院要小得多。

四 法官流失内在成因的初步分析

基层法官的大量流失一方面不利于维护司法队伍的安定性和稳定性，损害基层司法的独立性及其公信力；另一方面，由于司法活动是一种"人为理性"，"需经长期的学习和实践才能掌握"，[②] 法官的频繁流动致使大量一线法官往往难以受到长期和系统的实践锻炼，从而不利于

[①] 彭世忠：《能动司法视野下民事调解改革的径向选择》，《暨南学报》2011 年第 1 期。
[②] [美] 罗斯科·庞德：《普通法的精神》，唐前宏、廖湘文等译，法律出版社 2000 年版，第 42 页。

基层法官司法专业知识的获得和积累。而这种种弊病从根本上看又是由一系列深层次的制度原因所决定的。

其一，基层法官的福利待遇和职业尊荣感普遍较低。长期以来，福利待遇偏低以及职业尊荣感不足是导致我国基层法官大量流失的主要原因。为此，新一轮司法改革以员额制改革为契机，将增进法官福利待遇和职业尊荣感作为重要改革目标纳入改革议程中来。然而实证调查显示，由于各方关系尚未理顺，旨在提升基层法官工资待遇与职业尊荣度的各项举措目前仍处在试点阶段，预设的改革目标不仅尚未完全落实，反而带来一系列背离改革初衷的意外后果。一是员额制改革后，由于省级财政承诺的"522"增资未能全面兑现，① 而各地方政府又以司法经费省级统管为由，停发了之前由地方财政负担的津补贴，造成基层法院法官的工资收入普遍处于下降或者变化不大的状态；二是司法改革有关政策性文件虽规定了基层入额法官定期晋级制度，但绝大多数法官实际只能晋升到一级法官，除院长以外仅有一两个四级高级法官名额，基层法官晋升空间仍然有限；三是员额制改革后法官团队形骸化，相当一部分入额法官并未配备专门的法官助理，甚至连书记员的配备亦未能实现1:1的预期标准。

其二，基层法官的职业风险日益增加。同较低的福利待遇形成鲜明对比的是基层法官较高的职业风险。一是法官及其近亲属的人身和财产安全受到威胁。问卷显示，法官及其家人的人身和财产安全是基层法官们普遍关注的问题，尤其是近两年屡屡有法官及其家属遭受当事人伤害的案例见诸报端，② 更是牵动着每一位基层法官敏感的神经。二是司法责任制的压力。自党的十八届三中全会提出"改革审判委员会制度，完善主审法官、合议庭办案责任制，让审理者裁判，由裁判者负责"的司

---

① "522"增资即按照法院内部人员分类，员额法官增资50%，司法辅助人员与司法行政人员各增资20%。

② 相关报道和案例如《北京女法官马彩云遭枪击殉职 两名歹徒逃跑后自杀身亡》，载"观察者"，http://www.guancha.cn/society/2016_02_28_352302.shtml，最后访问日期：2017年8月27日；《广西一退休法官遭报复被杀害》，载"中国青年网"，http://news.youth.cn/sh/201702/t20170205_9086381.htm，最后访问日期：2017年8月27日；《云南大姚县法院一干警被人杀伤致死》，载"中国法院网"，http://www.chinacourt.org/article/detail/2017/06/id/2890294.shtml，最后访问日期：2017年8月27日。

法责任制改革以来，推进司法责任制改革就成为司法改革的一项重要配套性内容，中央有关部门及最高人民法院相继推出了一系列改革举措。基于对"错案追究"的忧虑，司法责任成为基层法官在司法活动中的又一重要压力来源。改革前，法院内部对案件的处理实行科层式的行政控制。无论是案件走向的决策抑或是司法文书的签发，一般多由审判委员会和院、庭长审查、把关。此种金字塔式的多元司法主体虽对法官个人的司法权力形成较大的制约和限制，然在一定程度上却分散了法官的司法责任风险，由此形成的内部审批机制亦在客观上形成对法官的一种非正式制度保护。新一轮司法改革尽管在改革的广度和深度上均甚为显著，但并未引起我国司法体制和司法环境的根本性转变。在此种背景下，前述案件审理的内部审批制度骤然停运，而关于司法责任的认定标准、追究主体和程序又十分模糊的情形下，单方面推行所谓的"错案责任终身制"，势必对法官关于其履职行为及其后果的稳定性预期产生强大的冲击。

其三，基层司法的独立性与公信力不足。一是从横向层面看，改革后地方党委、政府与同级法院之间的关系更为微妙复杂。由于司法改革相关规范性文件并未就地方党委、政府对于同级法院的职责范围做出明确具体之规定，从而导致"去地方化""去行政化"的改革目标不仅难以落到实处，反而有置基层司法于更具行政依附性的地位之虞。尽管依据预设方案，改革后各基层法院实行人、财、物省级统管，然而囿于方案内容本身的局限性以及相关配套措施的欠缺，基层法院的人、财、物并未从根本上脱离地方，基层司法活动的展开亦离不开地方党委、政府的支持。在业已变迁的社会背景与司法环境下，为了维持和巩固同地方党委、政府的固有关系，继续获取地方政府的各项支持，基层法院院长面临着更为艰巨和复杂的"协调"任务。面对地方政府分派的地方性事务，基层法院并无讨价还价的空间，甚至要以更加殷勤的姿态参与其中。随着案件量的不断增长以及法官员额制的推进，地方政府的非业务性活动将不可避免地成为基层法院和法官的沉重负担；同时也为地方性因素影响法官的裁判活动打开了方便之门。二是纵向层面上，以省高院为核心的法院人、财、物省级统管进一步加剧上下级法院之间的行政化。从中央和省级有关规范性文件看，无论是基层法院政法编制内人员的招录、员额法官的遴选，还是司法经费的预算以及资产的采购和管理，在由省级职能部门统管的同时，几乎均要仰赖于省高院以及上级法院的管理力量予以协助。此种统管与协管相结合的人、财、物管理模式无疑使法院系统内部原本已经较为严重的行政科层化倾向得以更大程度的强化。三是司法公信力欠缺导致当事人易对法官及其司法活动表现出不理解和不信任，针对法官的辱骂、威胁甚至人身攻击的现象时有发生。囿于司法责任的不确定性以及法院内部不合理的考核指标，面对当事人及其家属的无理取闹，法官往往只能选择忍气吞声，尽力对当事人进行疏导，在助长当事人不当心理的同时亦对法官的职业尊荣造成伤害。

其四，法院内部管理行政化。我国司法管理的一个重要特征是法院管理与行政机构之间并不存在实质性的区别。① 随着新一轮司法改革的推进，审判委员会以及院、庭长的案件审批权受到大幅削弱，但法院内部的审判管理与绩效考核的行政化色彩依然较为浓厚。审判管理一方面将诉讼程序拆分成不同的节点以科层化的方式予以跟踪监督；另一方面，承办法官办理的个案被分解为若干复杂的要素，并以一套精密的指标体系对其加以评判。而且流程管理和案件质量指标结果最终将直接作为绩效考核的核心依据。案件流程及质量管理结果的绩效化，以及管理方式的科层化在法院内部形成一张纵横交错的权力之网，理应具有独立地位及自主判断权的法官于是被整合进一个个权力的网格之中，深陷重重监督和考核。更为重要的是，由于基层法院处于我国科层式法院体系的最底端，在整个行政化的管理、考评活动中处于完全被动的位置，即使在最高人民法院层面尚具有一定合理性的各类指标在求"政绩"的压力下经过各级法院层层加码，最终落到基层法官头上则异化为不堪重负的繁文缛节。

---

① 参见贺卫方《司法的理念与制度》，中国政法大学出版社1998年版，第116页。

第三章

基层法官的职业风险与福利保障

通过对 Y 省基层法官流失的样态、类型及其特征的系统分析可以初步发现，基层法院之所以难以"留住"优秀法官，如果抛开法官的纯粹个人因素来看，关键系由基层法官的生存状况所决定的。在对基层法官的问卷调查和访谈中亦显示，法官的职业风险、工资收入、子女的入学和教育、家人的医疗、个人上升空间、司法活动中的困境与压力以及法院内部的监督管理机制等，均对法官的日常工作和生活造成巨大的压力，并成为法官产生"离意"并最终付诸行动的主要因素。因此，为了进一步理解基层法官流失背后的深层次根源，完善我国基层法院的司法管理体制，缓解基层法官的生活压力与工作压力，拓展基层法官的上升空间和渠道，有必要对基层法官的生存状况加以系统呈现和剖析。

美国著名心理学家马斯洛按强弱和出现的先后顺序将人类的基本需求依次划分为五种：生理需要、安全需要、归属和爱的需要、尊重的需要以及自我实现的需要。① 他认为，人的需要是由低层次到高层次逐级获得满足的，每当较低层次的需要达到目的获得满足时，较高层次的需要即随之产生。低层次的需要并非因其处于较低的位阶而不重要，相反，其在整个人类的需要层次中居于基础性地位，所有其他高层次的需要均须以低层次需要首先得到满足为前提。如果依据该理论来看，基层法官的生活压力实际属于人的较低层次的需求未能得到有效满足时所带来的心理紧张与不适，包括工资待遇水平、法官及家人的人身安全与当地的医疗、教育条件等诸方面。而正是这些较低层次的生理和安全层面

---

① ［美］亚伯拉罕·马斯洛：《动机与人格》，许金声等译，中国人民大学出版社 2007 年版，第 16—30 页。

的需求决定了基层法官更高层次需求的产生与实现状况,故而应特别予以关注。

一 基层法官职业风险与福利待遇概论

针对 Y 省近 500 名基层法官的问卷调查显示,在有关基层法官于司法实践中的压力来源的 8 个选项中,① 日常生活方面的压力成为法官们普遍最为关心的问题(见图 3-1)。其中大约 87% 的法官认为福利待遇偏低,因而成为首要的压力来源;其次是工作时间长、工作压力大、审判压力大,79% 的法官选填了此项;对自身及其家人人身安全的担忧则成为基层法官的第三大压力来源,有近 76% 的法官认为职业风险构成了其日常工作压力,略高于法官们对个人晋升空间的关注。可见,微薄的工资待遇、高强度的职业压力以及过高的职业风险,导致基层法官深陷低层次需求的压力之中,在这些基础性问题得到有效解决之前,诸如晋升渠道和空间、法官的职业培训以及内部行政管理等高层次的需求并非基层法官关注的重心。对此,笔者在对 6 家基层法院进行的深度调研中,也得到了进一步的印证。

压力来源	百分比
工作时间长、工作压力大、审判压力大	79.22%
总体福利待遇仍旧偏低	86.8%
晋升空间有限	73.16%
职业风险高	75.76%
奖励、考核、晋升和学习等机制缺乏公平性	58.66%
管理过于行政化	48.48%
法院内部改革效果有限且额外增加法官的工作负担	65.37%
其他	8.66%

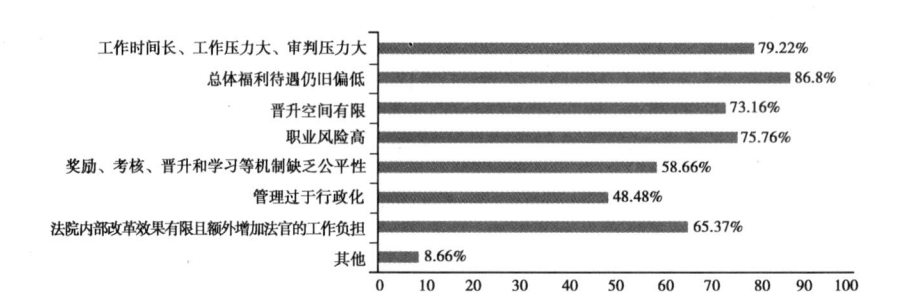

图 3-1 Y 省基层法官的压力来源(N=462)

资料来源:项目组于 2017 年 5 月针对 Y 省基层法官的问卷调查。

---

① 分别为工作时间长、工作压力大、审判压力大;总体福利待遇仍旧偏低;晋升空间有限;职业风险高;奖励、考核、晋升和学习等机制缺乏公平性;管理过于行政化;法院内部改革效果有限且额外增加法官的工作负担;其他。

（一）基层法官的职业风险

作为基层法官突出关注的问题之一，法官及其近亲属的人身安全成为我国当前司法改革中一个热议的话题，同时也是改革的难点之一。近年来频繁发生的法官伤害事件更是对基层法官造成沉重的压力。目前 Y 省各基层法院几乎都搬进了标准化的法院大楼，县法院内部安保条件相对较好，但一旦走出法院大楼，法官及其家人的人身安全便难以得到有效的保障。而且由于 Y 省地处边疆民族地区，受民族文化的影响，不少民族有携带刀具的习惯，加之以血缘和地缘为纽带的人际关系脉络仍具有强大的凝聚力和号召力，一些貌似简单轻微的家庭纠纷和邻里纠纷极易演变为以家族、家支或村庄为单位的群体性对抗事件，因此对法庭及法官的安保工作提出了较为严峻的挑战。在个别访谈中，几个基层法院的法官不约而同地表示他们最畏惧处理离婚案件，因为这类案件往往易在男女双方的家族甚至村庄间爆发激烈的冲突，双方亲友动辄当庭殴打对方当事人及其律师，作为法庭秩序的维护者，法官亦因此常常成为被攻击的对象。

（二）基层法官的医疗、教育条件

而关于基层法院所在城区的医疗及教育问题，主要存在于如 N、Q 等地理位置偏远、经济社会发展水平相对落后的地区。这些地区多具有以下共同特点。

一是地区经济社会发展相对滞后。即便是作为自治州政府驻地的市或者县与 K 市、B 市等经济社会相对发达地区的一般市县相比，其医疗和教育条件亦存在不小的差距。N 州某县法院的一位院长曾向笔者透露，该县有处方权的医生总共不超过 5 名，这虽有夸张的成分，但也的确在一定程度上反映出当地医疗条件之差；而中小学教育方面，据称该县每年能够考上普通大学本科的也是凤毛麟角。

二是自然条件恶劣，交通闭塞。部分偏远民族地区的自然环境和气候条件复杂多变，各类自然灾害频发，路况艰险的省道往往成为县城与外界联系的唯一通道。例如 N 州的 L 县、F 县与 G 县沿怒江自下而上分布，连接三地的仅有唯一的一条逼仄的省道，最近的两县之间相隔近 60 公里，正常情况下自驾车需要 4 个小时以上；最偏远的 G 县离各方面条件相对较好的 L 县有 100 公里以上的距离，驾车要近 8 个小时。如果遇上泥石流、江水暴涨以及加油站缺油，短短几十公里的路程即变得遥遥无期。因此 G 县法院的法官们出差到省城 K 市，在途时间就至少需要两天。各个县城之间的交通状况尚且如此，到各基层法院所辖的乡镇和村庄则更为严峻。由于机动车难以出入，法官下乡办案很多情况下只能采取徒步的方式。在此种自然和交通条件下，即使医疗和教育资源相对丰富的 L 县城，对于 F 和 G 地区的法官们而言，亦难以真正满足实际需要。正因如此，某法院院长十分忧虑地指出，对当地法院而言最大的问题"不是招不到人，而是如何让他们留下来"。

三是 Y 省医疗和教育水平最为集中也最为发达的地区主要分布在以省会城市 K 市为核心的城市群地带，囿于偏远的地理位置以及落后的交通条件，N、Q、H、X 等州县的绝大多数基层法官无法共享相对发达地区的教育和医疗资源。而在上述偏远地区以外，尤其是靠近省会城市群的基层法官，在医疗和教育条件方面则相对而言并没有感受到太多的压力。

(三) 基层法官的工资收入

在司法人员分类管理的基础上，适当提升法院各类人员尤其是入额法官的工资待遇，确保职业法官的工资收入明显高于社会大众，高于普通公务员是新一轮司法改革过程中的一个基本共识。[1] 为此，全国各试点地区均制订了员额制改革配套增资方案，[2] 人力资源和社会保障部、财政部亦于 2015 年出台了《法官、检察官工资制度改革试点方案》，明确了法官检察官、审判辅助人员、司法行政人员工资水平分别高于当地其他公务员一定比例并适当拉开员额法官同其他类别人员的工资差距

---

[1] 参见李学尧、王静《反思法官员额制改革中的认识误区》，《中国社会科学报》2014 年 10 月 8 日第 B01 版。

[2] 《法官检察官收入比普通公务员高 43%》，《大众日报》2015 年 6 月 6 日。

的相关政策。① 那么在员额制改革已经基本完成的背景下,② 占中国法官人数绝对多数的基层法官的工资待遇是否达到了预期的改革目标？当前基层法官工资待遇的现状如何？其工资收入在改革前后究竟发生了怎样的转变？由于法官的工资待遇与司法公正具有十分密切的内在关联性,③ 因此这些问题的答案将直接决定着此轮司法改革之成效。

然而通过对 Y 省部分基层法院的实证研究却显示，在基层法官的待遇方面，改革前，除了 K 市主要区县及部分偏远民族地区以外，绝大多数基层法官认为法官的工资待遇仍然偏低。K 市主要区县由于地方财政相对较为宽裕，因此对法院的支持力度较大，基层法官的待遇有着较好的保障，经济压力并不太大；大部分偏远民族地区的基层法院则由于地方财政困难，一直以来受地方财政的支持力度较为有限。2009 年财政部印发了《政法经费分类保障办法（试行）》，开始实行政法经费分类保障制度，中央和省级财政加大了对中西部尤其是西部偏远地区的政法经费转移支付力度。2015 年，按照《预算法》和司法体制改革要求，财政部对政法经费分类保障办法进行修改，印发了《政法经费分类保障暂行办法》，删除了要求地方进行资金配套的表述，同时明确中央政法转移支付资金可以分配给已纳入人财物省级统管改革试点范围的人民法院、人民检察院。在《政法经费分类保障暂行办法》中，明确中部和西部县级政法机关办案（业务）经费主要由中央、省级和县级财政共同负担，并由中央财政和省级财政平均承担较高水平；而东部县级政法机关办案（业务）经费原则上由县级财政负担，省级财政对相对困难的县级政法机关予以补助，中央财政按照规定予以奖励性补助。在 Y 省边远民族地区，政法转移支付补助资金比重最高达到了 90%，相对以往极大地改善了基层法院及其法官的办案条件和工资待遇水平。

但新一轮司法改革以来，除首批试点改革的部分法院外，全省绝大多数基层法院改革前承诺的"522"增资不仅未完全到位，以前由地方

---

① 孟建柱：《在全国司法体制改革推进会上的讲话》，2016 年 7 月 18 日。
② 截至 2017 年 1 月，全国 27 个省区市法院均已完成员额法官选任工作，约占全国法院总数的 86.7%，共产生入额法官 105433 名。最高人民法院正式对外宣布法官员额制改革试点工作基本完成。靳昊：《我国法官员额制改革试点工作基本完成》，《光明日报》2017 年 1 月 14 日。
③ 陈永生：《司法经费与司法公正》，《中外法学》2009 年第 3 期。

财政负担的部分津、补贴反而遭到扣减，从而造成相当一部分法官的工资不增反减。鉴于基层法官工资收入的复杂性以及其在法官整体福利保障中的重要性，后面几节将继续针对员额制改革前后 Y 省基层法官的工资待遇作更加系统和深入的专门性探讨。

二　改革后基层法官工资收入的基本现状

Y 省系我国员额制改革第二批试点地区，省委政法委于 2015 年 2 月确定由 6 家法院（含两个中级人民法院和 4 个基层法院）先行试点探索，后逐渐在全省推开。2016 年 10 月，随着第三批员额法官的产生，该省绝大多数法院完成了员额制改革。与此相应，司法经费的省级统管亦渐次开始施行。因此 2017 年 5 月进行问卷所获取的数据基本上能够反映出员额制改革以后基层法官的工资收入状况。在进一步展开论述之前，有必要就两个基础性问题予以简单介绍。一是"基层法官"的外延。虽然前文对此作过特别说明，但囿于基层法官工资收入问题的复杂性，为便于理解并防止产生不必要的误解，仍有必要再次对其加以交代。根据我国《法官法》第 2 条之规定，基层法官是在基层法院依法行使国家审判权的审判人员，仅包括院长、副院长、审判委员会委员、庭长、副庭长和审判员。由于员额制改革对法院人员进行了大幅度的调整，先前以院庭长为中心的科层化人力资源配置于改革后逐渐为以入额法官为核心的专业化人员配备模式所取代；传统多元化且带有行政等级色彩的人员分类除了司法警察以外，① 开始缩减为在职能上具有内在逻辑关联性的入额法官、审判辅助人员与司法行政人员三大类。如若继续援用《法官法》对法官的定义，则势必难以准确反映出基层法院在改革中面临的独特困境以及各类人员的薪酬状况。因此此处采用广义法官的概念，其外延包括改革后的三大类人员。尽管如此，鉴于当前我国基层法院仍有一部分聘用合同制人员（主要是书记员），此类人员同具备公务员身份的其他人员在工资待遇方面存在巨大的差距，为了确保数据

---

① 由于此轮司法改革并不涉及司法警察，其工资待遇随地方警察系统而定，故本章未将其纳入分析对象。

样本以及分析结论的准确性,本章中的法官亦不包含公务员编制外的人员。① 二是"工资收入"的具体意涵。因我国法官从国家财政获取的收入构成较为复杂,从而导致对工资收入可能存在不同的理解。一种理解是来源于国家财政的总收入,包括按月领取的较为稳固的收入部分即狭义的工资收入,年终考核奖金以及其他非固定的政策性收入;另一种理解则仅指狭义的工资收入。根据大量的访谈以及问卷结果推测,基层法官们在问卷调查中普遍持狭义工资收入概念。故下文主要从狭义层面使用这一概念,但为问题分析之便,亦会对法官总体收入予以一定程度的涉及。

(一) 整体工资收入状况

从整体上看,如表 3-1 所示,目前 Y 省基层法官的月平均收入多处在 4001—6000 元这一区间段,占比达到 64.43%;另有近 28.18% 的法官月平均工资达到了 6001—8000 元。如果以 2016 年全国城镇非私营单位就业人员月平均工资 5631 元,② 以及 Y 省 2016 年度全省在岗职工月平均工资 5297 元为参考,③ 多数法官的工资收入刚好达到平均工资水平,而且还有相当一部分比例的法官处于平均工资线以下。此外值得留意的是,员额制改革后仍有 4% 的人员月平均工资收入低于 4000 元。较全国城镇非私营单位就业人员月平均工资水平犹存巨大差距,遑论与同级公务员及警察相比。

表 3-1　　Y 省基层法官的月平均工资收入 (N=433)

收入区间 (元)	2000 元以下	2001—4000	4001—6000	6001—8000	8001—10000	10001 元以上
法官数量 (人)	1	17	279	122	13	1

① 需要特别说明的是,由于基层法院各类人员的岗位职责及待遇存在较大的差异,从广义的法官概念出发对基层法官工资待遇整体情况的介绍只能达到粗略意义上的"准确",故在下文有关员额制改革后基层法官工资待遇之转变的进一步研究中,将特别针对员额法官、法官助理、书记员及司法行政人员进行专门的数据统计和对比分析,以便能够最大限度地确保数据分析和研究结论的准确性。

② 《2016 年城镇单位就业人员平均工资继续保持增长》,载"中央人民政府"网,http://www.gov.cn/zhengce/2017-05/27/content_5197573.htm,最后访问日期:2017 年 8 月 27 日。

③ 《Y 省人力资源和社会保障厅关于公布 2016 年度全省在岗职工平均工资和企业退休人员平均基本养老金的通知》(X 人社通〔2017〕31 号)。

续表

收入区间（元）	2000元以下	2001—4000	4001—6000	6001—8000	8001—10000	10001元以上
比重（%）	0.23	3.93	64.43	28.18	3	0.23

资料来源：项目组于2017年5月针对Y省基层法官的问卷调查。

（二）法官的年龄分布与月平均工资

通过考察法官的年龄与月平均工资收入的关系可以在一定程度上反映出基层法官的职业发展前景和空间，也是衡量基层法官生存状况的一个重要指标。为了便于分析不同年龄阶段基层法官的收入状况，我们在问卷中特别设置了七个梯次的年龄段（见表3-2），随机抽样问卷结果显示，参与问卷的基层法官中26—35周岁这个年龄段占比达到50%，36—50周岁的法官占比约为39%。参与问卷人员的年龄分布特征，与笔者所调研的基层法院实际人员分布情况呈现较高的吻合度。这也从侧面反映出随着公务员招考制度的推行，近几年法院持续从高校毕业生中招录人员，基层法院的人员结构较之以往已有近乎质的不同。[①] 总体趋势是正向着人员年轻化、高学历化和专业化方向发展。具体就基层法官的年龄分布与收入关系来看，25周岁以内的法官中近一半以上位于2016年度全省在岗职工月平均工资水平线上下，但平均工资线以下人群占比较高。[②] 26—30周岁的法官群体相较于25周岁以下的法官而言，因大多数已有一定法院的工作经历，岗位和职级等相对有所提高，故在工资收入上虽总体未发生根本性变化，但处于4001—8000元这一月平均工资水平的人员比例有显著的增加，同时平均工资水平以下的人员比例亦有着较大幅度的下降。年龄在31—35周岁的法官工资收入基本上延续了前一年龄段工资收入状况的演变趋势，低收入人员比例不断下降。而且在这一年龄段，月收入6001—8000元的较高收入人员比例增

[①] 改革开放初期，由于历史原因，基层法院人员来源具有多样化，调进的干部文化水平和法律水平有限。时任最高人民法院院长江华将当时的法官队伍状况总结为"量少质弱"。参见《江华司法文集》，人民法院出版社1989年版，第288页。

[②] 为表述的方便，此处以及下文的所谓"低收入"与"高收入"人员的划分并不是以一般的收入标准作为依据，而仅仅以基层法官的月平均工资水平为基准上下浮动，明显低于平均工资线的为"低收入"人员，明显高于平均工资线者为"高收入"人员。

长了近1倍,而8001—10000元的"高收入"者则首次突破1%达到了5%。随着年龄的进一步增长,36—40周岁这一年龄段法官们的工资收入呈现十分均衡的状态,工资收入的差异较小,大多处在4001—6000元的全省在岗职工月平均工资水平线上下。月平均工资收入4001—6000元这一区间段的人员比例随着法官年龄的同步增长到41—45周岁年龄段首次出现了显著下降。与之相应的是月平均工资6001—8000元这一区间段的法官比重经过持续上升,到此出现了一个跳跃式增长,占比达到41.4%,远高于36—40周岁年龄段的16.7%。46—50岁年龄段的基层法官月平均工资收入位于6001—8000元的比例持续增长,并首次大幅超越4001—6000元区间段的人员比重达到73.6%,而且月平均工资8001—10000元的法官人数达到了5.6%。51周岁以上的法官群体的月平均工资基本维持了46—50周岁年龄段的收入结构,仅有小幅度的波动。

表3-2　　　　　　　　法官的年龄分布与工资收入

收入(元) 年龄(周岁)	2000以下		2001—4000		4001—6000		6001—8000		8001—10000		10000以上	
	人数	比重	人数	比重	人数	比重	人数	比重	人数	比重	人数	比重
25周岁以下(N=19)	—	—	5	26.2%	13	68.4%	1	5.3%	—	—	—	—
26—30(N=106)	1	0.9%	8	7.6%	87	82.1%	9	8.5%	1	0.9%	—	—
31—35(N=107)	—	—	3	2.8%	79	73.9%	18	15.7%	6	5.2%	1	0.9%
36—40(N=54)	—	—	—	—	45	83.3%	9	16.7%	—	—	—	—
41—45(N=70)	—	—	1	1.4%	38	54.3%	29	41.4%	2	2.9%	—	—
46—50(N=53)	—	—	—	—	11	20.8%	39	73.6%	3	5.6%	—	—
51周岁以上(N=24)	—	—	—	—	6	25%	17	70.8%	1	4.2%	—	—

资料来源:项目组于2017年5月针对Y省基层法官的问卷调查。

为了更为直观地将法官的年龄分布与工资收入状况之间的内在联系展示出来,根据各年龄段月平均工资收入所处的区间及其人员比重,可以生成如图3-2所示的折线图。其中横轴标识的是基层法官的年龄分布,竖轴则为特定收入区间法官人数所占百分比。

通过图3-2可以发现,法官的工资收入与其年龄增长呈正相关关系,即法官的年龄越大,其月平均工资收入越高。与此相应,随着法官年龄的增长,低收入人员所占比例逐渐减少。概括而言,基层法官的年

```
    90
    80
比  70
例  60
(%) 50
    40
    30
    20
    10
     0
       25周岁以下  26—30周岁  31—35周岁  36—40周岁  41—45周岁  46—50周岁  51周岁以上

       ──◆── 2000元以下     ──■── 2001—4000元    ──▲── 4001—6000元
       ──×── 6001—8000元   ──*── 8001—10000元   ──●── 10000元以上
```

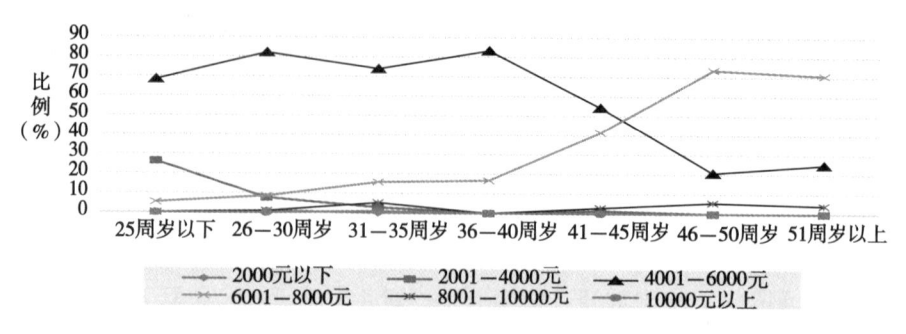

图 3-2　基层法官年龄分布与工资收入对比

资料来源：项目组于 2017 年 5 月针对 Y 省基层法官的问卷调查。

龄分布与工资收入之间的关系呈现以下特征：其一，绝大多数基层法官的月平均工资收入处在 4001—6000 元及 6001—8000 元两个区间段。其中 45 周岁以下的年轻法官月平均工资以 4001—6000 元居多，46 周岁以上的在职法官月平均工资则多为 6001—8000 元。其二，基层法官工资增长的空间有限。大多数法官一旦进入 4001—6000 元月平均工资收入区间，未来进一步的增资很难突破 8000 元这一上线。其三，基层法官的增资速度较缓。从 25 周岁到 40 周岁之间 15 年的时间跨度中，绝大多数基层法官的月平均工资收入一直徘徊在 4001—6000 元；46 周岁以上则基本维持在 6001—8000 元。两大年龄段主流人群最大增资幅度仅有 2000 元，年增资数额不足 200 元。其四，基层法院不同年龄段法官之间收入差距大。30 周岁以下刚入职的青年法官经济压力较大，月平均工资低于 4000 元的法官人数比重相对较高。

（三）入职年限与月平均工资

根据《法官法》的规定："法官实行定期增资制度。经考核确定为优秀、称职的，可以按照规定晋升工资；有特殊贡献的，可以按照规定提前晋升工资。"但无论是《法官法》制定之前，还是其施行以及修正后至今，实践中法官的工资标准仍一直参照公务员体系执行。[①] 随着员额制改革的初步完成，Y 省 2016 年启动了法官检察官工资套改工作，入额法官和检察官于 2017 年开始实行套改后的职务工资制度，其他类

[①] 周剑浩、杜开林：《重构我国法官工资制度》，《法律适用》2005 年第 7 期。

别人员则暂时沿用原工资待遇标准。由于套改工资等级的认定主要依据改革前法官的行政级别，因此基层法院的各类人员中，无论是否入额，其工资待遇目前实际仍主要由行政级别决定。鉴于法官入职年限与行政级别的密切联系，加之其本身涉及法官工龄工资的发放标准，为精确理解基层法官工资收入的增长空间，尚需就法官的入职年限同工资收入状况二者的相互关系作更为直接的考察。

在问卷调查中，我们以5年为区间按照法官的入职年限分别设置了以下选项：5年以内，6—10年，11—15年，16年以上。问卷显示（见表3-3），基层法院入职16年以上的法官占比最大，达到33.5%；其次是5年以内的新入职法官，占比为25.9%；6—10年的法官比例为25.2%，略低于新入职法官人数；入职11—15年这一区间段的法官比例相对较小，仅为15.5%。整体上看，入职年限10年以内的"新人"与11年以上的资深法官之间的比重大致相当。

表3-3　　　　　　　　基层法官的入职时间分布

入职时间	5年以内	6—10年	11—15年	16年以上
法官人数（人）	112	109	67	145
比重（%）	25.9	25.2	15.5	33.5

资料来源：项目组于2017年5月针对Y省基层法官的问卷调查。

如表3-4所示，基层法院中入职5年以内的法官绝大多数月平均工资为4001—6000元，占比为80%，但月平均工资4000元以下者占比约14%，仅有6%的法官月平均工资达到6000元以上。入职6—10年的基层法官中月平均工资为4001—6000元的比重略有下降，但月平均工资6001—8000元这一区间段增幅显著，达到19.3%。与此相应，4000元以下低收入人群有巨幅下降。入职11—15年法官月平均工资均处在4000元以上。其中4001—6000元的中间收入层次人员仍占77.6%的绝对多数比例；月收入8000元以上的法官比重则开始快速增长，由不到1%上升至9%。在法院工作16年以上的资深法官月平均工资在保持缓慢上升的同时，其4001—6000元段与6001—8000元段的比重出现了逆转，即60.7%的多数法官月平均工资达到6001—8000元，4001—6000元的比重则由77.6%下降至35.9%。如果以法官的入职年限为横轴，以各收入区间法官分别所占百分比为竖轴，则可以得出以下法官入职年限与月平均工资收入关系的折线图（见图3-3）。

表3-4　　　　Y省基层法官的入职年限与法官的月平均工资

收入（元） 入职时间	2000元以下		2001—4000		4001—6000		6001—8000		8001—10000		10000元以上	
	人数	比重	人数	比重	人数	比重	人数	比重	人数	比重	人数	比重
5年以内（N=112）	1	0.9%	15	13.4%	89	79.5%	5	4.5%	2	1.8%	—	—
6—10年（N=109）	—	—	1	0.9%	86	78.9%	21	19.3%	1	0.9%		
11—15年（N=67）	—	—	—	—	52	77.6%	8	11.9%	6	9%	1	1.5%
16年以上（N=145）	—	—	1	0.7%	52	35.9%	88	60.7%	4	2.8%	—	—

资料来源：项目组于2017年5月针对Y省基层法官的问卷调查。

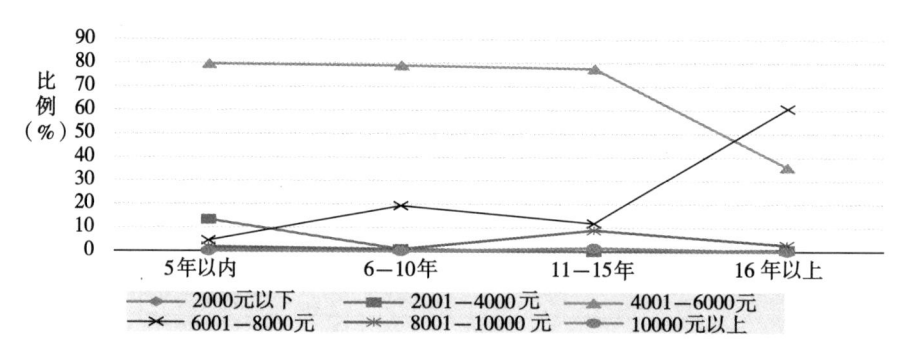

图3-3　Y省基层法官的入职年限与月平均工资对比

资料来源：项目组于2017年5月针对Y省基层法官的问卷调查。

如图3-3所示，基层法官入职年限与月平均工资对比图，基本保持了法官年龄分布与工资收入状况的图形结构。法官的月平均工资收入与入职年限亦呈正相关关系，入职时间越长，平均工资水平在一定限度内缓缓升高。从数据分布上看，基层法院的法官从入职到接近退休年龄，大部分人员的月平均工资梯度仍旧集中于4001—8000元的收入瓶颈。其中入职15年以内的法官70%以上月平均工资一直处于4001—6000元，而入职16年以上法官约61%的人月平均工资稳定在6001—8000元这一收入，而且仍有约36%的人员处在4001—6000元。可见，按照现行保障标准，一方面，基层法官的工资待遇随着入职年限的增长幅度和空间均为有限；另一方面，仅有极少数高职级法官能够突破8000元月平均工资瓶颈。之所以出现这种状况，主要由于历史原因以及职级缺位递补制度和晋级名额比例的限制等因素，导致行政职级与法官的年资、能力、贡献等不完全匹配。而目前决定法官收入高低的关键要素又恰是法官的行政职务和行政级别，而非工龄等因素。与其他党政机关单位相比，法院的职级晋升机会较少，速度较慢，这不仅导致了法官中低级别、低收入者占较大比例，也加剧了少数法官同普通法官之间的收入差距。

三 员额制改革对基层法官工资收入的影响

以上就员额制改革后基层法官工资收入的整体状况以及随法官年龄与工龄增长的增资空间、幅度等作了较为系统的展示。下文将针对员额制改革前后基层法官工资收入的具体变化，以及改革后各类人员之间的实际工资差异进一步加以比较和分析。

（一）改革前后基层法官的工资收入对比

诚如学者所言，法官员额制改革在我国具有基础性意义，它是推动司法形态转变、司法改革深化的重要抓手。[①] 作为员额制改革的重要配套措施，在法院人员分类管理的基础上，适当提升法官、法官助理及其他辅助人员的福利待遇则事关改革之成效。表3-5是员额制改革前后基层法院各类人员工资收入变化情况的问卷结果。首先，从整体上看，被问及改革前后月平均工资收入的变化时，选填没有变化以及变化不大的法官人数占比约为44.1%，工资收入增加的仅为13.9%，而工资收入下降者竟高达42%。其次，从法院人员类别上看，改革后月平均工资收入增加的人员比例普遍偏低，其中入额法官、法官助理和书记员增资人员比重较高，分别达到14.2%、14.8%和15%；其他行政辅助人员中增资比重仅有9.8%，低于平均增资比例。与此相反，改革后月平均工资下降的人员比重则普遍较高，其中入额法官与法官助理的比重均超过37%，下降人员比重最大的是书记员与其他司法行政辅助人员，分别为

[①] 熊秋红：《法官员额制改革推进司法精英化》，《人民法院报》2017年7月7日。

50%和62.8%。此外，各类人员中尚有相当比重者在改革后工资待遇没有变化或者变化不大。

表 3-5　　改革前后法院各类人员月平均工资收入对比

人员类别	入额法官 N=247	法官助理 N=115	书记员 N=20	其他辅助人员 N=51	整体人员 N=433
增加	14.2%	14.8%	15%	9.8%	13.9%
减少	39.3%	37.4%	50%	62.8%	42%
没有变化	2.4%	12.2%	5%	5.9%	5.5%
变化不大	44.1%	35.7%	30%	21.6%	38.6%

资料来源：项目组于2017年5月针对Y省基层法官的问卷调查。

通过数据分析可见，员额制改革后基层法院各类人员的实际月平均工资收入同改革预期出现了较大的偏差。改革中预设的员额法官、审判辅助人员（含法官助理及书记员）与司法行政人员三类人员两种待遇，即员额法官增资50%，审判辅助人员与司法行政人员增资20%（简称"522"增资）的目标并未实现。现实的情况是除了少数法官以外，相当比例人员的工资收入处于受削减的状态。笔者在对几个典型基层法院的实证访谈中，对于改革后基层法院人员工资的此种变化亦得到了法官们的印证。之所以造成此种尴尬，一个主要原因是改革前由地方财政予以保障的地方性津补贴在改革后地方财政即不再愿意负担，如大部分地区的民族津贴、乡镇补贴及地方绩效考核均已停发，而司法财政省级统管后由省级财政保障的部分经费，如"522"增资及车改补贴又未完全兑现。以G法院为例，员额制改革后，法官的工资收入中确定减少的收入包括500元的自治州津贴，300元的自治县津贴；年终由地方财政发放的绩效考核收入在省级统管后具有较大的不确定性；另有750元的车改补贴现改由省级统管，但一直迟迟未见发放。[①]

（二）是否入额与法官的月平均工资

既然员额制改革并未带来基层法院三类人员工资待遇的普遍提高，那么从三类人员的内部视角看，员额法官与非员额法官之间是否存在改

---

① 《G人民法院调研笔记》，2017年8月2日。

革预设的工资收入差距呢？表3-6是入额法官与非入额法官月平均工资收入状况对比。其中，近53%的入额法官月平均工资为4001—6000元，另有约46%的入额法官月平均工资为6001元以上；非入额法官中，月平均工资4001—6000元的法官比例为79.6%，而6001元以上的人员仅为12%，而且月均收入4000元以下者有8.5%，远高于入额法官的0.8%。因此从整体上看，入额法官的平均工资水平显然要高于非入额法官，尤其在6001元以上收入区间，入额与否对工资收入的影响具有决定性意义。但由于入额法官中月平均工资4001—6000元的比重较高，故相当一部分员额法官同非员额法官相比工资收入的差距依然较小。

表3-6　　　　　　　　是否入额与法官的月平均工资对比

收入区间（元）	2000以下	2001—4000	4001—6000	6001—8000	8001—10000	10001以上
入额法官（N=247）	—	0.8%	53%	42.5%	3.3%	0.4%
非入额法官（N=186）	0.5%	8%	79.6%	9.2%	2.7%	—

资料来源：项目组于2017年5月针对Y省基层法官的问卷调查。

这主要是由入额法官的入职年限及其年龄特征所决定的。问卷显示，入额法官多为入职10年以内的中青年人士，非入额法官则以入职16年以上的人员居多。因我国基层法院法官的工资收入主要由职务与职级所决定，入职16年以上的资深法官相较入职10年以内的法官，在职务与职级上自然占有先天的优势，其工资收入亦随之较高。这表明员额制司法改革，至少到目前为止尚未完全打破工资待遇方面固有的行政化模式，入额法官增资有限，有较大比重的法官收入水平在整个法院内部仍居于中间层次。在司法责任及案件压力日益严峻的背景下，如果入额法官的工资收入不能得到实质性的提升，势必损害一线入额法官的工作积极性，伤害法官的职业情感。正如一位离职的入额法官所言，"那些进入综合部门的未入额法官永远都是拿居中的，就是平均奖，入额法官中最好的那一部分，还不如后勤的工资高，尤其是后台的法官。其实不是拿少拿多的问题，但就是觉得我个人的努力和最后的得到不成正比，好像付出都不值得，有失落感"[1]。

---

[1] 《X区人民法院离职法官访谈笔记》，2017年6月10日。

（三）改革后基层法院各类人员的月平均工资

在员额法官与非员额法官的月平均工资收入对比的基础上，对非员额法官进一步加以细分，则形成如表3-7所示的法院各类人员月平均工资收入对比表。表3-7显示，改革后入额法官同法官助理、书记员及其他辅助人员相比，其工资收入同上文入额法官与非入额法官的宏观比较呈现高度的一致性，整体上看其月均工资收入的优势依然较为明显。

表3-7　　　　　　Y省各类人员的月平均工资收入对比

收入区间（元）	2000元以下	2001—4000	4001—6000	6001—8000	8001—10000	10001元以上
入额法官（N=247）	—	0.8%	53%	42.5%	3.3%	0.4%
法官助理（N=115）	—	7%	83.5%	7.8%	1.7%	—
书记员（N=20）	5%	15%	80%	—	—	—
其他类人员（N=51）	—	8%	70%	16%	6%	—

资料来源：项目组于2017年5月针对Y省基层法官的问卷调查。

然而，如果对各类人员的工资收入按照区间进行精细化的比较，除了46%的人员以外，53%的入额法官同其他各类辅助人员相比，改革后能够拉开的工资差距并不大。而作为法院内部第二梯队以及未来重要的员额法官后备人才的法官助理群体，在工资收入方面同书记员及行政综合岗的人员相比，其梯度优势亦并不明显，基本处于全省在岗职工月平均工资水平，甚至低于综合行政岗位的辅助人员。此外，员额制改革后变得尤为关键的书记员在整个法院收入体系中，仍处于金字塔的底端，维持着最低收入水平的状态。

四　基层法官工资待遇的困境及其成因

以上对Y省员额制改革后基层法官工资待遇的基本现状以及各类人员的收入变化作了整体性的素描式展示。通过问卷数据并结合访谈材料的初步分析显示，员额制改革后基层法官的工资待遇同改革方案所设定的目标尚存较大的差距。一方面，改革前所宣称的工资收入增加于改革后非但没有增长，反而出现普遍下降的状态；另一方面，入额法官同非入额法官相较,其工资待遇的优势并不明显。诚然增加法官工资并非改革的全部目标,但作为一项重要的激励因素和必要的配套措施,基层法官工资待遇的此种现状如不加以重视势必将成为制约此轮司法改革之实效的瓶颈。

(一) 基层法官工资待遇的现实困境

1. 改革后基层法官整体工资待遇仍然偏低且地区差异较大。问卷数据显示,员额制改革后 Y 省绝大多数基层法官的月平均工资收入位于 4001—6000 元这一区间。虽然有近 28% 的法官月平均工资收入进入 6001—8000 元区间,但大部分法官往往要熬到 45 周岁以上且入职时间不低于 16 年方能享受到这一不算太高的工资待遇。可见广大的中年法官月平均工资收入只能长期徘徊于全国城镇非私营单位就业人员月平均工资线左右。这也是导致长期以来我国中青年法官大量流失的重要原因之一。[1] 在此需要特别说明的是,问卷所得的有关基层法官工资待遇的数据并不能直接反映法官的实际总收入。为了便于准确把握基层法官的整体工资收入,有必要对法官工资制度作一简单的回顾与介绍。

我国现行法官工资收入主要基于 1987 年《地方各级人民法院工作人员工资制度改革实施方案》的行政化架构,[2] 2006 年公务员工资制度改革以后,基层法官的实际年收入主要包括三个方面的来源:一是由财政统一保障并按月发放的较为稳定的收入,包括基本工资及各类津补贴,即前文所使用的狭义上的工资收入;二是年终一次性发放的公务员绩效考核收入,在年终考核中达到合格以上者均足额发放;三是政策性工资收入。[3] 根据我国当前"明确责任、分类负担、收支脱钩、全额保障"的政法经费保障体制,这三项经费因属人员类经费,故均由地方财政予以保障。由于地区经济发展不均衡,各地财政收入状况迥异,除第一类经费须按月足额保障以外,其余两类则直接受制于地方财政收支状况,因此呈现较大的地区与年度差异。其中地区差异尤为显著,例如经

---

[1] 大量实证研究显示,目前基层法院的法官流失多以中青年法官群体为主。参见黄斌《当前我国法官流失现象分析与对策建议》,《中国审判新闻月刊》2014 年第 3 期。
[2] 邓志伟等:《论路径依赖下的法官薪酬厘定制度》,《法律适用》2011 年第 1 期。
[3] 政策性收入主要为法院系统内部的绩效考核奖金,这部分收入根据国家和地方政策性调整而来,发放数额以及时间具有一定的灵活性。

济发达的 K 市主城区基层法院年终考核每人发放数额多达数万，而偏远贫困地区如 N 州基层法院考核合格者 6000 元，优秀者亦仅有 8000 元。许多地州的基层法院年终考核奖甚至更少。可见，即使将绩效考核和政策性收入纳入基层法官月平均工资的考察范围，除 K 市等经济社会较为发达地区的基层法院以外，绝大多数法官的工资收入仍处在一个较低的水平。更何况员额制改革后，按照政策规定绩效考核奖虽仍由地方财政负担，但多数地方政府开始以人、财、物归省级统管为由不再发放，对此下文将会进一步予以评析。

2. 基层法官的增资空间和幅度有限。法官的增资空间和幅度是衡量法官职业前景的重要指标。前文的分析业已显示，按照现行工资保障标准，基层法官的月平均工资待遇虽呈现同法官的年龄与工龄的正相关关系，然无论是增长空间还是幅度均甚为有限。尽管只是特定时期一个横截面的数据，但仍可以就此粗略地推测出基层法官工资待遇在其职业生涯中的基本演变轨迹。而且即使从当前与员额制相配套的有关工资制度改革的政策性文件看，未来入额基层法官工资待遇的增长空间和幅度亦殊难有大的改观。

由于改革后按照基本工资+津贴补贴+绩效奖金三部分确定员额法官薪酬，其中津补贴主要根据区域确定，绩效考核奖金则主要依据法官办案数量和办案质量综合确定，二者均不与法官等级挂钩，因此基本工资将成为影响法官总体收入的关键变量。依据中央《法官、检察官单独职务序列改革试点方案》和《法官、检察官工资制度改革试点方案》的规定，员额制改革后对入额法官实行有别于其他公务员的单独职务序列及工资制度。法官等级与行政职级完全脱钩，入额法官的基本工资以《法官法》规定的四等十二级为基础按照一定的方式逐级晋升。基层法官即使不担任领导职务，也能按照任职年限逐级晋升到较高等级。[①] 为此，Y 省亦出台了相应的工资制度改革实施意见。改革意见对五级法官至一级高级法官等 9 个法官等级分别设置了 14—17 个工资档次，其中三级高级法官等级以下每个职务等级分设 17 个工资档次，处于特定职务等级的法官须连续两年考核合格以上方能晋升一个工资档次。按照

---

① 参见《司法改革热点问答》，《人民法院报》2017 年 5 月 2 日。

2011年中组部《法官职务序列设置暂行规定》关于法官职务等级以及职数比例的限制，基层法官的最高职务等级只能达到四级高级法官。改革前一般仅院长能晋升至四级高级法官，改革后虽有所放宽，但仍受到严格限制。如 Y 省基层法院四级高级法官的名额被限定为不超过员额比例的 12% 且不超过 5 名。故而改革后基层法院绝大多数员额法官的职务晋升空间为五级法官至一级法官。由于法官职务等级以及同一职级的工资档次之间差距较小，因此晋级职务等级与工资档次对法官月平均工资收入的影响十分微弱。按照《法官职务序列设置暂行规定》以及 Y 省工资改革方案，一名初入职的五级法官至少要经过 7 年才能晋升至一级法官，而其月平均工资收入的最大增幅为 850 元。如若不能挤进极少数比例的四级高级法官行列，其只能通过横向晋升工资档次获得增资。一级法官工资档次之间差额为 140 元，按照每两年晋升一档，晋升 10 个档次需要 20 年时间，增资幅度仅 1400 元。

3. 改革后基层法官的工资收入普遍下降。从问卷调查反馈的结果看，员额制改革后基层法官的工资收入不仅没有发生预期的增资效果，反而出现大量法官工资收入处于下降的状态。通过访谈发现，基层法官工资收入的下降除了狭义上的工资收入外，还包括整体收入水平的下降。如前所述，改革前基层法官的总体工资收入包括按月领取基本工资和各类津补贴，年终一次性发放的公务员绩效考核及政策性收入。员额制改革以后，基层法院在编各类人员的基本工资结构并未发生实质性变化，但保障方式上则由之前的地方财政分级负责转变为由省级财政统一管理。囿于经费限制以及各方关系仍待协调，与员额制改革相配套的工资方案尚未全面施行，目前省级财政统一保障的工资收入仅为基本工资和为国家、省级层面有关政策性文件予以保留的津补贴以及政策性收入，保障标准仍以改革前为基准。对于超出国家和省级政策认可的地方性津补贴以及绩效考核则仍由地方财政予以负担。对此，地方政府却普遍持较为消极的态度。[①] 从笔者重点调研的 6 家基层法院看，改革后几

[①] 通过访谈我们发现，地方政府持消极态度原因有三：一是法院人财物省级统管后，地方财政须按一定比例上划相应的司法经费至省级财政统筹予以开支；二是改革前由地方财政支配的法院诉讼费用以及罚没收入等在改革后必须统一上缴省级国库管理，地方财政收入受到较大影响；三是部分地区尤其是中西部贫困地区的地方财政确实紧张。

乎所有地区均开始停发"两院"的地方性津补贴，年终绩效考核亦基本处于停发状态，各法院院长均表示尚在积极争取协调中。在我国长期以来基层法院工资收入"津贴多，比例大"的现实背景下，[①] 骤然失去地方性津补贴无疑会对基层法官的工资收入产生明显的冲击。相较覆盖面广泛的地方性津补贴，公务员绩效考核收入的减少则对经济发达地区的基层法官影响更大。

4. 入额法官较辅助人员的工资优势并不明显。员额制改革后，一线法官锐减，但案件数量却逐年增长。因此适当拉开入额法官同审判辅助人员以及司法行政人员的工资差距，其意义就不仅在于提升法官的尊荣感以及实现权责统一等略显"诗意"和"远方"的目标，对基层法院的入额法官来说，更直接也更实在的功能在于其所付出的艰辛通过物质激励的方式得到了认可和必要的回报。然而实证调查却显示，入额法官较法院其他人员的工资优势并不明显。其主要由以下三方面的原因造成。

一是员额法官工资套改职务等级的认定行政化。按照改革方案，除司法警察以外，基层法院实行三类人员两类待遇。入额法官按照套改办法确定法官等级与工资待遇，实行法官单独职务序列管理；审判辅助人员与司法行政人员则按照综合管理类公务员确定工资待遇。其中员额法官的职务等级在套改中主要依据其行政级别予以确定，其他类人员在改革前的级别与待遇亦基本得以保留。由于实践中入额法官多为职级较低的中青年法官，而未入额法官大多为具有16年以上工龄的资深法官，因此这种单纯比照行政级别确定改革后工资待遇的做法自然会对员额法官的工资优势形成一定程度的消解。

二是员额法官基本工资与津补贴增资幅度有限。囿于现行国家统一的基本工资制度与津补贴发放政策的限制，员额制改革对工资待遇的调整主要集中于员额工资的套改层面，至于套改后的具体工资标准则并未对现行工资制度形成实质突破。因此各类人员间很难真正拉开收入差距。

三是"522"增资方案尚未全面落实。在基本工资与津补贴增资占

[①] 左卫民等：《中国基层司法财政变迁实证研究》，北京大学出版社2015年版，第151页。

比较小，地方性绩效考核前途未卜且地区差异巨大的情况下，真正发挥区分功能的"522"增资主要依靠省级财政统一保障的政策性收入（主要为法院内部的绩效奖金）。然而由于各种原因，除首批试点单位兑现了2016年末的3个月经费以外，其余均未落实。

（二）现实困境的深度阐释

新制度主义理论认为，由于制度的复杂性，人为的局部改革可能会产生未曾预期的或令人迷惑的结果。同步发生的、表面上看起来充满智慧的有意变迁，可能会综合导致并非任何人蓄意为之的共同结果，并直接损害激励个人行为的利益。① 承上所述，与员额制改革相配套的法官工资制度调整，由于种种原因导致改革后出现了一系列同改革初衷背道而驰的意外后果。对此，或许不应再仅仅将目光聚焦于域外法治发达国家的成功经验，因为这些问题是在我国特殊的权力结构与社会背景下随着改革的不断推进而产生的，具有明显的"实践性"与"地方性"。故而对基层法官工资制度的现实困境还需要放在更为宏大的国家权力架构与组织运行逻辑中加以把握。

1. 顶层设计与地方试点衔接不畅导致政策理解混乱。纵观新一轮司法改革，其区别以往主要依赖局部试点的改革方式的一个显著特征在于实行中央顶层设计与地方试点推进相结合的改革思路。中央司法体制改革领导小组办公室负责人在接受记者采访时表示，司法体制改革的总体考虑是，坚持顶层设计和实践探索相结合，既要从党和国家事业发展全局出发，加强总体谋划，也要从实际出发，尊重基层首创精神，鼓励各地在机制改革上进行积极探索，为全国逐步推开试点累计经验、创造条件。② 自十八大决定实施司法体制改革试点以来，从中央到地方出台了一系列具有指导意义的规范性文件。然而总体上看，中央文件侧重从宏观层面就改革事项作纲领性规范，对于员额制改革后法院各类人员的具体增资幅度、保障标准与形式以及经费来源等关键细节则有赖于地方

---

① ［美］詹姆斯·G. 马奇、［挪］约翰·P. 奥尔森：《重新发现制度：政治的组织基础》，张伟译，生活·读书·新知三联书店2011年版，第56页。
② 刘子阳：《坚持顶层设计与实践探索相结合，积极稳妥推进司法体制改革试点工作——访中央司法体制改革领导小组办公室负责人》，《法制日报》2014年6月16日。

党委政府根据地区情况制定实施细则。这种"由点到面""点面结合"的试验式司法改革，一方面固然可以降低决策的不确定性和不明确性，①但另一方面由于省级决策部门职责的多元化以及同改革本身存在千丝万缕的利害关系，因此亦有导向机会主义运作之虞。②随着改革的推进，诸如省级财政与地方财政之间的权责分配、司法改革单位人员经费的来源于保障标准、增资基数的核算等牵涉复杂利益博弈与政策适用边界诸多问题也逐渐浮出水面。由于缺乏明确统一的适用标准，各省的实践探索最终呈现"百花齐放"的格局。在一省之内，各部门往往对司法改革政策理解不一；具体到基层法院，访谈显示即使院长、副院长亦对员额制改革及工资待遇的未来走向持疑虑和观望态度。由此不难理解立意良善的员额制以及工资制度改革在执行层面缘何会出现前述种种偏差。

2. 中央经费支持不足加剧地方财政压力。由于在员额制改革的背后涉及司法经费的省级统管，这实际是对我国政法经费保障机制的重大调整。原由中央、省和地方财政按照一定比例分散负担的保障模式于改革后转变为仅由中央和省级财政统一保障的模式。在中央政法转移支付资金的支持力度和比例未发生大的变化而地方经济发展又持续走低的背景下，要求改革后的保障水平不低于改革前，全国各地尤其是中西部地区的省级财政必然面临较为严峻的经费压力。这也可以从各省彼此迥异的司改方案中略见一斑。具体而言，改革中省级财政的经费压力主要体现在三个方面：一是完善司法职业保障制度支出，即薪酬制度改革增资，包括员额内法官、检察官基本工资套改增资和司法机关三类人员以平均增资 50%、20%、20%计算的绩效考核奖金。以上述两种薪酬改革为主要内容，构成司法改革人员经费新增支出最大比重的内容。二是经费统管后，为规范管理，必然要对州（市）、县（区）法检系统日常运行公用经费重新制定标准，此项新增支出亦构成改革成本之一。三是建立法检系统正常增长保障机制的新增支出。正因为面对此种现实而紧迫

---

① ［德］韩博天：《通过实验制定政策：中国独具特色的经验》，《当代中国史研究》2010 年第 3 期。

② 吴昊、温天力：《中国地方政策实验式改革的优势与局限性》，《社会科学战线》2012年第 10 期。

的财政压力,造成员额制改革后基层法官的增资部分收入迟迟无法兑现。

3. 以"妥协式"改革弥补合法性危机造成对改革目标之消解。不同于域外法治发达国家已就法官高薪制达成基本的社会共识,在我国即使给予法官略高于其他公务人员的工资待遇亦会引起巨大的争议。① 无论是其他有关部门公职人员还是社会公众对单方面增加法官工资普遍持质疑的态度。因此在《法官法》的起草过程中,最高人民法院参照世界大多数国家法官工资高于公务员的通例,曾提出过"法官工资适当从优"的议案,但最终因为争议过大而未被采纳。② 这背后实质反映出我国的法院和法官并不具备西方司法职业高薪制所必须拥有的公共合法性。③ 从比较法的视角看,域外主要国家的法官之所以能够泰然享受数倍于同级公务员的工资待遇,除了基于维护司法独立之需要由宪法性文件明确予以规范以外,尚得益于以下几点因素:其一,法院及其法官在国家权力结构中居于重要地位。西方主流国家均实行三权分立的民主制度,其中司法权作为与立法和行政并立的一项重要权力交由法院及其法官行使。由于其肩负着保卫宪法和民主的政治使命,④ 同时还是实现"法律下的民主治理"这一有限度的民主政治理想的安全阀和平衡器,⑤ 因此这些国家的法院和法官在国家政权结构中享有独立而尊崇的政治地位。其二,司法活动的高度专业性和技术性。法官的司法活动并非简单地适用法律处理纠纷,其包含着复杂的逻辑推理和分析,以及区别于立法和行政活动的程序、话语、符号和技艺;其所追求的乃是通过个案纠

---

① 邓志伟、祝群等:《论路径依赖下的法官薪酬厘定制度》,《法律适用》2011年第1期。
② 任建新:《关于〈中华人民共和国法官法(草案)〉的说明》,载"中国人大网",http://www.npc.gov.cn/wxzl/gongbao/2000-12/07/content_5003292.htm,最后访问日期:2018年2月2日。
③ 这里借用了哈贝马斯关于"合法性"的界定。他认为规则的合法性"取决于它们是否通过一个合理的立法程序而形成——或至少,是否曾经是有可能在实用的、伦理的和道德的角度加以辩护的"。[德]哈贝马斯:《在事实与规范之间》,童世骏译,生活·读书·新知三联书店2003年版,第36页。
④ [以]巴拉克:《民主国家的法官》,毕洪海译,法律出版社2011年版,第30页。
⑤ [美]亚历山大·M. 毕克尔:《最小危险部门:政治法庭上的最高法院》,姚中秋译,北京大学出版社2007年版,第29页。

纷的解决在法律的空隙发展法律规则并维护社会的核心价值。① 其三，法官选任精英化并具有较高的职业操守。英美国家的法官不仅需要取得法律学位，还必须拥有丰富的法律实践经验。在大陆法系，虽然律师经验并非任职的必要条件，但仍须通过严苛的国家司法考试和职业培训方能成为终身法官。由于选拔条件苛刻，辅之以优渥的职业保障，因此能够保持良好的法官职业操守和公众形象。

反观我国的法院和法官，无论是在宏观国家权力结构中的定位还是职业的精英化以及履职的专业性等诸方面均存在显著的差异，因此给予法官高于一般公务员的工资待遇缺乏足够的说服力。一是政法体制下法院及其法官的地位与功能不同。在长期的革命和国家政权建设中，我国的法律和司法层面逐渐形成了独具特色的"政法体制"。它主要包括两个方面：在条块关系中，以块块管理为主的同级党委领导体制；在央地关系中，党内分级归口管理和中央集中统一领导体制。② 在此种体制下，由于过分强调司法服务于政治中心工作的工具价值，因此尽管我国宪法确立了人大领导下的"一府两院"式权力架构，但在实践中人民法院往往被视为附属于各级政府的职能部门，③ 难以发挥强有力的权力制约功能。二是基层司法在整体面向上仍以纠纷解决为主要目标，在创制规则以及引导"秩序形成"等彰显司法专业与技术理性等方面尚无明显之体现。④ 三是法官职业大众化以及职业形象缺乏认同。同政法体制相关的是自陕甘宁边区时代一直延续至20世纪末的司法大众化倾向。随着《法官法》的颁行以及统一司法考试制度的实施，现阶段我国法官职业化程度虽有显著提升，但其人员构成依然较为复杂。加之法官违法犯罪的事件频频见诸报端，从而削弱了法官职业的公众形象。正是为了弥补前述合法性缺陷，实践中的司法改革往往以一种"妥协"的方式在推进。一方面，为了平衡部门利益，缓解因合法性欠缺带来的争论和

---

① 参见［美］本杰明·卡多佐《司法过程的性质》，苏力译，商务印书馆2000年版，第63—70页。

② 侯猛：《当代中国政法体制的形成及意义》，《法学研究》2016年第6期。

③ 为了解决许多地方把法院等同于政府下属机构的问题，时任最高人民法院院长的郑天翔曾多次向中央报告，要求提升地方法院院长和检察长以及其他检、法干部的行政级别和政治待遇。参见《郑天翔司法文存》，人民法院出版社2012年版，第154、374页。

④ 参见王亚新《司法成本与司法效率》，《法学家》2010年第4期。

压力，省级决策部门的最终方案呈现明显的折中性，这实际是隐蔽地降低了改革目标。如增资基准由最初宣称的年收入转变成上年度公务人员年平均工资（不含绩效考核与政策性收入），又如改革后各单位经费保障水平不低于改革前的目标在实践中变成了"总体不低于改革前"，等等。另一方面，各司法改革单位内部为减少改革阻力，缓和利益冲突，在员额选拔的条件拟定、考核指标的设置乃至审判团队的组建中权宜的考量在决策中均发挥了重要作用。以员额选拔条件为例，入额法官普遍实行考试加考核的方式进行选拔。由于年轻法官在笔试科目上占有较大的优势，但在工龄、资历等方面相对年龄较大的法官（多为法院内部中层领导）则处于明显的劣势。为了平衡中老年法官和年轻法官的入额比例，各司法改革单位均大幅削减了事实上对年轻人更为有利的笔试成绩比重，同时提升更具弹性也更利于中老年法官的考核成绩比重。如 X 区法院的员额法官选拔中，笔试成绩仅占总成绩的 30%，综测和工龄占 50%，另有 20% 由党组测评决定。在此种高度灵活的选拔条件下，许多年轻法官"自认为就是一个陪考，所以索性不参加考试"[①]。这样一种妥协式的改革表面看似乎是对现实的关切和回应，其带来的直接后果则是前文所展示的种种困境并最终损害改革的预期成效。

---

① 《X 区人民法院离职法官访谈笔记》，2017 年 6 月 10 日。

第四章

基层司法的压力和困境

除了前述工资福利与职业风险，基层法官在司法活动中还面临一系列压力和困境。事实上，不少法官坦言，工资福利虽是法官普遍关心的问题，但并非法官动摇甚或离职的根本原因。基层法院的司法环境与司法活动本身的压力，才是造成法官选择离职的关键因素。例如某离职法官在谈及离开法院的原因时说道：

> 作为一名入职15年的基层法院法官，首先是热爱、喜欢、忠于这份职业的，并在司法改革初期，看好并且支持司法改革的政策和理念，期望法官职业专业化，一线法官能集中精力到审判业务，并且受到尊重和关注。但是在司法改革过程中，逐渐产生离职的想法，而且越来越坚定。主要原因是改革设计和实际落实差距大，实际执行过程并没有达到司法改革想要的效果，没有反映基层法院法官的诉求，周围工作氛围沉闷，同事间关系紧张，满满的负能量。①

在问卷及访谈中，法官们反映较为突出的问题包括员额制改革后案多人少、司法公信力低下、当事人涉法涉诉信访、司法缺乏独立性以及非业务性工作过多等。此外，偏远民族地区落后的交通状况以及多元化的民族语言和风俗习惯亦给法官办案造成巨大的压力。

---

① 《X区人民法院离职法官访谈笔记》，2017年6月10日。

一　员额制改革后审判压力剧增

由于员额制改革涉及法院内部人力资源的重新分配、权利义务的再度厘定以及审判组织与权力运作方式的调整等深层次的复杂问题，触及各方利益较深，因此审判人员分类改革和法官员额制被认为是这一轮改革中争议最大、困难最多的堡垒。① 鉴于此，改革实践中亦出现了诸如法官离职、目标替代、逆向选择、司法质效降低等一系列偏差。② 具体就改革后司法层面的压力和挑战而言，主要体现为法院案件量的持续增长与一线法官数量减少所造成的人案比例冲突、审判组织重构以后法官受案范围的多元化以及司法责任之强化。

（一）一线审判力量削弱导致人案比例失衡

2015 年最高人民法院《关于全面深化人民法院改革的意见》指出要"根据法院辖区经济社会发展状况、人口数量（含暂住人口）、案件数量、案件类型等基础数据，结合法院审级职能、法官工作量、审判辅助人员配置、办案保障条件等因素，科学确定四级法院的法官员额。根据案件数量、人员结构的变化情况，完善法官员额的动态调节机制"。然而由于员额制改革涉及法院内部多方利益调整，其实施过程既是法官审理权和裁判权归位的过程，更是多方利益的角力与平衡过程。其结果导致一线审判力量不仅未得以强化，反而进一步被削弱；相关配套措施阙如，人员分类在很大程度上流于形骸化。

1. 基层法院的受案量持续增长。近年来，随着我国市场经济的发展，传统乡村社会正向工商业社会转变。以血缘和地缘为基础的熟人社会日益呈现半熟人化甚至陌生化趋势。③基层社会内生性社会规范以及纠纷解决机制的适用范围趋于缩减。因此即使是典型的农业县城，其基层法院受理的案件亦呈现逐年增长的趋势。而工商业发达地区的基层法

---

① 傅郁林：《以职能权责界定为基础的审判人员分类改革》，《现代法学》2015 年第 4 期。

② 宋远升：《精英化与专业化的迷失——法官员额制的困境与出路》，《政法论坛》2017 年第 2 期。

③ 参见贺雪峰《新乡土中国》，广西师范大学出版社 2003 年版，第 2 页。

院受当前经济形势放缓以及立案登记制改革等影响，案件数量的增长则更为明显。为了对基层法院案件数量的增长情况有一个直观的了解，下文将以 K 市 X 区、D 回族彝族自治县以及怒江州 G 独龙族怒族自治县三个地区的人民法院为例进行比较分析。

表 4-1 至表 4-3 分别是三个典型基层人民法院近几年的受案情况。其中 X 区位于 K 市主城区，工商业较为集中和发达，属于典型的都市社会；D 县系 K 市所辖的少数民族自治县，其一方面以较为落后的传统农业作为主要经济形态，另一方面因其靠近 K 市周边城市带，又带有较为明显的工商业社会色彩，属于传统和现代碰撞、互动与交融地带，当前 Y 省大部分地区与之类似；G 县相较于前面两个县城，由于地处边远少数民族地区，远离工商业较为发达的滇中城市带，其经济社会发展较为落后，原生态民族文化保留的较为完整，是边远贫困地区的典型代表。三个地区虽然经济、社会发展水平迥异，其基层法院年收结案数量亦存在较大的地区差异，但各法院案件数量整体上均呈逐年上涨的趋势。

表 4-1　　　　X 区人民法院 2014—2016 年受案数

年份	2014	2015	2016
受案数（件）	10040	13167	15020

资料来源：X 区人民法院 2014—2016 年收结案登记表。

表 4-2　　　　D 县人民法院 2014—2016 年受案数

年份	2014	2015	2016
受案数（件）	2703	4174	4238

资料来源：D 县人民法院 2014—2016 年收结案登记表。

表 4-3　　　　G 县人民法院 2010—2017 年上半年受案数

年份	2010	2011	2012	2013	2014	2015	2016	2017 年上半年
受案数（件）	100	102	118	295	102	371	184	174

资料来源：G 县人民法院 2010—2017 年收结案登记表。

从横向层面看，基层法院的受案数量与经济社会的发展程度呈现高度的正相关关系。其中发展水平最高的 X 区人民法院的年受案数较发展水平一般的 D 县人民法院平均高出 2 倍以上，2015 年立案登记制改革以前，二者的差距甚至更大。而欠发达地区的 G 县人民法院如果以受案数最多的 2015 年为参考，与同年度的 D 县法院相比少了 10 倍以上。其年平均受案量仅仅相当于内地一个普通人民法庭的案件数。纵向上看，法院近年来的受案量总体不断攀升，正式实施立案登记制的 2015 年，各法院在当年度的受案数增长尤为显著，此后则呈现较为平稳的上升趋势。对比三家基层法院，X 区法院由于一直以来受案基数较大，增长幅度相对较小；相对落后 D 县与 G 县人民法院的受案数 2015 年前后增幅达 2 倍以上，增长速度较快。例如 G 县人民法院 2015 年以前年平均受案数为 140 件左右，2015 年达到 371 件，2017 年上半年即受案 174 件，由于基层法院的诉讼高峰往往出现在下半年，因此该院法官预测 2017 年全年受案数将超过 350 件。

2. 员额数量限制带来人案比例冲突。伴随案件数量的持续增长，Y 省作为全国第二批试点地区，2015 年开始正式实施的员额制改革却带来基层法院一线法官人数的大幅下降。虽然 2016 年底省内第三批试点改革完成以后，除案件数量较少的边远民族地区，各基层法院基本上用满了政法编制 39% 的员额比例。即使如此，面对逐年上涨的案件数，基层法院尤其是经济较为发达地区的法院普遍面临着愈益严重的人案比例失调的压力。问卷调查显示，从整体上看，在 Y 省已入额的法官中，63% 以上月平均结案数为 11 件以上，其中 16% 的法官月平均结案数为 20 件以上（见表 4-4）。从全国各级法院整体人案对比情况来看，由于数据残缺，因此只能以能够获取的 2016 年案件数与 2017 年法官人数为基础进行粗略分析。2016 年全国各级法院审执结案件约 1979 万件，[①] 2017 年全国共有法官约 21 万名，其中员额法官约为 12 万名，[②] 每名法官月平均办案量为 8 件，如果仅以员额法官为计算标准，则每名法官月平均办案量达到 14 件。通过简单对比发现，员额制改革后 Y 省大部分基层法官的月平均办案数均处在全国平均水平以上。

---

① 参见周强《最高人民法院工作报告——2017 年 3 月 12 日在第十二届全国人民代表大会第五次会议上》。

② 参见《最高人民法院工作报告（摘要）》，载"中国法院网"，http://www.chinacourt.org/article/detail/2018/03/id/3225373.shtml，最后访问日期：2018 年 3 月 22 日。

表 4-4　　　　　Y 省入额法官的月平均结案数（N=241）

月平均结案数	10 件以下	11—20 件	21—30 件	31 件以上
员额法官数量（人）	88	116	28	9
比　值（%）	36.51	48.13	11.62	3.73

资料来源：项目组于 2017 年 5 月针对 Y 省基层法官的问卷调查。

囿于我国法院人力资源配置的行政化，法院内部存在相当一部分"不办案的法官"，[1] 而且不同业务庭或者审判团队的工作量亦有较大差异，宏观层面的人案数据对比并不能准确反映基层法官的实际案件负担。因此下面仍以 X 区法院、D 法院以及 G 法院为例对其进一步予以分析。D 法院系 Y 省首批员额制试点改革单位，员额制改革完成后该院共有员额法官 28 人，分 3 个审判团队，刑事审判团队 3 人，民事审判团队 19 人，行政、执行审判团队 7 人。其中行政、执行审判团队均由院长、副院长、执行局长、副局长、审管办主任等院领导组成。[2] 表 4-5 是 2016 年度该院 3 个审判团队的人案对比。

表 4-5　　　　D 人民法院 2016 年度人案对比　　　单位：人、件

刑事审判团队（员额）		民事审判团队（员额）		行政、执行审判团队（员额）	
3		19		7	
刑事（收）	刑事（结）	民事（收）	民事（结）	行政、执行（收）	行政、执行（结）
420	409	2676	2527	1042	907

---

[1] 李悦：《法官员额制改革路径探究》，载李浩编《员额制、司法责任制改革与司法的现代化》，法律出版 2016 年版，第 43 页。

[2] 访谈发现，如此安排主要基于两点考虑：一是实现审判力量下沉到一线。在基层法院，最主要的案件集中在民事案件，其次为刑事案件，行政案件殊少发生；二是考虑到院领导的实际情况，减轻其办案压力。院领导的主要工作在于协调对外关系以及内部行政事务，其不可能如普通员额法官那样有充足的时间和精力去办理案件。由于行政案件在基层法院较为少见，因此行政、执行审判团队办理的案件实际多为执行案件。而根据司法改革有关文件规定，刑事、民事以及行政案件必须由入额法官办理，法官助理不得独立办理上述案件，但对执行案件却并无此限制，故实践中多由法官助理参与办理。而且执行案件程序要求相对较低，这也给了院领导较大的办案自由度。

续表

刑事平均结案量（件）	民事平均结案量（件）	行政、执行平均结案量（件）
136	133	130

资料来源：D法院近3年人案基本数据表。需要特别说明的是由于员额制改革涉及法院内部人员的重新调整部署，所涉许多事项并非朝夕可就。例如改革后未能入额的审判员或者助理审判员手头上几乎均有正在处理中的案件，为了不引起混乱，已分配案件仍须由相关人员处理。亦即未入额的人员从办理案件到彻底不再单独办案需要一段时间的过渡期。因此有关员额制改革后法官案件压力的测算是在假定改革已经彻底实现的理想状态下的一种推测。其虽不一定是当前员额法官的真实案件负担，但却可以在很大程度上反映出未来改革完成后入额法官的案件压力。

鉴于执行案件可以由法官助理参与办理，因此行政、执行团队员额法官的实际办案数量很难通过收结案的表面数据予以确定。故只有刑事和民事两个团队的人案数据对比具有较为准确的参考意义。2016年度，刑事审判团队的人均年结案数为136件，月平均结案数约为11件；民事审判团队的人均年结案数为133件，月平均结案数约为11件。这一人案对比状况，基本上同问卷调查所显示的整体情况相一致。如果将其同员额制改革以前2014年、2015年的人案情况进行粗略对比，则会发现改革以后入额法官的工作量增加了将近一倍。如表4-6所示，2014—2016年，D法院的受案总数不断上升的同时，员额制改革后一线办案法官（去除院领导后）的数量下降了一半还多一点，其人均年结案数从2014年的58件增加至2016年的132件，增加了1倍以上。基层法院人案之间的此种冲突，在经济发达的X区法院更为严峻。以2015年和2016年人案情况进行对比，2015年X区法院年人均结案数为145件，2016年达到241件，① 远超全国法官年平均办案量，甚至超过了部分发达国家法官的年人均办案数。②

---

① X区人民法院近3年人案基本数据。
② 例如，2013年，德国每万人提出诉讼约510件，平均每一名法官的年办案数约为200件。参见张千帆《如何设计司法？——法官、律师与案件数量比较研究》，《比较法研究》2016年第1期。

表 4-6　　　　　D 人民法院 2014—2016 年度人案对比　　　单位：名、件

年份	年受案总量	一线法官数	人均收案数	人均结案数
2014	2703	45	60	58
2015	4174	46	91	82
年份	年受案量	入额法官数	人均收案量	人均结案量
2016	4138	29	143	132

资料来源：D 法院近 3 年人案基本数据表。

即使较为偏远和落后地区的 G 人民法院，员额制改革后伴随一线法官锐减的同时其工作量亦大幅增加。如表 4-7 所示，G 法院于 2016 年底完成员额制改革后，共遴选出 6 名员额法官，分为刑事审判团队和民事行政审判团队，每个团队 3 名入额法官。从员额法官的构成上看，除了 1 名普通法官和 1 名庭长以外，另外 4 名均为院长和副院长。

表 4-7　　　　　G 人民法院 2017 年度上半年人案对比　　　单位：名、件

刑事（收）	刑事（结）	民事（收）	民事（结）	执行（收）	执行（结）
30	26	100	50	44	27
刑事审判团队（员额）		民事行政审判团队（员额）		注：执行案件仍由执行局负责处理，未安排员额法官。另该院几乎没有行政案件，故未设行政审判团队，如果出现则由民事团队处理。	
3		3			
团队组成		团队组成			
院长 1 名、副院长 2 名		副院长、庭长、法官各 1 名			
刑事平均结案量		民事平均结案量			
8		17			

资料来源：G 法院近 3 年工作报告以及审判团队组建方案。

由于 G 法院系第三批试点改革单位，因此有关改革后的人案情况只能通过 2017 年上半年的数据进行分析。根据法院收结案规律，一般诉讼以及结案的高峰出现在下半年，故通过上表刑事和民事审判团队半年的人均结案数可以粗略推测出两个团队全年的人均结案数分别约为 20 件和 35 件。考虑到两个团队中几乎均由院长、副院长组成，真正能够全面投入办案的仅有两名法官，因此这两名法官的实际办案量要高出平均办案量许多。在访谈中，甚至某副院长亦坦承，因为对业务不太熟悉加之行政事务冗杂，案件处理主要依靠助理；审判团队也只是固定在

"表格"上,团队分工及界限均无法严格执行。另一名普通的员额法官也从侧面印证了这一说法,即该院符合入额条件的法官有限,加之案件量较少,所以大量案件主要由两位普通入额法官(包含1名庭长)办理。

表 4-8　　　　G 人民法院 2015—2017 年度上半年人案对比　单位:名、件

年份	收(结)案数	一线法官	人均收案数	人均结案数
2015	371(351)	10	37	35
2016	184(168)	11	17	15
年份	收(结)案数	入额法官	人均收案数	人均结案数
2017 年上半年	174(103)	6	29	17

资料来源:G 法院近 3 年工作报告以及人员流入流出情况表。

如果不考虑院长、副院长实际办案数以及执行案件的处理方式,即使以最粗略的方式进行对比,也可以做出初步预测,即员额制改革后,入额法官的工作量较改革前必然有显著增加(见表4-8)。在 G 法院,囿于人员限制,院长、副院长虽然一直参与一线办案,但在现行法院管理体制与司法环境下,院领导的办案量势必十分有限。① 因此尽管案件总量较小,然而院长、副院长以外的 2 名入额法官的工作量相对全省如 D 法院一般的同行来说并不轻松。在偏远民族地区恶劣的自然环境、落后的交通状况以及语言沟通障碍的条件下,其工作强度甚至更高。

3. 妥协式改革削弱一线审判力量。如前所述,员额制司法改革涉及法院内部利益整合和再分配,其推进过程难免要交织着不同利益群体的博弈、对抗和妥协。对此,中央层面提出的总体原则是,坚持顶层设计和实践探索相结合,既要从党和国家事业发展全局出发,加强总体谋划,也要从实际出发,尊重基层首创精神,鼓励各地在机制改革上进行积极探索,为全国逐步推开累计经验、创造条件。② 改革试点期间,从

---

① 实证研究发现,在当代中国司法实践中,法院院长具有多元角色。总体上看,法院院长首先扮演着管理家与政治家角色,法律家角色则处于相对次要地位,大致形成"管理家→政治家→法律家"这样一种角色体系。左卫民:《中国法院院长角色的实证研究》,《中国法学》2014 年第 1 期。

② 《坚持顶层设计与实践探索相结合,积极稳妥推进司法体制改革试点工作——访中央司法体制改革领导小组办公室负责人》,《检察日报》2014 年 6 月 16 日。

中央到地方虽然先后出台了一系列具有指导性、规范性的政策性文件，但这些文件内容均较为宏观，对于入额法官的选拔条件以及考核标准和方式等事项几乎全部委诸各级法院自行摸索。这种在既有的复杂利益格局中自下而上的变革，法院院长在发挥核心作用的同时亦不得不承受各方利益角逐所带来的压力，从而注定无法成为一种彻底的改革，相关具体措施的制定和实施更多带有妥协折中的色彩。在调研中发现，员额制改革主要涉及院领导和普通法官、一线法官同综合行政岗法官以及年轻法官与中老龄法官之间的利益冲突，因此改革的妥协性及其带来的困境亦多体现在以下三个方面。

一是院领导几乎全员入额，占据较多员额。从笔者走访的6家基层法院看，院长、副院长均全部入额，外加部分综合行政岗位的负责人如审管办主任、执行局长等。这些人员由于主要精力仍然放在大量行政事务上，进入员额后一方面占据较多员额，另一方面进一步削弱了一线法官办案力量。这在经济发达地区所造成的人案压力尤为明显，例如X区人民法院首批入额30人，但院领导以外的一线法官仅有18人。第三轮司法改革完成后，该院一线入额法官虽增加到34人，但面对剧增的案件数，人案矛盾依然突出。

二是为了照顾长期不在审判一线的综合行政岗位法官，制订了较为灵活的考核方案。由于改革前法官的工资收入主要与行政级别挂钩，在基层法院工作年满约10年以上的法官工资收入较为均衡，一线审判岗位同综合行政岗位的收入并无太大差异。一线审判岗位的法官如果工作量不够饱和，甚至低于综合行政岗位法官的收入。加之一线审判法官的绩效考核复杂而苛刻，综合行政岗位则相对轻松。正是这种不分能力水平、职位性质、职业风险、忙闲程度而享受同一待遇的"大锅饭"现象，① 使许多人争相前往综合岗位。员额制改革开始后，增资的吸引力使得长期脱离业务工作的综合岗位法官转而参与竞争入额。在中国式错综复杂的人际关系网络下，各法院为了平衡综合行政岗位和一线审判人员的入额比例，均制订了较为灵活的考核方案，且考核分值在总成绩中占比达70%。结果是相当一部分专业技能娴熟的法官难以入额，而久未

---

① 刘斌：《从法官"离职"现象看法官员额制改革的制度逻辑》，《法学》2015年第10期。

办案的综合行政人员却得以入额。一名离职的入额法官对此评论道：

> 改革前法官们都以为一线法官都入额，入额之后法官的尊荣感、待遇都应该大幅提升。但是落实下来以后根本不是这样，原来一线的很多法官并没有入额，很多后勤的又冲出来。一些院领导的亲属，平时偷奸耍滑，一碰到改革了就冒出来说是很热爱审判工作，但是根本不具备审判能力。我都要离开法院的那个时候，还有一个"关系户"要我去帮他改判决书。也就是说并不是真正优秀的人留在了一线。这是很令我伤心的。①

三是法官助理制度难以落实，未入额中老年法官多被充实到综合行政岗位。在未入额的法官中，除了35周岁以下年轻人，更多的是45周岁以上的中老年法官。由于中老年法官往往拥有较高的职级和资历，如果他们不愿意做法官助理即使院领导也无能为力。② 因此各基层法院真正充当法官助理的几乎无一例外全是35周岁以下的年轻人，45周岁以上的非员额法官大多被分配到综合行政岗位，即使个别被定为法官助理亦难以真正发挥协助作用。鉴于人际关系以及使用的不方便等因素，入额法官更希望配备书记员而非这些老资历的"助理"。然而，单凭35周岁以下的未入额年轻法官很难做到法官与助理的1∶1配备，最终的处理办法是从社会招录聘用制书记员来协助入额法官。即使如此也并非所有法院均能实现入额法官与书记员的1∶1配备。由于目前聘用制人员的经费保障仍由地方负担，因此书记员的人数须取决于地方财政状况以及法院与地方党委政府的关系。员额制改革的初衷即在人员分类管理的基础上实现法院审判力量下沉，确保优秀法官留在审判一线，然这一妥协式改革方案带来的却是综合行政岗位的充实，一线审判人员无论从质还是量上均受到一定程度的削弱。正因如此，X区法院第一轮改革完成后，竟有6名入额法官集体辞职，在法院系统内部引起了较大的震动。

---

① 《X区人民法院离职法官访谈笔记》，2017年6月10日。
② 某离职法官谈道："书记员和助理谁来做，主要是老同志和年轻一代。但是这些人中是没人愿意来做这个工作的。年轻人大家争，老人不愿意做助理，都分到综合岗位去了。结果是，不需要太多人的综合岗位人满为患，一线审判力量锐减。曾经配合很好的一线法官许多都未能入员额，办案热情不高。"《X区人民法院离职法官访谈笔记》，2017年6月10日。

(二) 法官团队未顺利组建

在案件数量剧增而一线法官数量下降的同时，法官团队却未能顺利组建。绝大多数基层法院在员额制改革后，由于法官助理几乎均为年轻法官，其余未入额的中老年法官或进入综合行政岗位或人浮于事难以发挥助理之功用。因此在法官助理无法实现1∶1配备的情况下，各法院最多只能为审判团队保障部分书记员，而且由于职责划分不清晰，法官助理与书记员在实践中并无职能上的区别，法官助理大部分在做书记员的工作。根据各地财政支持力度不同，实践中呈现不同的人员分配状态。从调研情况看，大部分法院未能实现入额法官与书记员1∶1配备，极少数法院实现了法官、书记员1∶2配备，但几乎没有法院能做到法官与法官助理的1∶1配备，即使内部文件上作了分配亦多停留于纸面上，难以实施。有法院改革后甚至出现员额法官既没有书记员也没有助理，开庭时书记员则由法官们自行协调的情况。如N州的F法院，改革后有员额法官10人，分两个审判团队，刑事审判团队4名，综合审判团队（民事、行政及执行）6名。但在法官助理分配上，内部人员分类名单上虽然分配有法官助理，但实际并没有配备法官助理。被定为法官助理的人员前后工作并未发生变化，用某庭长的话说即"该干嘛还是干嘛"。两个团队仅综合审判团队有1名书记员，刑事审判团队1名书记员，入额法官与书记员比例分别为6∶1和4∶1。[①]

在笔者所调研的基层法院中，X区法院系Y省司法改革的典型法院，因此在政策和资源上获得较多的优势，尽管如此其法官团队的组建仍面临诸多问题。例如第一批入额的30人中，一线法官有18人，但仅有12名司法辅助人员（书记员和法官助理），所以出现2个法官共用1个书记员的情况。在团队划分中，院长为了解决辅助人员不足的问题，最终采取的方式是由入额法官抽签决定。这一状况在中央某领导视察X法院以后，X区财政承诺为法院专门招聘50名法官助理和50名书记员（实际均为合同制书记员）。这100名聘用制人员到位以后，X区基本上能够实现入额法官与书记员1∶2的配置。然而全省的情况则令人担忧，

[①] 《F法院调研笔记》，2017年8月1日。

因为不是每家法院都是改革典型法院而被领导特殊关照，也不是每个地方政府都愿意或者说有能力积极配合、支持法院的司法改革。真实的情况是，不少地方政府以"两院"人财物已经省级统管为由，不仅停止拨付长期以来一直由地方财政负担且根据政策仍然应由其负担的部分经费（已经招录的书记员的保障也出现困难），更遑论让其新增开支招录新的书记员。有的法院现在甚至连到地方部门"盖个章"都十分困难，最后竟然是在上级法院出面协调的情况下方才解决。①

可见，员额制改革后，事关改革成效的审判团队基本上没有建立起来。改革初期所预设的法官、法官助理与书记员实现 1∶1∶1 配套的改革目标并未实现。实践中即使如 X 区占据政策和资源优势，亦仅能做到员额法官与书记员 1∶2，其他地区状况稍好的法院最多能够实现入额法官与书记员 1∶1 的配置，更多的法院则处在几个员额法官共用一个书记员的境况。

（三）受理案件多元化与司法责任之强化

1. 审判组织调整导致专业分工被打破。不同于美国的轮岗制，② 我国长期以来法院内部实行的是根据案件类型的分庭式管理，③ 各个法官依据其专业属性被分配到相应的审判庭持续处理固定种类的案件。分庭的功能不仅体现在依据民事、刑事、行政与执行等宏观层面的案件类别分配法官，而且涉及对前述各大类案件基于题材所进行的进一步细分。例如根据法院规模，民庭可能分为若干分庭，分别对应处理婚姻家庭类纠纷、合同纠纷、交通肇事类侵权纠纷，等等。即使庭室内部，各法官间亦在实践中形成了较为稳定的受案分工。然而员额制改革后，由于法官数量大幅削减，人力资源的匮乏导致传统的分庭制度难以为继。于是以人员精减为目的、以打破庭室分工为核心内容的审判组织重组便成为改革的必然走向。如 D 法院员额制改革方案提出，要精简办案组织层级，按照专业化、跨领域和审管结合的原则整合现有办案部门。④ 这些

---

① 《X区人民法院离职法官访谈笔记》，2017 年 6 月 10 日。
② 即法官不分专业，逐年轮换到各个分庭审理各类案件。参见周道鸾编《外国法院组织与法官制度》，人民法院出版社 2000 年版，第 9 页。
③ 刘忠：《论中国法院的分庭管理制度》，《法制与社会发展》2009 年第 5 期。
④ 参见《D 县人民法院司法体制改革试点工作实施方案》。

打破受案专业分工的举措无疑给当前已经习惯分庭制的基层法官造成一系列的压力和挑战。因此许多法官在被征求分配意向的时候都不愿意离开自己熟悉的领域和部门,法院院长无奈之下往往只能采取随机分配的办法。以下这段访谈笔录可以看出当时的情形:

> 在对员额法官进行分配的时候,主要是基于院里的需要,自己的意向影响很小。当时报名的时候,大家基本愿意去刑庭和前台,基本没有人愿意来民事后台。后来出来了一个办法,比如有6个人同时报名了刑庭,但只有2个名额,就6个人之间互相投票,投票多者进入,最后大家就形成了串通的情况,就你投我我投你,去不了最好就相对折中。因为这种现象院领导是解决不了的。而且院里也根本没有考虑到一名法官可能在某个岗位坚持了很久应当优先考虑,反正当时的场面就很惨烈。①

但随机分配的结果是许多法官不得不离开自己擅长的领域进入一个对他而言可能完全陌生的业务部门。日常司法活动中接手的每一个案件都需要法官从零开始学习相关业务知识,在一定程度上不仅增加了法官的工作负担,也使法官在案件处理中面临着一系列不确定的风险。

2. 责任标准模糊与追究主体多元化导致法官责任的不确定性。改革前司法文书由院庭长把关签字,部分案件在裁判前还可以提交审判委员会讨论定夺,这些内部控制机制使得法官的司法责任在很大程度上得以分解。在中国特殊的司法环境下,审判委员会以及院庭长对案件的审批事实上也对法官形成一种非正式的制度保护。正如学者所言,由于纠纷的当事人双方包括律师往往会动用各种关系去影响法官,此时,法官将案件提交审委会可减轻自身的压力。由于审委会是集体决策,某些个人甚至法院院长,也无法控制案件的结论,因此审委会有转移矛盾的功能,"它可以抵制人情和保护自己",构成了"法院与社会之间一个不受任何干预的隔离带"。② 然而员额制改革后,在整体司法环境以及法

---

① 《X区人民法院离职法官访谈笔记》,2017年6月10日。
② 参见苏力《基层法院审判委员会制度的考察及思考》,《北大法律评论》1999年第2辑。

官的职位保障无实质性变化的背景下,除少数重大、敏感案件外,院、庭长几乎不再审批、签署案件。与此同时,审判委员会亦大幅削减了个案讨论的范围。代之以入额法官自行决定案件、签署文书。亦即实行"审理者裁判、裁判者负责"的司法权运行模式。

然而问题的关键是对于何谓"司法责任",其认定标准、责任追究主体和程序等事项目前并无明确和可操作性之规定。最高人民法院虽于2015年出台了《关于完善人民法院司法责任制的若干意见》(以下简称《司法责任制若干意见》),其中就责任的标准、豁免事项以及追究程序作了初步的规定,但该意见的内容依然较为粗略,相关条款的表述亦过于抽象,因而不具有可操作性。Y省在最高人民法院《司法责任制若干意见》的基础上,制定了《完善司法责任制健全审判权运行机制改革试点意见》,但其内容基本上延续了最高人民法院《司法责任制若干意见》的整体风格,并未就司法责任的认定标准与追究程序予以具体化。此后,部分基层法院相继出台的有关规范性文件,亦多以上述两个文件为基础。具体操作规范的缺位,在司法实践中带来的则是司法责任的高度不确定性、责任追究主体的多元化以及追究程序启动的任意性。

第一,司法责任的不确定性。由于缺乏精细的可操作性标准,加之我国特有的政法体制,法官在裁判活动中并非仅仅遵循法律的技术理性和程序伦理。大量法社会学研究表明,恰恰是法律和案件之外的诸多因素制约着基层法官在司法活动中采取的行动及其策略,并最终决定案件的裁判结果。这实际也得到了官方表达层面的倡导和认可,即要求司法审判实现"政治效果、社会效果与法律效果的统一"。这一高度抽象、宏观的标准具体应用到衡量法官裁判活动的司法责任上,则会造成责任的不确定性。因为个案的处理是否达到政治效果、社会效果与法律效果的统一,往往难以具体评判,更多根据裁判结果引起的社会反响而论。由于我国基层社会尚未实现现代法治所需的"格式化",① 正当程序与证明责任分配等现代程序法治理念尚未完全确立,即使一项裁判在事实、证据和法律层面均无瑕疵,承办法官亦可能因为当事人的不理解以及其他过激行为而遭到责任追究。法官的司法责任几乎完全取决于当事

---

① 苏力:《送法下乡》,中国政法大学出版社2000年版,第233页。

人的反应，以及一系列的偶然因素，如领导过问、网络炒作、舆论围观等的情况下，必然造成法官在司法活动中如履薄冰、畏首畏尾，并陷入因轻易不敢做出判决而不得不无休止地追求调解结案的怪圈。

第二，责任追究主体的多元化。与责任标准模糊，责任来源不具有可预测性密切相关，我国法官的责任追究主体呈现多元化特征。在我国，法官的任免属于人大及其常委会的职权。对法官的惩戒则一般由法院自行实施，具体由内设的纪检监察部门负责调查和处理。最高人民法院《司法责任制若干意见》对此作了进一步的规定，司法责任的追究，"一般由院长、审判监督部门或者审判管理部门提出初步意见，由院长委托审判监督部门审查或者提请审判委员会进行讨论，经审查初步认定有关人员具有本意见所列违法审判责任追究情形的，人民法院监察部门应当启动违法审判责任追究程序"。同时，"各级人民法院应当依法自觉接受人大、政协、媒体和社会监督，依法受理对法官违法审判行为的举报、投诉，并认真进行调查核实"。在实践中，由于法官兼具公务员的身份，加之上下级法院之间实质上的领导关系，因此潜在的法官责任追究主体不仅包括《司法责任制若干意见》中所列举的法院内部的院长、审判监督部门、审管办、审判委员会以及纪检组，还包括人大、政协、纪检以及上级人民法院纪检部门，只不过这些多元责任追究主体在启动追究程序后仍主要依赖同级法院内部的纪检组开展调查。

第三，责任追究程序启动的任意性。在实证调查中法官们普遍反映现行司法责任调查、追究程序的启动过于任意，从而给法官带来不必要的麻烦。由于我国受理信访的渠道较多，不少败诉当事人基于报复主审法官的目的，在捕风捉影甚至子虚乌有的情况下，夸大、编造事实，向各部门投递举报信乃至申诉上访。这些信访材料十分轻易地就通过各种途径进入法院系统内部，[①] 因缺乏统一和可操作性的程序启动标准，虽各地方法院的纪检组实际做法不一，然总体上都要开启调查程序。即使明显荒唐的信访事项亦可能进入调查程序，从而给法官带来沉重的心理负担。虽然最高人民法院《司法责任制若干意见》规定："法官因依法履职遭受不实举报、诬告陷害，致使名誉受到损害的，或者经法官惩戒

[①] 其方式包括信件、电报、传真、电子邮件、电话、现场接待等。参见《中华人民共和国信访条例》以及《人民法院纪检监察机构信访举报工作暂行规定》。

委员会等组织认定不应追究法律和纪律责任的，人民法院监察部门、新闻宣传部门应当在适当范围以适当形式及时澄清事实，消除不良影响，维护法官良好声誉。"但在司法实务中，由于投诉、举报的成本极低，在维稳思维惯性下加之认定上的困难，即使出现不实举报以及诬告陷害，亦鲜有举报人受到法律追究。因此，大量不实举报和恶意举报者的初衷就是为了"恶心"法官，以此给法官增添压力和制造麻烦。故一旦纪检机构启动调查程序，举报人的恶意目标即告完成，即使最终澄清了事实，法官受损的声誉却并不能轻易得到恢复。更为严重的是，过低的责任调查程序启动门槛一方面易形成负面的模仿效应，如若一项草率的举报即可陷法官于长时间的困境，无疑会刺激潜在的当事人以类似的手法去"报复"法官，从而不利于树立并维护法院、法官及其司法的严肃性和权威性；另一方面，任意地启动调查程序还会伤害法官的职业情感，职业尊荣感亦难以养成。

二 司法的独立性以及公信力欠缺

在问卷调查中，当被问及司法活动中面临的困境时，司法公信力低下，法院人、财、物不独立，人员流失，当事人信访、闹访以及审判活动缺乏独立性等分别成为法官们关注度最高的几个问题（见图4-1）。有研究表明，"人们对法律制度充满信心，愿意支持法律制度——是社会公众赋予了法律官员这种合法性——是人们能够认同和接受法律规则和司法裁决的重要前提"[①]。如果结合访谈对这些问题予以梳理则可以发现，由于当事人信访、闹访本身在很大程度上即法院司法公信力缺失所致。故司法活动中法官们所面临的主要问题可以归纳为司法独立性不够以及公信力欠缺等两大方面。

（一）基层司法的独立性不够

从宏观层面上看，新一轮司法改革的一个重要目标即在于通过法院人、财、物省级统管去地方化，通过法院内部员额制和司法责任制改革

---

① ［美］汤姆·R. 泰勒：《人们为什么遵守法律》，黄永译，中国法制出版社2015年版，第46—47页。

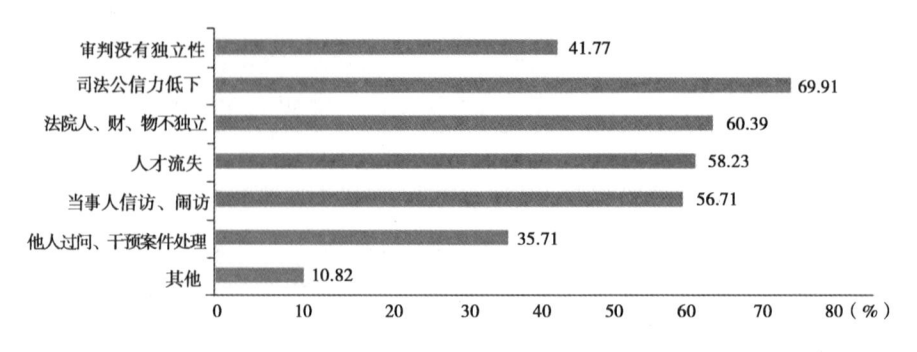

```
审判没有独立性          41.77
司法公信力低下                          69.91
法院人、财、物不独立                 60.39
人才流失                              58.23
当事人信访、闹访                    56.71
他人过问、干预案件处理     35.71
其他           10.82
```

图 4-1　Y 省法院审判工作面临的最大困难

去行政化，进而实现司法机关依法独立公正行使职权。① 然而随着改革的不断推进，以去地方化和去行政化为导向的改革举措却带来一系列的意外后果。

一是改革后地方党委、政府的职责界限模糊，导致地方化不仅未曾消减，反而强化了法院对地方党委政府的依附性。孟建柱书记在2015年7月24日全国司法体制改革试点工作推进会上指出："市、县政法机关在全局中具有十分重要的地位和作用，承担着维护一方稳定的重要职责。""人财物省级统一管理后，市、县党委政法委对政法机关的思想、政治领导不变，市、县法院检察院党组仍要向同级党委定期汇报工作，法院院长、检察院检察长仍是同级党委政法委会员成员。"这说明改革后，党管政法的基本原则不变。但除了地方党委政法委对司改单位继续坚持思想、政治领导外，地方政府对司改单位是否仍应有一定的职责职能，是推进改革中遇到的一个焦点和难题。虽然司法改革单位进行人、财、物省级统管，但其执法办案仍是为当地社会和谐和稳定发展服务，其驻地无法移动，与当地社会、经济的联系无法割裂，人、财、物也不可能真正完全脱离地方控制，② 法院的日常运行以及司法活动均离不开地方党委政府的支持。但在改革推进中，出现了部分地方原办理业务的职能部门，具体到工资审批、社保缴费等，以"已上划省级管理"为

---

① 季卫东：《司法体制改革的关键》，《东方法学》2014年第5期。
② 目前进行的司法改革中，具体在推进中仅仅限于财物的省级统管，人的统管除了公务人员招录以外基本尚未启动。因此，法院人员尤其是聘用合同制人员仍要依靠地方。而财物方面亦无法完全与地方脱钩，如基础设施建设、水、电、土地使用，法院负债等均须地方支持。

由拒绝为司法改革单位办理业务。一些地方性的津、补贴以及绩效等，亦停止发放。以前在政策范围内，地方政府对基层法院负有难以推卸的支持义务。但改革后，由于顶层设计缺乏明确统一的规范性文件，自上而下的司改文件种类繁多，内容复杂，各地对政策的解读不一，带来职责界限的模糊，因此为地方政府的推诿搪塞留下了政策空间。于是，地方法院的院长为了维持同地方党委政府的固有关系，取得地方的支持，不仅不会借改革之机寻求去地方化和追求所谓的自治性，反而要以更加殷勤的姿态参与地方事务，与地方各部门进行沟通协调。对此，某法院副院长谈道：

> 其实省级统管敏感的是地方党委政府，他们担心法院会不会不听安排了。作为法院呢，为了避嫌，消除地方长官的疑虑，只能更加小心谨慎地区沟通、协调，经营同党委政府的关系。实际上，因为司法改革不仅未能真正解决法院人财物的独立问题，反而在法院和地方政府间制造了嫌隙，增加了院领导的工作协调负担。①

二是省级统管有加剧上下级法院之间"行政化"之虞。在人员改革方面，目前实行的是法院政法编制内人员录用由省级人社部门核准后统一招考。但在此之前，地方法院制订用人计划以后首先仍须报同级人社部门审核，再层层上报至省高院复核，最后才到省人社部门。而在财物方面，按照改革要求，省以下法院、检察院应作为省级政府财政部门一级预算单位。根据预算管理规定，省财政应直接管理省以下法院、检察院，才能真正彻底做到"去地方化、去行政化"的改革目标。但在实际工作中，受限于省财政管理人员有限的实际困难，必须依托省高院、省检察院的管理力量。此外，在中央政法委印发的《关于司法体制改革试点中有关问题的意见》，规定："省以下法院、检察院经费统一管理，要体现财政管理特点，发挥省高级法院、省检察院了解下级院情况的优势。""省级财政部门在地方法院、检察院预算编制、大要案办案经费、特殊专项经费安排等方面听取省高级法院、省检察院意见建议。"鉴于

---

① 《L法院访谈笔记》，2017年7月31日。

此，Y省在推进改革的过程中，探索建立了"直达与委托"的司法体制改革经费省级统管体制，即预决算由省财政批复直达单位、资金通过省财政国库集中支付直达单位；预决算编制等委托省、州（市）法院、检察院分层审核汇总上报，政府采购委托当地财政部门办理等。让省"两院"参与或负责部分财政管理事项，对预决算审核安排、专项资金分配等方面赋予省高院、省检察院提出分配意见的权力，实际变成"省财政—省高院/省检察院—州市级中院/检察院—县级法院/检察院"的管理模式。此外，如前所述，省级统管以后，当法院院长与地方政府的沟通失败时，往往需要上级法院出面进行协调。这些做法虽然在一定程度上有助于"去地方化"改革目标之实现，但同时亦将带来法院系统内部"行政化"不同程度的加深。

可见，对于以去地方化和去行政化为目标的省级统管以及员额制司法改革的效果不应持盲目乐观的态度，其离改革方案预设的目标仍存在不小的差距。司法去地方化和去行政化是一项系统改革工程，而其实现则还有很长的路要走。也正是在这种地方化和行政化挥之不去的制度背景下，基层法官在个案的司法活动中亦不得不承受来自法院外部和内部的各种干扰。如图4-2所示的问卷显示，在各类干预形式中，62%的法官认为党委政府对案件的过问对其造成压力，占比最高；其次是同级法院内部院领导过问案件，占比达到58%，仅次于党委政府的干预；上级法院提前过问案件亦有着较高的比重，达到41%。其他外部干扰因素影响较小，如公、检、法三机关的相互关系、人大、政协的个案监督等占比均在30%以下。此处需要特别说明的是关于法院内部对案件处理的干预问题。虽然员额制改革后，院庭长原则上不再过问案件，但由于我国员额法官在个案中的司法自主权更多属于院庭长在改革中自动"让渡"出来的一部分权力，而非直接源于宪法或法官法的直接授权，因此对于一些特殊案件院庭长仍有干预之空间。即改革并没有从根本上赋予法官以自主权以及杜绝法院内部干预个案之可能，通过政治控制司法的制度逻辑依然得到贯彻和延续。① 这就为围绕个案的各方力量和资源借由政治约束的内部管道直达裁判者提供了便利条件。

---

① 李雨峰：《司法过程的政治约束》，《法学家》2015年第1期。

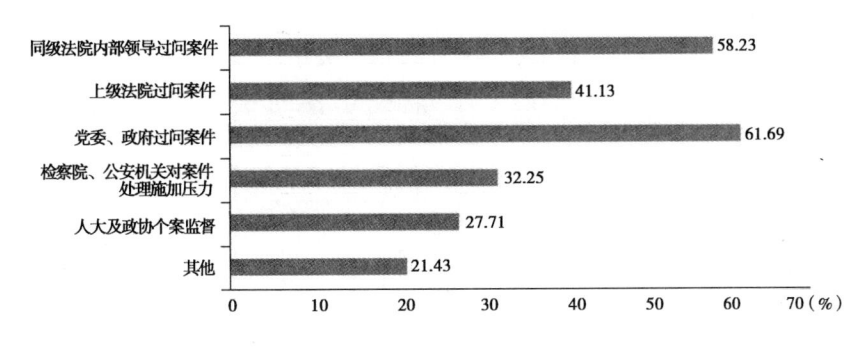

```
同级法院内部领导过问案件  58.23
上级法院过问案件          41.13
党委、政府过问案件        61.69
检察院、公安机关对案件
处理施加压力              32.25
人大及政协个案监督        27.71
其他                      21.43
```

图 4-2　Y 省司法过程中的干扰因素

资料来源：项目组于 2017 年 5 月针对 Y 省基层法官的问卷调查。

三是地方政府业外工作挤占办案时间。我国各级法院系以行政区划和层级为基础一一对应设置，故基层人民法院处于一种复杂的"条块关系"之中。① 从"块块"关系上看，基层法院的人、财、物主要由地方党委政府管理，就此而论其与政府其他部门确无太大差异。员额制改革以及人财物省级统管后，基层法院的人员、财政和资产管理与地方并未实现彻底分离，现实中基层法院对地方的依附性非但没有减弱，反而以一种非正式的方式得以强化。因此对于地方政府的一般事务性工作，尤其遇到特殊时期或者重点活动时，人民法院必须抽调人员积极参与。随着基层法院案件量的逐年攀升以及员额制的推进，地方政府非业务性活动日益成为法院和法官的沉重负担。虽然中央层面和最高人民法院的规范性文件一再禁止地方党委政府对法院摊派业外活动，② 但实践中委派法院和法官从事非业务工作的现象仍然较为普遍。一位庭长在接受访谈时指出："大量非业务性工作占据法官大量时间，主要如开会、扶贫、政治学习、各类材料报送等，造成办案在某种程度上变成了'副业'，非业务性活动则成为'主业'。很多时候只能下班后阅读卷子处理有关事宜。"一位基层法院院长则指出："有时候开庭日期到了，最害怕临时通知开会，因为这会导致延期开庭，当事人好不容易到达法院，一旦

---

① 参见刘忠《条条与块块关系下的法院院长产生》，《环球法律评论》2012 年第 1 期。
② 如最高人民法院于 2005 年印发了《关于依法保障法官权利的若干规定》；中共中央办公厅、国务院办公厅于 2016 年印发了《保护司法人员依法履行法定职责规定》；最高人民法院同年发布了《人民法院落实〈保护司法人员依法履行法定职责规定〉的实施办法》的通知。这些规范性文件均申明法院及法官有不被安排业外工作的权利。

延期将对整个庭审带来无法预测的影响。"可见，在新一轮司法改革背景下，如何厘清党委政府同基层法院的相互关系，以及协调好业务工作与必要的非业务性工作之间的矛盾，将成为进一步改革的重要课题。

（二）司法公信力欠缺

随着博客、微博尤其是微信等新型媒体的快速发展，我国经历了从传统媒体向现代自媒体的转变。在传统媒体下，凭借资源和信息的垄断优势，官方媒体几乎成为整个社会信息交流和传播的唯一渠道，涉及法院和司法的相关媒体报道往往要经过严格的筛选，因此有关司法活动的舆论导向总体上处于可控的状态。但自媒体的兴起，信息来源以及传播渠道更加多元化，传播速度与范围亦更为迅捷和广泛，从而使对舆论进行管控变得愈加困难，司法实践中的个案一旦引起舆论的关注极易转化为所谓的"公案",① 对法院和法官的司法活动带来巨大的压力和挑战。在访谈中，法官们一致认为新型媒体的兴起对司法活动产生了重要影响。尤其在社会舆论普遍呈现对法官及其司法不信任的背景下，加之舆论的走向又具有较大的不确定性，深陷舆论旋涡中的案件的主审法官往往容易被推向风口浪尖,② 因此造成法官在司法活动中人人自危，不得不耗费大量的时间和精力以应对舆论风暴。

在社会公众对司法不信任的整体氛围烘托下，当事人对法官及其司法亦常常表现出不理解和不信任的倾向，对法官进行辱骂、威胁甚至人身攻击的现象时有发生。虽然我国《民事诉讼法》第 110 条及第 111 条规定了对拒不遵守法庭规则以及侮辱、诽谤、诬陷、殴打或者打击报复司法工作人员者的处罚措施，但在维稳思维惯性支配下，加之法官责任的不确定性，使法院和法官不愿轻易使用惩戒措施。因此在面对当事人及其家属的无理取闹时，法官更愿意选择忍气吞声，尽力对当事人进行疏导，这一方面助长了当事人的不当心理，另一方面也使法官的职业尊

---

① 所谓公案，是指民众和媒体利用个案内容所涉及的主题元素根据民众需求特点通过议论、诉说、传播和加工而形塑出来的公共事件。参见孙笑侠《公案及其背景——透视转型期司法中的民意》，《浙江社会科学》2010 年第 3 期。

② 如"邓玉娇案""李昌奎案"以及"于欢案"等，承办法官无一例外地被置于舆论风暴的中心，被全民批判、责备甚至辱骂。

荣受损。此外，由于受根深蒂固的实体本位主义（真实主义）观念影响，①不少当事人无法接受现代诉讼程序及其运行结果。只要裁判结果在实体上无法令其满意，即使在诉讼程序、证据判断以及法律适用等方面均无差错，当事人亦多以上访的方式寻求非常规渠道的法外救济。而当事人涉法申诉、上访又历来为法院内部考评机制所重点规制，一旦法官所承办的案件出现当事人涉法申诉、上访，则无论何种事由几乎均要被作否定性评价，影响法官当年的绩效考核。而且地方政府的信访部门遇到涉法信访案件，通常的做法是通知法院的分管副院长，由副院长与承办法官共同参与处理。这在Y省基层法院叫作"包保"制度，即对于信访案件，谁承办，谁处理。从而导致法官在个案处理中，为了避免当事人借故闹访、缠访，实现息诉服判的目的，调解成为所有法官汲汲以求的结案方式。

三 边疆多民族地区的语言困境

除了前述普遍性压力以外，Y省部分偏远民族地区的基层法官还要面临其他地区同行所不常遇见的语言难题。根据我国《民族区域自治法》第12条的规定，设立民族自治地方需要以一个或者几个少数民族聚居区为基础。因此一般认为，民族地区是指在该区域设立自治机关，行使自治权的民族自治地方。②然而对民族地区的这一界定并不能够真正反映出Y省偏远民族地区的民族分布特征。一方面，Y省偏远民族地区少数民族众多，人口数量差异巨大。全省少数民族人口数超过100万人的有6个；超过10万人不到100万人的有9个；超过1万人不到10万人的有8个；超过6000人不到1万的有2个。③另一方面，其少数民族的分布呈小聚居基础上的交错分布的格局。一是以单一民族聚居的民族自治地方为主导的前提下，多民族聚居自治地方占比较多；二是非民族自治地方少数民族在总人口中占比仍然较高。④此外，由于地处远离

---

① 参见季卫东《大变局下的中国法治》，北京大学出版社2013年版，第129页。
② 赵小锁：《民族地区法官选任和考核须保障少数民族权益》，《创造》2010年第7期。
③ 资料来源于2017年8月在省高院的实证调研。
④ 参见Y省各地市政府信息网关于自治县分布及少数民族情况的数据。

中央政权的边缘地带，Y省偏远少数民族地区在自然环境与社会文化方面具有双重封闭性，不少地区的少数民族语言在日常生活中均得以延用。这使这些地区的基层司法不得不面对极为复杂的语言环境，并带来一系列深远影响。

（一）基层司法语言困境的实践样态

1. 基层法官日常司法活动中的语言压力。由于Y省民族种类多，尤其是总人口10万以下的少数民族种类较多、分布广泛，因此即使采取定向培养等相对灵活的人员招录政策，亦难以确保每个基层法院均有足够的民族法官。Y省自2008年至2011年连续4年为全省基层法院定向培养了能够运用少数民族语言的法官共143人，其中阿昌族3人，白族2人，布朗族7人，布依族2人，藏族3人，傣族17人，德昂族3人，独龙族1人，哈尼族14人，回族3人，基诺族1人，景颇族5人，拉祜族8人，傈僳族15人，苗族5人，摩梭人3人，纳西族3人，怒族5人，普米族6人，水族2人，佤族9人，瑶族4人，彝族19人，壮族3人。这些民族法官被分配到全省68个基层法院。① 即使以最粗略的计算方式看，平均每个基层法院仅有2人，一些人口较少、使用面较窄的少数民族"小语种"，如仡佬族语，目前还是"空白"，懂布依族、水族、基诺族语言的法官也很少。在2015年立案登记制实施以来各基层法院案件量均大幅增加的背景下，这些双语法官相对基层司法的实际需求而言无异于杯水车薪。如K市D回族彝族自治县法院2015年在少数民族地区基层法院中受案最多，但仅有1名彝族双语法官。② 因为没有足够的掌握民族语言的法官，大量案件实际仍由普通法官审理。对此受访法官表示，在司法责任日益严格的情形下，对于简单案件尚可以通过策略化的方式予以应对，一旦遇到较为复杂、争议较大的案件则倍感压力。

2. 沟通不畅削弱基层司法效果。语言的首要功能是沟通，并通过

---

① 王毅：《对我省法院系统少数民族定向生跟踪调研以及探索继续开展定向招录的报告》，Y省高级人民法院政治部内部资料。

② 滕鹏楚：《培养民族司法人才的难点与对策》，2016年8月25日"全国民族法制文化与司法实践研讨会"会议论文。

沟通协调彼此的行动。而实现此种沟通和协调功能的前提是，"说话者和听话者对一个语法表达式是能够以同一方式来理解的"①。由于缺乏足够的双语法官，一旦涉及特定少数民族同胞的案件，法官同当事人及其他诉讼参与人在复杂的诉讼情境下往往难以进行"同一的意义"上的充分有效的沟通。这对于以沟通和理解为前提的司法活动来说，其影响是显著的。一是影响案件实体真实的查明。尽管查明案件事实并非司法活动的唯一目的，但即使在简单的民事诉讼中，缺乏起码事实基础的裁判亦难以令人信服。②法官和当事人之间的语言障碍使案情的查明变得困难重重。N州F法院的一位庭长坦言，在下乡办案过程中，如果遇到彼此无法沟通的少数民族当事人，只能做出倾听状，佯装理解其诉求和申辩，决定案件走向的实际是法官基于日常司法经验的各种"技术"和"策略"。二是削弱裁判的合法性与权威性。裁判应具有权威性，否则仅是一纸空文。而裁判的权威性除了其背后不容置疑的国家强制力以外，还仰赖于裁判本身的正当性。基层司法中的语言困境不仅使作为裁判基础的实体公正难以实现，伪装下的倾听和理解因缺乏当事人实质性地参与也使程序本身的正当性难以立足。其结果是为了平息纠纷，使法院的裁判得以落实，法官们要么策略性地操纵诉讼程序，③要么不得不动用威胁或强迫手段。但无论何种方式，都将耗费大量的社会资源。三是不利于法制宣传教育功能的实现。在我国法律和司法工具主义的政法体制下，④基层司法的预设功能并不仅仅在于将规则运用于查明的案件事实并作出裁判，而是承载着纠纷解决与规则之治以外更为丰富的政治功能，"它是国家权力逐渐渗透到日常生活的方式，是国家对公民进行日常教育的渠道和手段"⑤。然而现实的情况是，不少民族地区的基层法官连熟练运用民族语言进行交流都存在困难，案件的处理只能寄希望

---

① ［德］哈贝马斯：《在事实与规范之间》，童世骏译，生活·读书·新知三联书店2004年版，第15页。

② 参见［美］汤姆·R. 泰勒《人们为什么遵守法律》，黄永译，中国法制出版社2015年版，第283页。

③ 参见张青《乡村司法策略化及其日常呈现》，《华中科技大学学报》（社会科学版）2014年第5期。

④ 参见张青《人民法庭政法传统之形成及其迭嬗》，《甘肃政法学院学报》2014年第5期。

⑤ 强世功：《惩罚与法治》，法律出版社2009年版，第21页。

于各打五十大板的传统和稀泥式的做法,官方话语体系中的政治功能即失去其现实基础。

3. 司法过程过分倚重地方宗族等传统力量。一位独立的法官运用先存的规则依据正当程序做出一份两分式的判决,是一幅常见的关于法院和司法的理想图景。① 然而大量研究表明,法院和司法在功能上并不仅仅是经典理论界定的纠纷解决与规则确定,同时至少在历史上,还担负着构建民族国家的政治性功能。② 民族国家的外在表现则是将"分散的、多中心的、割据性的权威体系,逐渐变为一个(以现代国家组织)中心的权威结构"③。近代中国百年以来延续至今的一个重要历史使命即是实现民族国家建设。在国家政治文化整合尚存较大难度,政治文化失谐与紧张仍然在一定范围内存在的西南边疆多民族地区,④ 统一的民族国家之建构依然处在前行的道路上。多民族地区的基层司法亦因此肩负着更为突出的"跨地方化"与"去人身化"的社会控制功能。前者旨在实现国家权威在地域上的"普遍性",后者追求国家权力行使的"常规化"。⑤ 为此目的,代表国家政权的基层司法与地方性规范及其纠纷解决与其说是一种协作关系,毋宁说是一种竞争关系。中央政权借助基层司法介入原来由习惯发挥作用的领域并且将"征服者"的影响带入国家权力的边缘地带。借用马丁·夏皮罗的话,即司法机构,像医疗机构一样,是进入边疆多民族地区的一个途径。⑥ 然而囿于语言的限制,当前 Y 省多民族地区的基层法官不得不在办案过程中依赖地方宗族中的长老、头人以及宗教首领,这些地方人士不仅在诉讼程序中充当临时翻译,同时还协助法官主持调解。由于具备信息和语言的双重优势,更多代表传统和地方性利益的少数民族乡土精英在司法活动中极易变辅助为主导,蕴含国家整体利益和社会主流价值的法律规则于是被主要基

---

① 参见[美]马丁·夏皮罗《法院:比较法和政治学上的分析》,张生、李彤译,中国政法大学出版社 2005 年版,第 1 页。
② 苏力:《送法下乡》,中国政法大学出版社 2000 年版,第 53 页。
③ 张静:《基层政权:乡村制度诸问题》,上海人民出版社 2006 年版,第 302 页。
④ 杨顺清:《边疆多民族地区政治文化的失谐与治理》,《思想战线》2015 年第 4 期。
⑤ 于明:《司法治国》,法律出版社 2015 年版,第 40 页。
⑥ 其原话为:"司法机构,像医疗机构一样,是进入乡村的一个途径。"[美]马丁·夏皮罗:《法院:比较法和政治学上的分析》,张生、李彤译,中国政法大学出版社 2005 年版,第 34 页。

于地方性利益和价值考量的民族习惯法所取代。理应服务于民族国家建设的基层司法则在某种程度上沦为地方性司法。

(二) 语言困境的进一步解读

有学者曾用"法律的语言混乱"来指代现代司法与乡土社会的种种不适。[1] Y省多民族地区则呈现较"语言混乱"更为严峻的"语言障碍"。之所以出现此种困境，一方面系由其特殊的社会物理空间所决定，另一方面也与我国当前双语法官培养、选拔机制的局限性息息相关。

1. 多民族地区独特的物理和社会空间。人类学认为，人的环境包括两方面：自然环境，包括空气、热力、土地、水、泥土、湿度、草木、五金等；社会文化环境，包括建筑、技术用具、社会组织、语言、艺术、哲学、科学、宗教、道德及风俗等。[2] Y省多民族地区基层司法的语言困境从根本上看系由其所处的自然和社会环境交互作用所决定的。Y省民族地区地处边疆，幅员辽阔，多山川大河，自然环境复杂。不少地区交通极为不便，与外界的沟通和联系较为困难。这种自然环境的封闭状况一方面造成少数民族地区社会文化的封闭性，其语言等风俗习惯得到较为完整的保留，整个地区的汉语普及率较低；另一方面，恶劣的自然环境和落后的交通状况增加了当事人的讼累，不愿意出庭的情况较其他地区显著增加，法官因此不得不徒步长途跋涉开展巡回审判。作为"外人"进入大山深处的村庄的法官，无论是在基本生存问题（吃饭、休息）方面还是诉讼活动方面均须仰赖地方精英的支持。由此进一步加剧了这些地区的封闭性。

2. 少数民族双语法官培养缺乏顶层设计和制度保障。关于少数民族双语法官的培养和选拔，我国目前并未形成统一的一般性制度规范，无论从中央层面还是地方层面看，仍主要依靠较具灵活性的政策施行。从中央层面看，在1950年，政务院批准的《培养少数民族干部试行方案》就规定把"民族问题与民族政策"作为民族学院的政治课基本内

---

[1] 朱晓阳：《"语言混乱"与法律人类学的整体论进路》，《中国社会科学》2007年第2期。

[2] [美]乌格朋：《社会变迁》，费孝通译，《费孝通译文集》（上册），群言出版社2002年版，第2页。

容之一，并在 1952 年开办了藏汉双语专业和彝汉双语专业教育。而后，针对西部少数民族人才培养问题，国家又出台了一系列政策性文件，如中共中央组织部、中央机构编制委员会办公室、最高人民法院、最高检察院于 2006 年联合制定的《关于缓解西部贫困地区基层人民法院、人民检察院法官、检察官短缺问题的意见》，最高人民法院于 2013 年印发的《关于新形势下进一步加强人民法院队伍建设的若干意见》以及中共中央组织部、最高人民法院、最高人民检察院 2015 年出台的《关于招录人民法院法官助理、人民检察院检察官助理的意见》等。这些文件一方面固然体现了国家对民族地区法律人才培养和选拔的高度重视，但另一方面囿于其内容的全局性和宏观性，并不能提供可操作性的制度保障。而省级层面的政策文件亦基本延续了中央文件的整体风格，相关内容高度抽象概括，可操作性不强。因此实践中，具体担负起少数民族双语法院的培养和选拔重任的实际主要是最高人民法院和各省、自治区的高级人民法院。然而，少数民族双语法官的培养和选拔涉及法院人员、编制、经费、教育、民族和宗教等十分复杂的事项，每一政策的出台乃至每一次的政策实施均包含众多部门利益的争夺和博弈，由作为既无强制又无意志的最小威胁部门即法院系统自行组织推行，① 势必面临重重阻碍和困难。

3. 少数民族双语法官的选拔任用渠道和方式单一。从国家整体上看，运用最多的双语法官培养方式即针对少数民族法官以短期培训班的形式进行双语培训。例如自 2008 年起，在最高人民法院的推动下，国家法官学院每年举办一期少数民族法官培训班，同时资助、委托部分西部地区高院举办双语法官培训班；从 2012 年起，每年在国家法官学院还举办一期藏区法官培训班。2009 年，最高人民法院拨款 50 万元资助少数民族地区法院进行蒙汉、藏汉、维汉、哈汉双语法官培训教材的编译工作。积极推动蒙汉、藏汉、维（哈）汉等双语法官培训基地建设。② 最高人民法院主导的双语法官培养机制确实在一定程度上缓解了

---

① ［美］汉密尔顿、杰伊、麦迪逊：《联邦党人文集》，程逢如等译，商务印书馆 1980 年版，第 391 页。
② 参见杨夏怡《大力培养双语审判人才，保障民族群众诉讼权利》，《人民法院报》2013 年 11 月 18 日第 01 版。

各地双语法官的需求压力，然而由于其培养渠道和方式单一，实际效果并不理想。一是语言的学习是一个漫长的过程，短期双语培训并不能真正达到熟练运用"双语"的目标；二是囿于人力、物力和财力的限制，培训规模和对象均殊为有限；三是培训对象较为单一，主要针对的是人口较多的聚居少数民族，而对于散居多民族地区的基层法官则明显培养力度不够。而从各省、自治区的情况看，由高院牵头的双语培训仍然是主要的培养方式。Y省虽于2008年开始试行以定向招录的方式培养和选拔民族法官，但由于仍以政策为主导，部门衔接不畅，作为实际执行和推动主体的省高院最终因深陷财政、编制等多重压力而不得不在2011年暂停定向招录工作。

第五章

法院系统内部管理行政化

人民法院内部行政管理与司法权的运行密切相关。一方面，为了确保司法权的有效运行，法院内部的行政管理有其必然性和合理性；另一方面，这种行政管理制度亦有可能会侵蚀司法权、造成正式审判制度变形。① 当前我国基层法院的内部行政管理事务较为冗杂，但对法官及其司法活动产生重要影响的主要为审判管理制度。故此处仅以审判管理为例对法院的行政管理加以呈现。

所谓审判管理系指对审判活动的组织、协调和监督，是保证审判的有序进行，保障司法公正与效率的必要活动和制度安排。② 1999年最高人民法院发布的《人民法院五年改革纲要》首次以法院改革纲领性文件的形式提出了审判管理制度改革的基本任务。经过最高人民法院《人民法院第二个五年改革纲要（2004—2008）》以及《人民法院第三个五年改革纲要（2009—2013）》的进一步推动，审判管理的内涵不断丰富和完善。2010年8月10日，最高人民法院院长王胜俊在全国大法官主题研讨班上的讲话中，将审判管理概括为五个方面：一是要创新和加强审判质量管理，确保司法公正；二是要创新和加强审判效率管理，促进司法高效；三是要创新和加强审判流程管理，强化监督制约；四是要创新和加强审判层级管理，提高整体水平；五是要创新和加强审判绩效管理，发挥导向作用。③ 鉴于在审判管理运行中出现了单纯以数字指

---

① 参见苏力《送法下乡》，中国政法大学出版社2000年版，第66页。
② 龙宗智：《审判管理：功效、局限及界限把握》，《法学研究》2011年第4期。
③ 王胜俊：《创新和加强审判管理确保司法公正高效》，《人民司法（应用）》2010年第17期。

标排名等偏差，2014年《最高人民法院关于全面深化人民法院改革的意见》提出要"废止违反司法规律的考评指标和措施，取消任何形式的排名排序做法"。此后审判管理在官方话语中出现的频率略有下降，但实践中依然是法院内部行政管理的重要事项，仅在内容方面有所侧重。在基层法院，审判管理办公室（简称"审管办"）在进行日常管理中主要以流程管理、质量管理与绩效管理为核心，其结果对业务部门及法官的绩效发放等发挥着举足轻重的作用。

一 流程管理科层化

审判流程管理，是指在审判过程的不同环节中，运用计算机网络系统，对案件的立案、排期开庭审理、送达、审限跟踪、执行、归档、移送上诉等不同诉讼阶段进行跟踪检查和监督的管理活动。[1] 根据《Y省高级人民法院案件审判流程管理办法》的规定，审管办负责制定案件流程管理办法，对案件审判流程中的各个环节、节点、审理期限和审判程序进行动态跟踪、监控，并定期将流程运行情况予以通报和反馈。各基层法院以省高院的规范性文件为基础分别制定了实施细则，但整体内容并无大的变化。

第一，立案、分案管理。基层法院内部规范性文件对立案、分案的责任主体及程序作了详细规定，并在对立案程序进一步分解的基础上明确了各环节的期间要求。按照规定，各类案件（含刑事、民事、行政及执行）的立案登记工作统一由立案庭负责。立案工作一般实行立案法官负责制。但新类型案件、重大疑难案件、集团诉讼案件、政策性强的案件、易引发连锁反应、影响社会稳定等案件则实行立案审查合议制，并逐级向分管副院长、院长汇报。必要时，逐级报上级法院审批。在分案方面，实行以随机分案为主、指定分案为辅的分案规则。分案进行一个季度后，按照法官名下的未结案数对分案数量进行相应调整。[2]

第二，排期、审理及审限管理。排期是审限管理的起点，即案件开庭前，由各法官团队将本团队的排期情况报到审管办。审管办通过法院

---

[1] 胡夏冰：《审判管理制度改革：回顾与展望》，《法律适用》2008年第10期。
[2] 参见《昆明市X区人民法院审判流程管理（试行）》。

外网进行开庭公告,并送交技术科在法院大厅显示屏上公告开庭情况。案件正式开庭以后,审管办即严格按照诉讼法及司法解释等法律及其他有关规范性文件所载的程序期间进行监督管理(见表5-1)。为了确保案件在法庭期间审结,审管办建立了审限催办及检查通报制度。对临近审限的案件,审管办即向承办法官催办,督促法官抓紧审理,并定期对各法官审限落实情况进行督促、检查和通报。

表 5-1　　　　K 市中级人民法院案件流程期限(部分)

案件流程		办理事项	期限(天)
排期		开庭、再次开庭报审管办公告	3
	刑事	一审案件	20
		二审案件	25
	民事行政	一审案件	20
		一审案件(需要证据交换的)	15
		二审案件	25
	再次开庭时间	因法院调查取证、当事人未到庭、当事人提出新的证据	15
		因反诉、追加当事人	45
		因中止审理	15
审理		案件审理结束后评议	7—10
		提交审委会讨论的案件	3
		批准审限扣除、延长	2
		审限变更通知	3

资料来源:《K 市中级人民法院审判流程管理(试行)》。由于 X 区法院主要以 K 市中院的流程管理规范为基础,在调研中仅收集到中院的流程期限表,因此此处以中院的期限表予以分析可以大致反映出基层法院流程管理的状况。

第三,文书制作、结案、送达、移送与归档管理。案件审结后,承办法官还涉及文书的制作、结案手续的办理、生效文书的送达、上诉与抗诉案件卷宗的移送以及卷宗材料的归档等烦琐的事项。其中上诉、抗诉等需报送上级法院审理的案件,承办法官还必须将案件纸质卷宗和电子卷宗一并移送立案庭;直接结案归档的案件,审判人员在办理案件过程中需同步生成电子卷宗,与书面卷宗一并归档,且书面卷宗与电子卷宗应对应一致。

上述分析显示出基层法院审判流程管理具有以下特征:其一,尊重司法规律的同时保留了对司法予以行政控制的固有做法,并使此种行政控制在制度层面得以确认。这在立案与分案管理中体现得尤为明显。一方面，实行立案专业化与分案的随机性，有助于维护司法的独立性和公正性，防止审立不分及人为控制分案所带来的程序正当危机；另一方面，对于重大、疑难、复杂案件，院、庭长乃至上级法院仍保有科层式的监督审查权，这相当于以制度形式确认了法院内部行政管控的合法性。其二，诉讼程序被层层分解为若干节点和指标，并通过一系列监督检查机制使得一线法官完全沦为被监管的客体。在以审管办为代表的压制性行政监督检查机制面前，法官的主体地位被完全掩盖。其三，结案、归档手续烦琐，尤其是电子卷宗的制作运用在给法院带来信息化的便捷优势时，亦造成法官的工作负担。在我国现行司法环境下，案件流程管理在一定程度上增加了司法程序的透明度，并有助于诉讼效率的提升，避免诉讼的过分拖延。然而值得注意的是，这种以落实法定审理期限为主要目的行政性管理在合理化审判制度的同时，亦容易"变成不断压抑议论的契机，导致选择和确定丧失共识基础"[①]。

二 案件质量管理数字指标化

（一）案件质量指标体系

20世纪90年代初期，随着司法改革的不断深入和最高人民法院对案件质量的持续关注，传统的案件质量监督和评查方式已经难以满足法院案件质量管理之需要，因此亟须建立一套完备统一的案件质量评定体系。在各地法院试点的基础上，最高人民法院于2004年启动了《人民法院审判质量与效率评估体系》的研究和制定工作。经过几年的摸索，最高人民法院于2008年下发了《关于开展案件质量评估工作的指导意见（试行）》（简称《指导意见（试行）》），规定了审判公正、审判效率和审判效果3个二级指标，33项三级指标，并于2011年发布了正式的《关于开展案件质量评估工作的指导意见》（简称《指导意见》），并在全国法院系统予以推行。2013年《人民法院案件质量评估指数编制办法（试行）》（简称《编制办法（试行）》）的颁行，标志着我国法院案件质量评定体系的最终形成。

---

① 季卫东：《大变局下的中国法治》，北京大学出版社2013年版，第133页。

《指导意见》基本上吸纳了《指导意见（试行）》中的评定指标。其指标体系仍分为审判公正、审判效率、审判效果3个二级指标；二级指标则变更为由31个三级指标组成。同时还根据评估目的和指标的重要性程度、可能产生的负面影响，以及数据来源的可靠性等因素合理确定评估指标的权数。①其具体指标及权数分布如表5-2所示。

表5-2　　　　　　　　　人民法院案件质量评估指标体系

一级指标	二级指标	三级指标		
		名称	方向	权数
案件质量综合指数（100%）	公正指标（40%）	立案变更率	-	8%
		一审陪审率	+	7%
		一审案件改判发回重审率（错误）	-	19%
		二审改判发回重审率（错误）	+	5%
		二审开庭审判率	+	5%
		对下级法院生效案件提起再审率	+	6%
		生效案件改判发回重审率	-	21%
		对下级法院生效案件再审改判发回重审率	+	5%
		再审审查询问（听证）率	+	4%
		司法赔率	-	10%
		裁判文书评分	+	10%
	效率指标（30%）	法定期限内立案率	+	9%
		一审简易程序适用率	+	10%
		当庭裁判率	+	5%
		法定（正常）审限内结案率	+	15%
		平均审理时间指数	+	9%
		平均执行时间指数	+	9%
		延长审限未结比	-	9%
		结案均衡度	+	12%
		法院年人均结案数	+	11%
		法官年人均结案数	+	11%
	效果指标（30%）	一审服判息诉率	+	9%
		调解率	+	10%
		撤诉率	+	6%
		实际执行率	+	15%
		执行标的到位率	+	12%
		裁判自动履行率	+	11%
		调解案件申请执行率	-	7%
		再审审查率	-	10%
		信访投诉率	-	10%
		公众满意度	+	12%

资料来源：王晨编《审判管理体制机制创新研究》，知识产权出版社2013年版，第7—8页。

---

① 最高人民法院《关于开展案件质量评估工作的指导意见》，2011年3月10日发布。

根据《指导意见》及《编制办法（试行）》之规定，各级人民法院可以根据实际情况增加或者减少指标，调整评估指标的权数。这实际是授权地方各级法院可以按照本院实践状况及工作重心予以适当调适。从Y省高级人民法院制定的案件质量评定指标体系来看，调整和修改幅度十分有限。如表5-3所示，《Y省高级人民法院关于建立全省法院审判质量效率评估指标体系的实施意见（试行）》（以下简称《实施意见（试行）》）亦将案件审判质量效率评估指标体系划分为公正、效率、效果3个二级指标，不同之处在于对三级指标及其权重作了调整。其三级指标由16项基础指标构成，另再设立11项分析指标。基础指标是体现审判质量和效率的关键性数据，也是各中级人民法院被考评的数据。分析指标是作为分析预测审判工作运行态势的参考数据。

表5-3所列之三级指标仅为16项基础指标，另11项分析指标由于并不直接作为考评依据而只具备参考价值，因此未在表中予以显示。依据《实施意见（试行）》的规定，这11项分析性指标依次为：裁判自动履行率、撤诉率、院人均结案数、上诉（抗诉）案件平均移送天数、执结率、案件平均审理天数、延长审限未结比、同期结收案比、执行案件收、结和未结案件数、一审、二审、再审收、结和未结案数、再审审查询问（听证）率。可见，《实施意见（试行）》中的基础指标均以最高人民法院案件质量评估指标体系三级指标为基础，仅就指标权数作了调整；而分析性指标既有最高人民法院案件质量评估指标体系中的三级指标类别，亦包含地方法院新列指标。以此为基础，各基层法院虽呈现一定的地域差异，但基本框架上均依据《实施意见（试行）》制定并实施案件质量管理。

表5-3　　　　　Y省高级人民法院案件质量评估指标体系

一级指标	二级指标	三级指标		
		名称	方向	权数
案件质量综合指数（100%）	公正指标（40%）	一审判决案件改判发回重审率（错误）	-	13%
		二审改判发回重审率（错误）	+	4%
		对下级法院生效案件提起再审率	+	4%
		生效案件改判发回重审率	-	14%
		司法赔率	-	5%

续表

一级指标	二级指标	三级指标		
		名称	方向	权数
案件质量综合指数（100%）	效率指标（30%）	法定（正常）审限内结案率	+	6%
		平均审理时间指数	+	5%
		平均执行时间指数	+	5%
		12个月以上未结案件数	−	3%
		结案均衡度	+	6%
		院审判人员平均结案数	+	5%
	效果指标（30%）	一审服判息诉率	+	5%
		调解率	+	5%
		实际执行率	+	9%
		执行标的到位率	+	7%
		调解案件申请执行率	−	4%

资料来源：《Y省高级人民法院关于建立全省法院审判质量效率评估指标体系的实施意见（试行）》。

综上，各级法院的案件质量指标体系呈现以下特征。

其一，案件质量指标类别及权数分配带有一定的主观性。为了全面评估案件质量，最高人民法院为地方各级人民法院制定了覆盖立案、审判以及执行等整个诉讼环节的综合性案件质量指标体系。但这些作为确定指标及其权重的根据本身却是高度模糊和不确定的。试图将原本作为一个整体而存在的诉讼案件分割成若干关键指标，并通过赋予其不同的权重而用以衡量案件处理的质量，尽管有试点法院若干经验材料的支撑，但无论是分割指标还是赋值的过程均难以排除主观因素的干扰而达至纯粹数字化管理所要求的精确化、客观化和科学化。

其二，案件质量指标体系呈现数量化和精细化的特征。从最高人民法院及地方各级人民法院制定的案件质量评估指标体系来看，均呈现显著的数量化和精细化特征。即以各项复杂的评估指数作为衡量法院和法官工作质量的标尺，业务庭和法官繁杂的日常司法活动最终被精密地量化成一项项得分和名次。然而这些分数和名次却并不能充分反映案件质量，甚至与案件质量关系甚微。

其三，案件质量评估指标类别缺乏内在统一性。案件质量评估指标体系是案件质量管理的核心环节，因此其指标体系的设置亦应围绕案件质量管理之目标，即确保案件实体真实和程序公正。然而，我国现行案件质量评估指标体系中的三级指标间却存在负相关关系，① 抵消了指标体系所形成的管理效果。以"结案均衡率""法定审限内结案率"和"平均审理时间指数"为例，三者之间存在显著的矛盾和冲突。"法定审限内结案率"和"平均审理时间指数"要求法官尽可能快速地处理案件，缩短案件的处理周期，而"结案均衡率"又要求审判部门结案要做到逐月均衡，完全忽视了法院案件受理的季节性差异。

(二) 案件质量评查

各级法院的案件质量管理，除了依据案件质量指标体系对案件质量实施动态监测以外，法院系统还会定期对审结案件开展案件质量评查。既包括上级法院对下级法院，亦包含各级法院内部对本院所审（执）结的各类案件的实体、程序、法律文书、案卷归档等情况进行内部检查和评价。② 从各地方法院的内部规范看，案件质量评查均以提高案件质量、效率和效果为目标，以期通过评查活动将"定纷止争，案结事了"的基本要求落实到案件审、执、办全过程。在实践中，各地所采行的评查形式不一。但较为通行的做法是将案件质量评查分为自查、常规评查、重点评查和专项评查四种形式。

第一，自查。自查是指各审判部门依照法院内部评查规定和评查标准对本部门已结案的监督评查。评查方式由各审判业务部门自行决定，可由各合议庭间相互评查，也可由各庭组成专门评查小组进行评查，自查报告经庭领导审核并报经分管院领导同意后报质评办备案。关于自查的频率及案件数量，各法院略有不同。如有法院规定自查每半年进行一次，自查案件数按本部门实际在岗人员每人不少于1件确定。③ 而另一法院则要求各庭、处对一、二审生效案件的自查比例不低于本庭审结案

---

① 陈璐、乐巍:《案件质量评估中的功利主义倾向及其规制》，载钱锋编《审判管理的理论与实践》，法律出版社2012年版，第163页。
② 胡夏冰:《审判管理制度改革：回顾与展望》，《法律适用》2008年第10期。
③ 《×××人民法院案件质量评查规定》，材料来自课题组2017年于Y省高院的实证调研。

件数的50%，其他案件自查比例不低于本庭所结案件数的20%。①

第二，常规评查。常规评查在部分法院内部规范性文件中亦称定期抽查，系指法院内部质评委评查组抽取一定数量的审、执、办结案件进行定期评查。评查的案件从审判流程系统中已审、执、办结的案件中随机抽取。常规评查的时间频率及案件范围则根据法院审判工作情况而定。有法院每年进行一次，原则上每年抽查案件不少于100件。②亦有法院规定对一、二审案件的评查比例不得少于每名法官当年审结并生效案件数的5%，年审结案件数不足10件的，年评查案件数不低于1件；其他案件的评查比例根据实际情况确定。③

第三，重点评查。重点评查是指院质评委评查组对审判工作中可能存在质量问题的个案进行评查。综合各法院案件质量评查内部规范，需要重点评查的案件一般包括：当事人多次上访、申诉的案件（立案信访部门负责汇总提供）；上级法院改判、发回重审的案件；本院再审改判的案件；党委、政府和上级法院交办的案件；纪检监察部门接受反映的案件（由纪检监察部门提供）；人民检察院抗诉的案件以及其他需要评查的案件。

第四，专项评查。专项评查是指根据审、执工作的实际，对已审、执、办结的特定类别的案件进行的专门性评查。专项评查不定期进行，由质评委根据上级法院、审判委员会的要求或视情况组织安排。进入专项评查的案件主要是可能影响社会稳定的案件；在辖区内有重大影响的案件；执法尺度不统一产生不良影响的案件；新型案件以及上级法院或本院审判委员会要求专项评查的其他案件。

评查结果一般分为优秀、合格、基本合格和不合格四个等次。其中优秀案件标准较为明确，即指认定事实清楚，诉讼程序合法，法律适用正确，文书制作规范且说理透彻、卷宗装订规范，法律效果、社会效果良好的案件。后面三个等次的标准设置主要有两种形式：其

---

① 《×××人民法院案件质量监督评查办法（试行）》，材料来自课题组2017年于Y省高院的实证调研。
② 《×××人民法院案件质量评查规定》，材料来自课题组2017年于Y省高院的实证调研。
③ 《×××人民法院案件质量监督评查办法（试行）》，材料来自课题组2017年于Y省高院的实证调研。

一，差错列举模式。以列举的方式将案件从受理至执行的整个诉讼阶段分解出若干基本要素，然后根据法官在这些关键要素环节的违法程度及危害后果，将其划分为一般差错和重大差错。等次的判定则根据法官在案件中一般过错和重大过错的数量而定。例如某法院规定，合格案件要求认定事实清楚，诉讼程序合法，法律适用正确，但存在5个以下一般差错。基本合格案件仍要求认定事实清楚，诉讼程序合法，法律适用正确，但有6个以上一般差错。如有1个以上重大差错，则直接认定为不合格。① 其二，分值列举模式。相较于差错列举模式对法官单纯从消极的差错方面所进行的评价，分值列举模式则转向了积极的加分项和消极减分项相结合的评价方式。其具体操作是以百分制为基础，将整个诉讼环节分解为加分项和减分项，根据案件质量情况扣分或加分。各类案件的基准分为100分，案件审查、审理或处理方面占75分，裁判文书20分，卷宗装订和归档5分。裁判文书、卷宗装订和归档出现加重扣分情形的，可计负分，但案件总分不计负分。得分在95分以上，并经评查认为案件处理取得较好法律效果和社会效果的，可以评定为优秀案件；得分在80分以上的，可评定为合格案件；得分在60分以上不足80分的，评定为基本合格案件；得分不足60分的，评定为不合格案件。此外，对明显违反法律、司法解释的规定，严重损害当事人合法权益的案件，直接评定为不合格等次，不再评分。②

如若在评查过程中发现案件存在程序、实体、法律文书等方面的错误，承办法官则要根据差错的程度承担相应的责任。表5-4是Y省高级人民法院制定的《案件质量差错的分类及认定标准（修订）》，其将案件差错划分为一般差错和重大差错两类（为防过于冗长，表5-4中对具体标准作了合并和删减处理）。③

---

① 《×××人民法院案件质量监督评查办法（试行）》，材料来自课题组2017年的实证调研。
② 《全省法院案件质量评定标准》，材料来自课题组2017年的实证调研。
③ 在我国现行司法体制下，省高院的规范性文件往往对全省基层法院均具有指导意义，因此此处仅以省高院的差错分类与认定标准为例。

表 5-4　　Y 省高级人民法院案件质量差错的分类及认定标准

差错类别	一般差错	重大差错
认定标准	未在法定期限内立案，无正当理由	违反法律规定受理案件及适用简易程序
	立案案号有误或字头、年号等出错	未在法定期限内立案造成严重后果
	案由明显不当	缺席判决违法及定案证据未按规定质证
	未按规定收取诉讼费用	缺少合议庭评议笔录及违反公开审理原则
	简易程序转普通程序手续不全	委托审计、评估、鉴定、拍卖等程序及资质违法
	身份或证据材料未与原件核对一致	代理人的代理资格、权限审查不当
	对当事人及律师身份未予核实	当事人主体资格不当及追加、变更违法
	笔录不规范或笔录缺乏当事人签名	财产保全措施或强制措施违反法律规定
	合议庭评议笔录无结论性归纳意见	案件未在法定期限内审结且未办理延长手续
	宣判笔录缺少必要内容的	调解、和解违反合法、自愿原则
	送达诉讼文书违法，尚未造成严重后果	合议庭组成不合法及审理时遗漏诉讼请求
	执行程序违法，尚未造成严重后果	送达判决书及执行程序违法造成严重后果
	诉讼卷宗封面、目录、归档等不规范	缺少或遗漏应当归档的重要诉讼材料
	适用法规错误，尚未影响案件正确处理的	适用法规错误，影响案件正确处理
	审核认定证据不当，未影响案件正确处理	审核认定证据不当，影响案件正确处理
	认定事实有误，尚未影响案件正确处理的	认定事实有误，影响案件正确处理
	裁判文书形式、文字、表述、逻辑错误	漏判诉讼请求，或裁判超出诉讼请求范围
	证据采信与否，未表述或未说明理由	调解书主文与当事人达成的协议内容不一致
	未阐明裁判依据和裁判意见的	裁判与合议庭评议或审委会讨论决定不一致
	漏写、误算诉讼费用的	使用裁定书和判决书不当或误用其他法律文书

资料来源：Y 省高级人民法院《案件质量差错的分类及认定标准（修订）》。

与案件质量差错相应，差错责任根据性质、过失程度及后果分为一般差错责任和重大差错责任。一般差错责任由审判监督庭直接认定；重大差错责任由审判监督庭与被检者所在部门协商认定，意见不一的，必要时由本院审判委员会讨论认定。按照差错的类型，具体责任之认定及其承担主要有以下几种方式:① 一是程序差错的责任承担。如若系独任审理的案件，由独任审判员承担全部责任；若为合议庭审理的案件，一

---

① 参见《×××法院案件质量内部监督检查实施细则》，材料来自课题组 2017 年的实证调研；《×××人民法院案件质量监督评查办法（试行）》，材料来自课题组 2017 年的实证调研。

般差错由承办法官承担主要责任，重大差错由审判长承担主要责任，其他合议庭成员承担次要责任；经审判委员会讨论决定的案件发生相关程序方面差错的，合议庭或独任审判员不承担责任，但因合议庭或独任审判员遗漏主要事实、重要证据，导致审判委员会做出错误决定的，由合议庭或独任审判员承担责任。二是实体差错的责任承担。如为独任审理的案件，由独任审判员承担全部责任；合议庭审理的案件，可视合议庭成员的评议意见及案件的实际情况酌情分担责任；经过审判委员会讨论决定的案件，发生相关实体方面差错的，合议庭或独任审判员不承担责任，但因合议庭或独任审判员遗漏主要事实、重要证据，导致审判委员会做出错误决定的，由合议庭或独任审判员承担责任。三是法律文书、执行及卷宗归档差错的责任承担。文字、语法等方面的差错，由承办法官负主要责任，书记员承担次要责任；校对、排版等方面的差错，书记员承担主要责任，承办法官承担次要责任；审判长对造成法律文书方面有过错的，由审判长承担责任。执行差错根据执行人员、庭长、处长过错情况承担相应责任；卷宗装订方面的差错，由书记员、审核人承担责任。

通过对法院案件质量管理机制的梳理，不难发现，其在整体上呈现组织机构科层化，管理方式的唯数字化以及案件质量评估指标体系分类及权重设置的细密化和主观性等特征。这些特征一方面固然强化了管理机器对作为被管理者的一线办案人员的控制，另一方面却又催生出规避管制的一系列非正式规范即潜规则，在很大程度上削弱了管理的效果。

三　绩效考核异化

法院绩效考核，是将管理学中绩效管理和绩效考核的理论结合法院工作实际，围绕人民法院审判工作、执行工作、队伍建设、政务管理、司法能力等方面设立考核指标，对法院审判业务和综合政务工作进行全面的评估考核的管理活动。最高人民法院出台三个五年司法改革纲要的十多年以来，全国各地法院均在积极推进绩效考核工作，制定了绩效考核办法，对绩效考评机制的建立健全进行了积极尝试，把绩效考核逐步形成法院的一项常态化和制度化的工作。2016年9月，最高人民法院制定下发了《法官、审判辅助人员绩效考核及奖金分配指导意见（试行）》，Y省高级人民法院以此为基础制定了《法官、审判辅助人员绩效考核及奖金分配实施办法（试行）》。实践中各基层法院操作不一，但基本上均参照省高院的规范性文件制定各自的绩效考评规范。

以上分析可以发现，在对法官进行考评的一系列量化指标中，几乎涵盖了案件质量管理的主要指标类别。以P彝族傣族自治县人民法院为例，其绩效考评方案分为共性指标和个性指标两大类。其中共性指标包括党风廉政建设、队伍建设管理、文明创建和信息调研宣传、综合治理目标四项；个性指标则划分为14个岗位进行考核，再根据不同岗位的业务属性为每一类岗位设置若干具体的加分指标和扣分指标。[①] 共性指标实质是基层法院各部门必须承担的行政事务性工作，除非出现重大差错，否则并不会被扣分、减分，各部门及岗位差异较小，因而真正决定考核结果的是更为精细的个性指标。鉴于各岗位个性指标内容较为庞杂以及本书的主题，对14个岗位的个性指标——列举分析并无必要，故此处仅选取刑事审判岗位的部分指标展开予以分析（见表5-5）。

表5-5　　　　　　　P县人民法院绩效考核要点（部分）

工作任务量化指标	全年每位审判人员（按3人计算）办结案件数达到40件（含公诉及自诉案件）	
指标类别	加分	减分
量化指标	审判人员每超一件基准办结案件数加3分	办结案件数少于基准案件数
效率指标	公诉案件在法定期间审结（时间越短加分越多）	案件超审限，一票否决
	自诉案件在法定期间审结（时间越短加分越多）	当事人投诉或经职能部门催办督办未按期办结，经查证属实系承办人员责任的，每件次扣5分
	当庭宣判每件加0.1分	
	财产刑案件根据实际收取额加分	
质量指标	上（抗）诉案件全部维持原判加10分	案件被发回重审或改判的
	全年所办结案件无信访、无投诉的，一次性鼓励加10分	庭审程序或法律文书中出现失误
		案件质量评查出现问题的

---

① 《P县人民法院绩效考核要点（试行）》。

续表

工作任务量化指标	全年每位审判人员（按3人计算）办结案件数达到40件（含公诉及自诉案件）	
和谐司法指标	依法适用和解、调解（含撤诉）结案的每件加1分	没有建立缓刑犯档案
	调解、判决结案在审判环节执行的视执行情况加分	没有对有关人员回访考察的
司法效益指标	巡回就地审理案件，一件加1分	言行不规范引起投诉经查证属实
	当事人不上诉、不申诉、不信访的，每件加0.5分	重大案件存在矛盾隐患不及时报告
	对缓刑、监外执行和社区矫正者回访1次加0.5分	热点案件处理失当造成矛盾升级的
	采用寓教寓审方式办结未成年人案件每件加0.5分	当事人涉诉信访，经审核确定为错案
	挂牌督办案件，在规定的时间内每办结一件加5分	涉诉信访处理失当造成越级上访的
	每办理一件疑难复杂案件在基准分的基础上加2分	没有做好诉讼指导及风险告知工作
社会参与与审判管理指标	人民陪审员参与合议庭审理案件的，每件加0.5分	不按时归档与移送卷宗的
	与其他政法部门协调处理重大案件的，每件加5分	不按时录入信息和报送统计数据的
	参与综合治理、法制教育等活动，每次加2分	造成涉案财物、证据或卷宗遗失的
	参与本院其他职能部门协调处理案件，每件加2分	违法办理鉴定、评估、拍卖、变卖赃物
司法监督指标	邀请人大代表旁听、评议、执行案件，每件加1分	被上级法院列为挂牌督办的案件
	邀请政协委员旁听、评议、执行案件，每件加1分	被有关监督部门列为挂牌督办案件
	邀请其他部门旁听、评议、执行案件，每件加1分	被本县人大、县委、政法委督办

资料来源：《P县人民法院绩效考核要点（试行）》，项目组2017年于省高院获取。

通过对P县人民法院绩效考核的个性指标予以对比分析显示，现阶段基层法院内部的绩效考核有以下特征。

一是绩效考核指标具有一定的开放性。与前述案件质量指标的专业封闭性不同，基层法院绩效考核指标呈现开放性特征。案件质量指标的封闭性主要体现在其各项指标的设置是对诉讼程序的一种可视化分割，每一项指标均构成诉讼程序运行过程中的关键节点及其结果，较少涉及司法程序之外的因素；而绩效考评指标除了根据诉讼程序的运行环节及其后果等纯司法要素设置分值外，诸如参与社会治安综合治理、普法宣传、模拟法庭、协调办案、邀请各部门及社会各界参与监督办案等非业务性要素亦被广泛纳入进来，甚至较业务性指标占有更高的分值。这实际是基层法院条块关系在绩效考评层面的又一次正式确认，其在制度层面进一步强化了非业务性工作对基层法官的压力。

二是部分指标类别较为抽象。规则只有在成功引导其预期行为时方能发生作用。为了实现预期目标，其必须规定的清楚而具体。① 作为旨在对法官的司法行为予以引导及对法院内部决策层的职权予以规制的规范性文件，基层法院的绩效考评指标应尽可能明确。但从 P 县绩效考评方案来看，其中却包含大量抽象性和模糊性指标。如"案件久拖不决，当事人投诉或经本院职能部门催办督办未按期办结，经查证属实系承办人员责任的，每件次扣 5 分"，其中何谓"久拖不决"，是以法定期间为标准还是合理期间为标准，又何谓"系承办人员责任"，这些模糊性的术语在规范中并未加以说明。又如"承办重大案件、热点案件存在矛盾隐患不及时报告，每次扣 5 分；对热点案件不进行排查或没有及时采取相应应急措施，造成矛盾升级、越级上访的，扣 5 分"。这一条中，"重大、热点案件""不进行排查或没有及时采取相应应急措施"以及"矛盾升级"等均为抽象性指标，对于这些具有较大弹性的指标在实践中往往只能委诸绩效考核职能部门的自由裁量。一方面，不仅难以发挥引导法官司法活动之预期，反而置法官于一种权责高度不确定的司法环境中，徒增法官办案压力；另一方面，模糊性的指标变相赋予法院内部行政管理阶层过大的自由裁量权，进一步强化了法官的人身依附性，同时也为权力的运作提供了"灰色地带"。②

三是审判管理指标绩效化。审判管理绩效化，即审判管理中的流程管理和案件质量指标结果直接作为绩效考核的核心依据。这在 P 人民法院的绩效考核方案中有着显著的体现，除了直接设置审判管理考核指标外，其中大部分指标虽未归入审判管理项下，但主要为流程管理和案件质量指标的范畴，例如审限、上诉率、上诉发回重审与上诉改判、调解

---

① 参见 [美] 安·赛德曼等《立法学理论与实践》，刘国福、曹培等译，中国经济出版社 2008 年版，第 31 页。
② 参见牟军、张青《刑事诉讼的立法模式与立法技术批判》，《法制与社会发展》2012 年第 6 期。

结案率等考核指标同时亦是流程管理与案件质量管理的重要内容。实际上，审判管理指标的绩效化在各级法院关于流程管理与案件质量管理的规范性文件中有着明确的表述。某中院《案件流程管理规定（试行）》第五条规定，"审判流程管理结果，纳入审判部门绩效考评"。Y省高级人民法院《案件质量评查规定》第四条第五项亦规定，"经审判委员会讨论通过的评查报告，作为审判业务部门年终考核的依据，评查结果纳入年度绩效考核"。案件流程及质量管理结果的绩效化，加之管理方式的科层化在法院内部形成一张纵横交错的权力之网，理应具有独立地位及自主判断权的法官于是被整合进一个个权力的网格之中，深陷重重监督和考核。随着考评和绩效的压力自上而下层层加码，原本以重拾司法规律、凸显裁判权威以及克服法院内部行政化之名而进行之审判管理改革，最后竟以强行政化而告终。结果是立意良好的审判管理在异化的科层化和强行政化的实践中与改革初衷日渐疏离，成为法院自我"造权"牵制审判权的自我消损行为，进而陷审判权于更为不利和不力之境况。[1]

---

[1] 黄淳：《返璞归真：审判管理定位的理性分析》，载钱锋编《审判管理的理论与实践》，法律出版社2012年版，第81页。

第六章

基层法官：该如何挽留

如前所述，囿于职业风险与福利保障不成比例，员额制改革后法院人案对比失衡且相关配套措施滞后，法官非业务性事务冗杂，偏远多民族地区交通不便与语言多样化，以及法院内部监督管理机制过于行政化等因素，Y省基层法官在日常生活和工作中面临着沉重的压力和负担，从而导致大量一线法官的流失。从去向上看，虽然几乎都在体制内的党政部门及法院系统中流动，但对于人员输出的基层法院而言，频繁的法官流动使其面临着不断培训"新人"又持续流失"旧人"的尴尬处境。诚如论者所言："如果没有一个足以让法官安心判案和相对稳定的制度环境，法官长期的、稳定的和专业化的司法实践就不可能存在，而作为一个合格法官所必需的各种专业司法知识的获得和积累也就只能是'镜中花，水中月'了。"① 那么，在以司法精英化、职业化与专业化为导向的新一轮司法改革背景下，② 究竟该如何留住基层法官？对此，理论界和实务决策部门采取了彼此紧密联系而又显著分殊的应对方略。

理论界多从理性经济人的假设出发，认为基层法官离职主要是受各种结构性制约条件下最大化其收益的本能驱使，③ 因此主张要提升法官

---

① 艾佳慧：《司法知识与法官流动：一种基于实证的分析》，《法制与社会发展》2006年第4期。

② 谢鹏程：《员额制有利于实现司法专业化职业化精英化》，《检察日报》2015年12月7日。

③ 研究表明，对法官而言，收益不仅仅是经济利益，还包括工作时间、休闲时间、声誉和众望等因素均在法官的效用函数之内。参见［美］理查德·波斯纳《超越法律》，苏力译，中国政法大学出版社2001年版，第157—163页。

的福利待遇、职业晋升空间与职业尊荣感。① 十八届三中全会以来的新一轮司法改革基本上吸纳了学界建议，开始推行一系列旨在增进法官福利与职业保障改革举措。与此同时，中央组织部、人力资源和社会保障部、国家工商行政管理总局、国家公务员局四部门于 2017 年 5 月联合印发了《关于规范公务员辞去公职后从业行为的意见》，对规范公务员辞去公职后的从业行为做出了具体规定。最高人民法院嗣后发布了《关于贯彻执行〈关于规范公务员辞去公职后从业行为的意见〉的实施意见》（以下简称《实施意见》）。《实施意见》规定，最高人民法院的法官和处级以上人员辞去公职后 3 年内，不得接受原任职务管辖地区和业务范围内的企业、中介机构或其他营利性组织的聘任，个人不得从事与原任职务管辖业务直接相关的营利性活动；其他人员辞去公职后两年内，不得接受与原工作业务直接相关的企业、中介机构或其他营利性组织的聘任，个人不得从事与原工作业务直接相关的营利性活动。这一规定固然体现了最高人民法院基于维护司法权威、增强司法公信力的考虑；但其约束、限制法官离职的用意亦十分明显。《实施意见》虽仅适用于最高人民法院的在编人员，但鉴于我国特殊的上下级法院关系以及最高人民法院在法院系统中所处的位置，② 其实施势必对基层法院产生重大影响。从实证调查的情况看，目前各地方法院虽未直接出台相应的限制性文件，③ 但实践中通过对法官职务晋升、在职学历教育以及其他福利待遇附加离职的限制性条件却是较为普遍的做法。

应当承认，在改革初期各方关系尚未理顺以及司法环境变得更为微妙复杂的背景下，最高人民法院一方面全力推动旨在施惠给一线法官的各项改革举措的同时，另一方面强化对离职法官的从业限制，无疑具有相当的正当性与合理性。然而这一胡萝卜加大棒的组合策略能否真正实

---

① 此类文献较多，故在此不予一一列举。

② 最高人民法院除了通过发挥最高审判机关的裁判功能影响下级法院以外，其还拥有多重权力机制对下级法院实施个案之外的影响。参见左卫民等《最高法院研究》，法律出版社 2004 年版，第 372—387 页。

③ 但《实施意见》颁布前，北京部分基层法院内部即制定了限制法官辞职的类似规范性文件。参见任重远、黄子懿《法官荒，法院慌：事情正在起变化》，《南方周末》2015 年 4 月 17 日。相对剥夺感是指个体或群体通过与参照群体比较而感知到自身处于不利地位，进而体验到愤怒和不满等负性情绪的一种主观认知和情绪体验。参见熊猛、叶一舵《相对剥夺感：概念、测量、影响因素及作用》，《心理科学进展》2016 年第 3 期。

现其预期效果,仍有进一步检视的空间。如前所述,在积极层面的激励机制尚不能有效运行的情况下,单方面强化对法官离职的外部压力和限制反而容易激发基层法官的相对剥夺感。①

在改革之初,基于宣传和动员的需要,无论是官方话语抑或是学界主流观点均以西方法治发达国家的法官精英化、专业化与职业化作为论证我国员额制等司法改革的参照,法官、检察官"涨工资"的呼声更是一浪高过一浪,基层法官因此对司法改革抱有很高的期望。然而随着改革的推进,各类深层次的复杂矛盾和问题亦随之不断凸显,改革前的"愿景"逐渐为现实中的权宜之计所不断侵蚀。期待中更优厚的待遇、相对更加独立的地位以及更高的职业尊荣感,由于改革任务的艰巨性和相关配套措施的欠缺,在实践中呈现强烈的妥协性,甚至出现与改革初衷相反的意外后果。② 基层法官的工资收入非但未实现普遍增长的目标,且有不少法官事实上处于大幅下降状态;囿于我国司法领域的政法传统,加之不彻底的人、财、物省级统管改革,致使改革后基层法院与地方党委政府的关系变得更为微妙,基层法官及其司法相对于地方的独立性不仅未发生明显改善,其依附性反而以另一种间接的方式得以强化;③ 而职业尊荣感方面,与地方党政部门相比依然并无显著的优势,部分基层法院甚至越来越被"冷落"和"边缘化"。④ 在此种期望与现实已经呈现巨大反差的背景下,以高压姿态出现的《实施意见》势必

---

① 相对剥夺感是指个体或群体通过与参照群体比较而感知到自身处于不利地位,进而体验到愤怒和不满等负性情绪的一种主观认知和情绪体验。参见熊猛、叶一舵《相对剥夺感:概念、测量、影响因素及作用》,《心理科学进展》2016年第3期。
② 关于改革的意外后果,参见[美]詹姆斯·G. 马奇、[挪]约翰·P. 奥尔森《重新发现制度:政治的组织基础》,张伟译,生活·读书·新知三联书店2011年版,第56页。
③ 由于基层法院驻地在地方党委政府的直接管辖范围内,其日常运作及司法活动的方方面面均离不开地方党委政府的支持。而且法院基础设施建设、对外债务、合同制人员的任用及经费等均需依靠地方政府。而人、财、物的省级统管一方面使得地方政府对基层法院的支持义务变得模糊,另一方面又在党委政府和法院之间形成一种微妙的敏感氛围,即党委政府会顾虑法院会不会因为统管而真正变得"独立"。因此基层法院为了继续寻求地方的支持以及打消地方领导的疑虑,必须更为殷勤地保持与地方政府的关系。借用某法院副院长的话说就是,"院长的任务是在变了的环境中寻求不变,因此协调任务更繁重了"。
④ 对此,最能反映出法官们失落心理的是关于增资和津、补贴发放的评论。在调研中,不少法官在谈及增资问题时都会说:"公安和其他部门一个文件就涨起来了,我们改了几年还没兑现!"而关于津、补贴的发放,法官们总会无奈地感慨,"全县各部门都发,就是两院不发!"

强化已经在法官群体中弥散的剥夺感。

　　社会学研究表明，一旦单位成员的相对剥夺感被激起，他们将更倾向于采取非制度化的方式获取资源。① 由此带来的可能的结果是，通过压制性规则留下来的往往不是安于法官岗位的司法人员，而是随时准备通过非制度化方式"贴现"的"坏人"。② 何况前文的分析业已表明，在所有离职法官中有相当比例属于体制内的内向型和外向型流动，纯粹市场型流动所占比重较为有限。因此从限制法官离职，稳定司法队伍的层面看，可以预见《实施意见》的作用将极为有限。可见，应对基层法官流失还宜从制度性原因着手，立足中国语境对基层法官的生存状况予以必要的改善。

一　强化基层法官职业保障

　　职业保障是基层法官正常履职的前提和基础，也是真正留住基层法官的关键。然而提及法官职业保障，在认识层面上虽多强调工资待遇、职业晋升、法院内部管理诸方面应齐头并举，但具体到落实层面则有重经济待遇提升而忽视其他制度改革的倾向。新一轮司法改革无论是在改革的广度还是深度上均达到了前所未有的程度。但从调研情况看，改革举措最为有力的仍然集中在法院及法官的经费管理与待遇调整方面。不少地区的法官团队建设、司法责任制、人员分类管理等事关法官职业保障的重要举措目前仍多停留在"纸面"上，并未实质运行。这或许与改革的难度系数有关，相较涉及深层次的制度性问题，法院经费层面的改革无疑更为容易，所遇到的阻力也更少。

　　然而相关研究表明，如果褪去法官职位的种种想象和光环，其亦具备普通劳动者的特征。作为一名法院的劳动者，基层法官"当然会关心他的工作报酬，但是薪水并不能完全衡量一个劳动者的实际'收入'

---

　　① 李汉林、李路路：《单位成员的满意度和相对剥夺感》，《社会学研究》2000年第2期。

　　② 此处的"坏人"借用了埃里克·A.波斯纳信号传递理论中的概念，其不必然具有道德评判的意味。参见［美］埃里克·A.波斯纳《法律与社会规范》，沈明译，中国政法大学出版社2004年版，第25页。

水平。……那些无法用金钱衡量的收益对于一份职业来说也是非常重要的"①。西方国家的法官职位对很多人有吸引力,并非因为可以获得最高的金钱收益,而是可以从法官工作中感受到内在价值,获得权力和尊重以及骄傲和自尊。可见,解决法官流失问题,并不能仅仅从工资待遇着手。收入期望系由法官个人竞争力、空间与社会经济发展水平所决定的,其具有很大的不确定性。单纯提高收入或许能够留下偏远贫困地区的法官,但并不能使一个具备竞争优势且处于较好区位条件的法官安于法官岗位。因为无论如何,即使在发达国家,法官的工资收入也不可能达到律师行业的水平。对于这部分法官,最需要做的或许是在适当增加收入的基础上解决其职业晋升空间以及实现其职业尊荣感。因此法官职业保障的改革,应注重除经济待遇提升以外,相关综合性配套措施之完善。

(一) 建立基层法官及其近亲属人身安全保障制度

实践中针对法官及其近亲属的威胁、辱骂乃至人身伤害频繁发生,对基层法官的司法活动造成严重的干扰和压力。Y省民族地区由于其独特的民族文化,致使这些地区的法官面临着尤为突出的职业风险。对此,我国《刑法》在"妨害司法罪"一节中仅规定了"扰乱法庭秩序罪"这一罪名。从罪状上看,受该罪名约束的行为主要为四个方面:一是聚众哄闹、冲击法庭的;二是殴打司法工作人员或者诉讼参与人的;三是侮辱、诽谤、威胁司法工作人员或者诉讼参与人,不听法庭制止,严重扰乱法庭秩序的;四是有毁坏法庭设施,抢夺、损毁诉讼文书、证据等扰乱法庭秩序行为,情节严重的(《刑法》第309条)。对于当庭辱骂司法工作人员、不听从法官指挥与命令以及庭外对司法工作人员进行威胁、辱骂与伤害的,则不受其调整。实践中主要根据三大诉讼法中所载的行政性处罚及比照《刑法》中的一般性犯罪行为(如寻衅滋事罪、妨害公务罪、聚众冲击国家机关罪、聚众扰乱社会秩序罪、聚众扰

---

① [美] 李·爱泼斯坦、威廉·M. 兰德斯等:《法官如何行为:理性选择的理论和经验研究》,法律出版社2016年版,第27—28页。

乱交通秩序罪、聚众扰乱公共场所秩序罪等）予以处理。① 由于受结构性条件的制约与维稳思维惯性的影响，基层法院及法官在日常司法活动中首要以"解决问题"为导向，② 对当事人的辱骂、威胁与纠缠往往采取一种迁就、隐忍的应对方式，鲜有法官对此启动正式的责任追究程序。而且除扰乱法庭秩序罪以外，其他妨害司法的行为只能比照一般性刑法规范进行处理，在庭审法官并无当庭刑事处罚权的制度设计下，势必因规范理解上的不一致甚至部门利益的考量等因素而难以进入正式的诉讼程序。虽然最高人民法院《办法》作了较为细致的规定，但其仍属于内部规范性文件的范畴，难以获得普遍执行的效力。因此，从刑法层面防范法官的职业风险目前可以考虑从以下两个层面予以完善。

一是以特别立法的方式将妨害司法的行为纳入刑法调整范围。我国现行《刑法》中关于妨害司法罪的规定并不周延，因此可以考虑将扰乱法庭秩序罪以外的其他妨害司法权威的行为通过立法统一纳入刑法的调整范围。为方便适用，减少法律解释上的分歧，宜对其设置专门的罪名和罪状。这也是各主要法治国家普遍采行的做法。以英国和美国为代表的普通法国家普遍设立了藐视法庭罪，对法庭内外"冒犯法庭"的言行予以规制；③ 由于日益重视法院权威和司法秩序，大陆法系国家和地区也逐步开始引入藐视法庭罪，并提高对类似行为的法定刑。④ 例如法国《刑法典》第四章以专章的形式规定了妨害司法罪，其中第二节第434—8条、第三节第434—24及25条明确将以行为、语言、文字、形象或物品威胁、侮辱司法官员，侵害司法权威及独立性的举动认定为犯罪，并对当庭实施上述行为者作为加重处罚情节科以更为严厉的刑罚。⑤

---

① 为了加大对法官职业活动的保障，中共中央办公厅、国务院办公厅2016年印发了《保护司法人员依法履行法定职责规定》（以下简称《规定》），为保障司法人员正常履职提供了政策依据；2017年，最高人民法院发布了《人民法院落实〈保护司法人员依法履行法定职责规定〉的实施办法》（以下简称《办法》），对《规定》的内容作了进一步细化，明确了扰乱法庭秩序罪以外妨害司法行为的刑法适用具体标准。

② 张青：《"乱象"中的公正与秩序——鄂西南锦镇人民法庭的实践逻辑》，法律出版社2015年版，第167页。

③ 黄维智：《案件法官直判问题研究》，《政治与法律》2008年第5期。

④ 何帆：《藐视法庭罪的前世今生》，《人民法院报》2015年8月28日。

⑤ 《最新法国刑法典》，朱琳译，法律出版社2016年版，第220—224页。

二是在特定条件下赋予庭审法官就妨害司法的犯罪行为以即时刑事处罚权。在普通法国家，对于法庭上发生的藐视法庭行为，可由法官根据法律直接即时判决和即时收监，即法官拥有对发生在法庭上的犯罪的直接判决权，该程序又被称为"即决程序"。① 在我国当前法官权威和尊荣感较低，法官职业风险事故屡屡发生的背景下，有必要在严格适用条件的前提下赋予法官以即时刑事处罚权。既可以有效震慑潜在的犯罪行为人，也可以减少复杂的部门间沟通和协调，从而提升打击的力度和效率。

除了从刑事基本法的层面对法官的职业活动予以保障以外，还必须将《人民法院落实〈保护司法人员依法履行法定职责规定〉的实施办法》所提出的重大、特定案件中对法官及其近亲属的保护制度从具体操作层面落到实处，而非仅仅停留在书面上。此外，在当前法官履职保障制度的各项举措因种种缘由仍无法协调运转的环境下，学界提出的建立法官人身、财产安全保险制度，不失为一项相对合理的建议。即基层法院在采取常规安全防范措施的同时，还应为基层法官购买特定的人身、财产和医疗保险，对受到人身、财产损害的法官提供必要的经济补偿，增强法官抗风险能力，依法维护法官的人身安全和合法权益。②

（二）完善司法人员单独职务序列管理制度

我国法院长期以来实行法官职务与行政级别挂钩的管理模式，法官工资、福利等经济待遇几乎完全取决于行政级别而非法官职务序列。久而久之不仅在部分法官当中形成重人情、搞关系，追求政治晋升而疏于本职工作的风气。而且囿于法院系统行政岗位和晋升空间不足，部分法官为追求更好的政治前途和经济待遇最终选择离开法院投向党政机关。中共十八届三中、四中全会之后，以司法责任制为核心的四项基础性改革试点正式拉开帷幕。其中，建立和完善司法人员分类管理制度，开启了我国司法人员单独职务序列改革的步伐。所谓司法人员分类管理，即

---

① 黄维智：《案件法官直判问题研究》，《政治与法律》2008年第5期。
② 商磊：《需要与尊荣：基层法官职业保障制度之重构》，《政法论坛》2017年第5期。

将法院工作人员分为法官、司法辅助人员和司法行政人员，各类别人员各司其职，法官员额制是其核心。按照改革设想，法官入额之后将实行区别于公务员的单独序列管理模式。① Y省紧跟中央改革思路，截至目前，全省法院系统已基本完成司法人员分类管理改革工作，入额法官亦在一定程度上实现了单独职务序列管理。但从调研所反映出的问题看，仍需要从以下层面予以进一步完善。

第一，改革入额法官职务套改单纯以行政职级为依据。实行与行政级别相分离的员额法官单独职务序列改革，面临的首要问题是如何确定入额法官的初始等级。实证调研显示，入额法官的职务套改主要比照改革前的行政级别确定其法官序列等级。在院领导占较大入额法官比重（部分法院甚至占绝对比重）的情形下，势必对改革前无行政级别以及行政级别较低但长期处于一线司法岗位的法官工作积极性造成较大的伤害。因此在未来进行的法官职务套改中，入额法官初始等级的确定应综合考虑法官的工作业绩、工作年限、专业技能与行政级别，不宜单纯以行政级别认定法官等级。

第二，建立公开透明和常态化的法官职务晋升空间和渠道。Y省司法改革有关政策性文件虽然规定了基层入额法官定期晋级制度，但绝大多数法官只能达到一级法官这一等级，除了院长以外仅有一两个四级高级法官名额，基层法官晋升空间仍然有限。而且新《法官法》颁行以后，仅对法官等级的编制、评定与晋升等事项作了原则性规定。虽然中组部与最高人民法院于2011年联合发布的《法官职务序列设置暂行规定》对此作了较为系统的规范，但该规范将法官等级与行政级别完全对应，明显不符合当前司法改革的总体精神和方向，是否继续适用亦尚不明确。立法和规范层面的滞后导致在司法改革实践中，各基层法院及其法官均处于观望状态。为了尽快稳定基层法官队伍，确保司法改革平稳有序推进，当务之急是要尽快以立法的形式出台系统的法官等级评定与晋升规范，建立客观公正的职务晋升机制。

第三，明确司法辅助人员的职务晋升渠道与空间。员额制改革以

---

① 《中央政法委关于司法体制改革试点若干问题的框架意见》，2014年6月13日。

后，如何使优秀的入额法官安于审判岗位，尤其是在人案对比日益悬殊的背景下，充实而稳定的司法辅助人员队伍至为关键。而且以年轻人为主体的司法辅助人员实际是我国基层法院的法官后备力量，这部分人员的流失既是对司法人才的极大浪费，亦有造成法官队伍断层之虞。而对于高学历的年轻司法辅助人员而言，相较于纯粹的经济收入，他们更看重未来的晋升空间。因此在推进法院人员分类管理的改革中，要尽快从制度层面建立司法辅助人员职务晋升机制。

（三）改革基层法官薪酬制度

我国基层法院法官的福利待遇长期处于较低的保障水平，尤其是边疆民族地区的基层法官，其实际工资收入与中东部地区的同行相比一直存在较大的差距。党的十八届三中全会以来的新一轮司法改革以人员分类管理为基础，开始将各界呼吁已久的提升基层法官福利待遇真正纳入实践操作层面予以考虑，这无疑为广大基层法官带来改善个人生存状况的希冀，同时也使得基层法官们对工资收入产生新的预期。然而改革的结果却不尽如人意。这些问题的出现，一方面固然反映出一场真正意义上的改革所必然面临的复杂性和艰巨性；但另一方面亦必须认识到其对改革所带来的潜在危害。当此员额制改革初步完成并各项配套机制初创之际，宜乘势对基层法官的工资待遇问题予以必要的回应。

1. 当务之急要尽快落实改革方案中的增资部分。考虑到由于地区发展水平的差异，地方政府停发的公务员考核收入波及范围毕竟有限，而被削减的地方性津、补贴所占收入比重亦较小，因此即使按照降低之后的增资标准即政策性收入中的年终绩效奖金予以保障，除极少数改革前地方财政支持力度大的基层法院以外，绝大部分基层法官的工资收入将会有一个较大幅度的提升。以 Y 省首批试点的 D 法院为例，改革前地方政府的公务员考核以及地方性津补贴均较为微薄，因此按照目前已经兑现的 2016 年最后 3 个月的绩效考核奖金推算，入额法官平均每个月增资约 2900 元，审判辅助人员与司法行政人员的月平均工资增幅亦达到1700元。法官们对此表现出了较高的认同度。① 因此在大幅度全面提升基层法官工资待遇确实存在困难的情况下，为了稳定基层司法队伍，争取到基层法官对改革的支持，当前亟须落实前述最低层次的增资收入。

为此，一是要适应改革需要调整司法经费保障方式，加大中央财政对中西部地区的支持力度。我国政法经费保障经历了数次变革，2009年财政部印发了《政法经费分类保障办法（试行）》，确立了我国现行的以"明确责任、分类负担、收支脱钩、全额保障"为原则的政法经费保障体制。2015年财政部对政法经费分类保障办法进行修改，印发了《政法经费分类保障暂行办法》，明确中部和西部县级政法机关办案（业务）经费主要由中央、省级和县级财政共同负担，并由中央财政和省级财政平均承担较高水平；而东部县级政法机关办案（业务）经费原则上由县级财政负担，省级财政对相对困难的县级政法机关予以补助，中央财政按照规定予以奖励性补助。这种根据地区经济发展水平划分中央、省级与地方财政的司法经费保障比例的做法有效改善了中西部地区基层法院的经费压力。但从2015年起，中央下达的资金即维持固定数额，在当前员额制改革后省级财政供需矛盾突出的情况下，中央应适当增加对中西部地区的政法经费支持力度。而且在分类保障体制下，改革后司法经费的保障水平将主要取决于省级财政状况，因此仍然无法形成现代法治国家所普遍具备的相对稳定的经费保障机制。鉴于司法的中央事权属性以及法院所具有的维护政权统一的功能，② 从长远看，司法经费宜完全收归中央统管并实行预算单列制度。

二是省级决策部门应整合部门力量加强沟通协调，尤其是要厘清政策层面的混乱。当前司法经费的保障主要依据中央层面的政策性文件和有关部门规章，以及省级职能部门制定的规范性文件，因时因事而变的国家和地方政策在其中发挥决定性作用。由于每一政策的制定过程同时也是各方利益博弈的过程，加之政策的灵活性与变动性，因此围绕司法

---

① 《D县人民法院调研笔记》，2017年8月15日。
② 参见［美］马丁·夏皮罗《法院：比较法和政治学上的分析》，张生等译，中国政法大学出版社2005年版，第32—35页。

经费政策的是一连串的反复博弈,这种博弈甚至会持续到政策的实施阶段。① 这一方面加重了政策的决策和执行成本;另一方面促使地方各级法院院长不得不花费巨大的精力维持同各个职能部门的"关系",以至于其法律家角色发生了颠倒,管理家和政治家倒成为其主要角色。② 为了真正实现此轮改革去地方化与去行政化目标,为法院提供相对稳定和独立的经费支撑,在未来时机成熟的条件下有必要将改革成果尽快转化成国家立法,而非仅靠政策保障司法经费。

2. 调整基层法官的工资结构。员额制改革后,基层法官的工资收入除司法警察以外实行三类人员两种待遇,省级财政统一保障的工资收入包括基本工资、予以保留的津补贴和政策性收入。这三大收入来源除津补贴根据地区略有差异以外,全省基本实行统一的收入标准。由于仍由地方负担的公务员考核奖以及地方性津补贴在执行上呈现极大的复杂性特征,由此造成全省基层法官工资收入两极分化严重,少数经济发达且地方政府支持力度大的地区法官待遇远高于平均水平,而偏远民族的地区或地方政府支持力度小的基层法院则仅能达到省级统管的收入水平。而且作为主要增资来源的政策性收入随着每年政策的变化而变化因此并不具备现代法官职业保障所需要的稳定性。

鉴于此,在未来进一步改革中可以考虑从以下层面对现行法官工资结构予以调整和优化:一是为了增强法官工资收入的稳定性,应改革目前基本工资比重低,津补贴与政策性收入比重畸高的工资结构,较大幅度提升基本工资在整个收入结构中的比重,降低津补贴和政策性收入对法官整体工资收入的影响,这也是实现法官工资待遇去行政化的关键所在。二是为解决基层法官工资收入地区不平衡以及仍在某种程度依赖地方财政的问题,宜增加基本工资的起算基数,将地方性公务员考核纳入基础工资计算的考量因素中来,唯有如此方能实现基层法官工资待遇的

---

① 例如笔者在调研中发现,在员额制改革期间鉴于地方普遍停发原本由其负担的津补贴以及公务员考核的做法引起了较大的反响,省高院和省检察院联合省财政、人社等部门出台了一份关于改革期间地方性经费仍由地方财政予以保障的规范性文件,但除了"两院"内部层层下发以外,另外几家单位内部并未垂直下发。在中国式的行政机构条块管理模式下,这将使得该项经费政策的落实面临重重障碍,各级"两院"院长只能拿着文件再次同同级各部门进行协调。最终的结果则视协调情况而定。

② 左卫民:《中国法院院长角色的实证研究》,《中国法学》2014 年第 1 期。

实质性改善。那种通过政策性调整增加法官工资的做法只能是一种权宜之计,否则将徒有改革之名。三是提高偏远地区(不仅限于民族地区)津、补贴发放标准。我国是一个幅员辽阔的多民族国家,社会经济与文化极具多样性。在现行司法环境下,一时尚难以完全实现法官职业的中央统一保障,因此只能采行一种渐进主义的策略由各地省级职能部门以试点的形式进行探索。由于基层法官的流失状况与社会经济发展水平密切相关,因此在改革与完善法官的职业保障时应充分考虑各基层法院所处的地区差异。当前法官工资收入中虽然也包含部分偏远民族地区的津补贴在内,但一方面其数额有限且仅限民族地区,覆盖面小并对法官工资收入的影响微弱;另一方面在分类保障与分级负责的司法经费保障制度下,偏远地区由于财力有限,给予法官的津补贴标准反而低于发达地区,省级统管以后津补贴的发放标准虽然总体统一,但并未给予偏远地区以明显的优待。由此造成偏远地区优秀的中青年法官流失尤为严重。反观域外主要国家和地区,几乎普遍给予偏远贫困地区的法官更高的津、补贴标准。如我国台湾地区在一般工资收入之外还为高山、偏远和离岛三类地区的司法官员设置了地域加给。① 这些经验足可借鉴。

3. 强化法官职级与年龄在工资晋升中的权重,并适当拉开三类人员的工资差距。基于对司法独立和司法公正的关切,建立专门的法官工资晋升机制是世界主要国家通行的做法。例如欧洲法官在职业末期的工资收入较初期平均高出了 1.9 倍,在俄罗斯、法国、意大利和波兰等国家,职业末期的收入比最初的工资高出大约 3 倍或者更多。② 然而无论是从问卷调查还是现行改革方案来看,我国基层法官的增资空间和幅度均较为有限,法官的职级与年龄对其收入的影响亦微乎其微,故需要进一步予以完善。

首先,对于员额内法官,因我国按照法院层级设置了相应的高职级等次及职数比例,基层法院的入额法官仅有少数能够晋升至四级高级法官,大部分基层法官终其一生只能晋升至一级法官。所以对这部分法官而言,横向工资档次的晋级就尤为重要。为拓展基层法官的增资空间,

---

① 厦门市思明区人民法院课题组:《台湾地区法官薪酬制度的启示与借鉴》,《东南司法评论》2017年卷。
② 杨奕:《欧洲法官工资薪酬制度及其对我国的启示》,《法律适用》2015年第2期。

实现将优秀法官留在一线的目标,一是在提高基本工资起算基数的基础上适当提升工资等级和档次间的差距;二是借鉴德国法官工资制度的做法引入法官的年龄作为增资的考量因素,① 即对于四级高级法官以下的法官等级,在17个工资档次之外还可以根据法官年龄的增长为其设置一定幅度的增资。

其次,对于法官助理与书记员等审判辅助人员,由于其系重要的法官后备人才,这部分人员的稳定对于员额制改革后审判团队的正常运行起到至关重要的作用。因此进一步的改革应重在落实审判辅助人员单独职务序列的职务晋升机制与相应的工资待遇。考虑到我国法院系统内部存在政法编制内人员和聘用合同制人员之分,且两类人员的福利待遇有着几乎无法逾越的鸿沟。其中政法编制内的辅助人员享受着国家公务人员的工资待遇与职务晋升渠道,而聘用合同制辅助人员则仅仅根据地区经济发展水平领取基本工资收入,无法享受正常的工资增长及职务晋升。因此对于合同制司法辅助人员,除引入职业晋升空间和渠道外,还应着力解决其工资待遇问题。可以考虑将基层法院的合同制人员亦统一纳入省级财政保障,逐步缩小其与编制内司法辅助人员的薪酬差距。此外,为了提升员额法官与法官助理的工作积极性,凸显其职业尊荣感,待改革过渡期结束以后在法院各类人员工资收入整体上涨的前提下适当拉开三类人员的工资差异。

二 完善改革配套措施缓解办案压力

(一) 根据地区差异合理设置员额比例

在员额比例方面,2015年《最高人民法院关于全面深化人民法院改革的意见》要求根据法院辖区经济社会发展状况、人口数量、案件数量、案件类型等基础数据,结合法院审级职能、法官工作量、审判辅助人员配置、办案保障条件等因素,科学确定四级法院的法官员额。鉴于

---

① 参见周道鸾编《外国法院组织法与法官制度》,人民法院出版社2000年版,第346页。

基层法院的案件压力,中央政法委甚至将员额比例上限上调至40%。①但由于我国司法改革本身所具有的行政属性,司法改革往往被视为是出"政绩"的最大资源,②大部分法院基于改革竞争的需要并不会突破39%的员额上限,即使调整亦在39%以内进行微调。以Y省为例。全省法院员额法官比例控制在中央政法专项编制的39%以内,但在三级法院之间根据层级予以一定平衡。具体分配方案为:高院36%,中院38%,基层法院39%。从所调研的几个典型法院看,各基层法院的员额制改革基本上用完了39%的最高限额。然而,Y省是一个地域广袤、民族众多,社会经济文化极具多样性的省份,各地基层法院的案件数量殊异。如X区人民法院近3年平均受案数达到近14000件,D县人民法院近3年平均受案数为4000件左右,而G县人民法院近3年的平均受案数甚至不足300件。如不加区分地适用39%的员额比例,其一方面会造成部分法院员额过剩,而另一些法院则员额不足。员额过剩,无疑与改革初衷及其目标相悖,而且是对员额资源的一种浪费;员额不足,则会加剧法院内部一直存在的人案矛盾。因此为了实现改革的设计初衷,缓解入额法官的案件压力,在员额比例的确定上,应真正落实综合考虑各地区自然环境、经济社会发展水平、人口数量与案件量等因素的基础上予以统筹分配的原则。对于经济社会发达,案件量多的地区,可以考虑适当允许其突破39%的限额;而对于偏远民族地区,案件数量小的地区,在兼顾其他因素的前提下则可适当降低其入额比例。

(二) 实现法官团队的实质化与专业化

面对改革后一线法官数量锐减,案件量又逐年递增的现实,以员额法官为核心的审判团队的建构及其运行状况将直接关乎改革之成效。如前所述,我国当前基层法院人案矛盾突出的背后是法官团队的形骸化。法官团队虚化的结果,一方面入额法官不得不持续超负荷运转,在沉重的案件压力下,不仅精英化法官尊荣感无从实现,案件处理的质量本身

---

① 参见孟建柱《坚定不移推动司法责任制改革全面开展》,载"中国法院网",http://www.chinacourt.org/article/detail/2016/10/id/2320506.shtml,最后访问日期:2018年3月25日。

② 参见张卫平《地方的司法改革要强调统一性》,《北京日报》2008年1月28日。

亦堪忧虑；另一方面，由于院、庭长占据较多员额比例，即使入额法官严格恪守勤勉之责，也疲于应对不断攀升的案件量，最终架空了最高人民法院关于未入额法官不得独立办案之规定，形成由法官助理"挂名"办案、名实分离的格局，徒增基层法院各类人员间的龃龉。为此，有必要以具体可操作性的措施推动审判团队的实质化运作。

其一，调整法院内设机构，合理分配司法辅助与行政人员。我国当前基层法院内设机构呈现数量众多、分类繁复、工作任务不均衡等特征。以Y省F县人民法院为例，该院现有编制数45人，实有44人，其内设办公室、政治处、纪检组、监察室、立案庭、审监庭、刑庭、行政庭、民一庭、民二庭、派出法庭、执行局、法警队、机关党总支等14个机构，其中非业务部门占了7个，所有机构均为正科级。① 如果将44人平均分配到这14个内设机构，则每个机构仅有大约3人，除去正副职领导岗位，在一线办理业务的人员则十分有限。虽然实践中主要人员均集中在业务部门，但即使将每个非业务部门的人员缩减至2人，其仍要占用较大比重的人力资源，最终导致领导益多而办事者愈少。法官助理之所以难以实现1：1配备亦多由此造成。尽管基层法院内设机构在一定程度上可以缓解法官的晋升压力和提升其福利待遇，然而随着员额制改革后法院各类人员单独职务序列管理机制的建立和完善，这一问题将会逐渐得以消解。因此在改革推进过程中，为了确保入额法官正常履行职务，减缓其案件压力，亟须对基层法院内设机构予以整合、调整，优化资源配置，将具备公务人员资格并通过司法考试的人员充实到法官助理岗位。一个基本思路是对于非业务性内设机构，除必须予以单独保留的以外，可以合并为一个综合性行政管理部门，并主要使用聘用合同制人员。考虑到涉及人员较多，利益纠葛复杂，为避免改革阻力可以考虑设置一个过渡时期，采行一种循序渐进的方式。即对于已经在各机构取得领导职务的人员，合并之后虽被分配到法官助理岗位，但其级别和待遇可以保持不变，嗣后按照法官助理序列进行晋升。与此同时，鉴于可能出现的前述具备领导职级的法官助理同入额法官之间的冲突，如不配合工作、消极怠工、不服从安排等情形，可以设置专岗向社会公开选

---

① 《F县人民法院概况》，载F县人民法院网，http://www.ynfumin.gov.cn/fm/941255633540218880/20141128/263552.html，最后访问日期：2017年10月14日。

拔录用法官助理,作为过渡甚至可以适当突破法官与助理 1∶1 的比例限制。

其二,完善配套措施,落实法官助理制度。当前各基层法院的法官助理多停留于文件上尚未在实践中真正予以落实。不少法官助理的日常工作与改革前并无实质差异。这种现状固然可以归结为改革初期经验欠缺,各项机制有待理顺,但相关配套措施的缺位实为症结所在。为此需要从以下几个方面予以完善:一是从立法层面进一步确认法官助理制度。2018 年 10 月 26 日通过的《中华人民共和国人民法院组织法》虽就法官助理的法律地位与职责作了初步规定,然而由于缺乏关于职务晋升、福利待遇与职责权限等关乎法官助理切身利益方面的具体规范,法官助理制度并未真正摆脱由各地方法院试点的状态,从而导致实践中法官助理消极情绪弥漫,集体处于彷徨、犹疑乃至消极怠工的状态。二是实行法官助理专岗制。在一年一度的法院人员招录中,对法官助理设置专岗,并设定相应的报考条件。录用以后,按照招聘岗位予以分配。同时明确专职法官助理的职务晋升渠道与程序,包括由法官助理转为员额法官以及法官助理单独职务序列的晋升两个层面,以消除法官助理的后顾之忧。三是厘清法官、法官助理与书记员之间的权责关系。调研显示,截至目前 Y 省基层法院几乎还没有区分法官、法官助理与书记员之间职权与义务关系的规范性文件,虽有部分法院自行制定了相关文件,但囿于内容的抽象性与概括性而不具有可操作性。因此法官们坦言,在缺乏明确规范依据的情况下,出于各种原因他们往往不愿意对法官助理安排工作。而且即使入额法官分配了工作任务,法官助理所从事的业务与书记员的工作亦难以区分,未能凸显出法官助理的独特制度价值。故在未来的改革中,如果从立法层面予以规范的条件尚不完全成熟,至少可以考虑由最高人民法院出台规范性文件,对三者的职责与权限予以规定,并同法院内部绩效考核方案相协调,明确入额法官对其法官助理的考核权限、标准与程序。

其三,改革合同制书记员的招录与管理方式,增加书记员配备比例。由于法官与法官助理 1∶1 的配备在改革初期尚存一定的现实困难,因此各基层法院采取了一种妥协折中的办法,在法官助理难以足额分配的情况下为入额法官配备一定数量的书记员。这种做法在当前有其合理性，也符合基层法院司法实际。比起难以调遣的法官助理，入额法官甚至更欢迎合同制书记员。为缓解改革后面临的人案压力，弥补法官助理制度的缺失，作为一种权宜之计可以借鉴上述改革经验，在法官助理一时难以全部到位的前提下，至少可以为入额法官按照1∶1的比例配备书记员，条件成熟的地区还可以增加书记员的配备数量，实现法官与书记员1∶2的配备比例。但作为员额制的配套措施，人财物省级统管并不包含聘用合同制人员，合同制书记员仍由地方财政予以保障。囿于地方财力以及同级党委政府的态度，实践中呈现较大的地区差异。在未来条件成熟的前提下，较为可行的做法是将合同制书记员全部收归省级统管，其招录、分配与人员经费均由省级人社、财政部门会同省高院予以保障和管理。

（三）完善诉讼分流机制

诉讼分流即通过非诉讼程序将原本由诉讼程序处理的案件分流出去，以提高诉讼效率，降低诉讼成本。法官员额制与立案登记制改革实施以来，各基层法院人案矛盾愈益突出，入额法官办案压力亦日益增加，其中一个重要原因即在于我国尚未建立起较为系统的诉讼分流机制与之配套，大量事实清楚、简单轻微的纠纷挤占了原本有限的诉讼资源。从域外经验来看，各法治发达国家之所以采行法官精英制以及强调普通程序的正当性、精密性与严谨性，且能够平顺运转，系建立在其较为发达的诉讼分流机制基础之上。例如在美国的联邦和州两级法院，全部刑事案件中至少有90%因控辩双方在审前达成交易而没有进入审理阶段；① 而联邦地区法院大多数裁决的做出并不附带书面司法意见书，其中很多是以程序理由而结案的，很少有案件的裁决经过了法庭审理。在2009年3月之前的一个12个月周期中，仅有2%的民事案件是经过开庭审理之后才做出裁决的。② 在德国，亦有近60%的案件是以和解结案的。③ 从20世纪中后期开始，无论英、美、法系还是大陆法系国家普遍

---

① 宋冰编：《读本：美国与德国的司法制度及司法程序》，中国政法大学出版社1998年版，第395页。
② ［美］李·爱泼斯坦、威廉·M. 兰德斯等：《法官如何行为：理性选择的理论和经验研究》，法律出版社2016年版，第211页。
③ 宋冰编：《程序、正义与现代化》，中国政法大学出版社1998年版，第91页。

较为重视法院调解，并积极吸纳各类民间组织、机构和个人参与纠纷解决过程，将大多数案件从正式诉讼程序中分流出来。① 因此，为了减轻入额法官过于沉重的案件压力，使其能够将主要精力放在更为复杂重要的案件上，在改革中要进一步完善我国的诉讼分流机制。

一是完善非诉讼程序与简易程序。非诉讼程序是法院内设的重要分流机制，系指法院处理非诉讼事件适用程序的总和。② 根据我国民事诉讼法的有关规定，现行非诉讼程序主要适用于传统的非争议性事件，其适用范围狭窄；而且其纠纷解决程序与诉讼程序并无明确之界限，实践中有非诉讼程序诉讼化的倾向，难以达到诉讼分流之效果。因此对非诉讼程序予以完善，首先要借鉴域外经验适当扩大非诉讼程序的适用范围，不以"争议性"这一单一标准作为适用依据，引进多元性程序准入标准，并简化非诉讼程序，节约诉讼成本；在裁判主体方面，为缓解入额法官的工作负担，可以授权法官助理独立办理类似案件。在刑事诉讼中，按照认罪认罚从宽的基本理念进一步增强我国刑事程序的案件分流功能，完善简易程序和刑事速裁程序。

二是健全诉讼外纠纷解决模式。诉讼外纠纷解决方式是被定位于介于谈判和审判之间的方法，为了解决纠纷，由中立的第三人介入当事人之间。③ 我国诉讼外纠纷解决虽有人民调解、行政调解、仲裁、行政裁决、行政复议等多种方式，然而这些解纷机制的运用效果并不理想，与诉讼程序的衔接亦不十分流畅，不少纠纷在经过诉讼外纠纷解决方式处理后仍然流向诉讼程序，诉讼分流的效果有限。例如在调研中发现，由于公安机关内部考核标准的调整，基层派出所的行政调解日趋形式化，大多数情况与其说是调解，毋宁是暂时"压制"了纠纷。结果是大量经派出所处理过的案件再次涌向基层法院。故完善诉讼外纠纷解决方式重在以促进诉讼分流为目标重构各纠纷解决机构的内部管理与考核规范，除需要进一步改良当前基层法院已经试行的诉前调解与诉调对接机制外，尚需建立系统的具有可操作性的诉讼与诉讼外纠纷解决的衔接

---

① 参见［英］西蒙·罗伯茨、彭文浩《纠纷解决过程：ADR与形成决定的主要形式》，刘哲玮、李佳佳等译，北京大学出版社2011年版，第2—9页。
② 庞小菊：《司法体制改革背景下的诉讼分流》，《清华法学》2016年第5期。
③ ［日］小岛武司、伊藤真：《诉讼外纠纷解决法》，丁婕译，中国政法大学出版社2005年版，第1页。

机制。

（四）完善少数民族地区"双语法官"的培养和任用机制

语言是法律发生作用的媒介。这种媒介的性质对法律目标的实现和实现程度有着重要的影响。[①] Y省多民族地区的语言障碍使得基本的交流尚且难以达到，遑论实现司法的政治效果、社会效果和法律效果的统一。鉴于此，有必要立足我国实际，从制度层面探寻解决之道。

1. 建立顶层设计与地方自主探索相结合的培养机制。由于我国幅员辽阔、少数民族众多，从国家层面制定统一的专门性法律规范存在较大的难度。而且我国《宪法》《民族区域自治法》以及《公务员法》等均就少数民族法官的培养和选拔作了特别规定，具体操作实际以授权性条款授予民族自治地方一定的变通权。例如《宪法》第121条规定："民族自治地方的自治机关在执行职务的时候，依照本民族自治地方自治条例的规定，使用当地通用的一种或者几种语言文字。"《民族区域自治法》第49条规定："民族自治地方的自治机关教育和鼓励各民族的干部互相学习语言文字。汉族干部要学习当地少数民族的语言文字，少数民族干部在学习、使用本民族语言文字的同时，也要学习全国通用的普通话和规范文字。民族自治地方的国家工作人员，能够熟练使用两种以上当地通用的语言文字的，应当予以奖励。"考虑到少数民族地区的实际困难，《公务员法》第21条还对民族自治地方作了变通规定，在公务员招录时可以依照法律和有关规定对少数民族报考者予以适当照顾。因此可以考虑由民族自治地方的立法部门就少数民族双语法官的培养和选拔制定专门性的自治条例或单行条例。并对少数民族双语法官培养中所涉及的经费、编制与教育等环节做出系统的规定，以此避免因单靠政策所造成的过于灵活性和权宜性，减少法院在具体操作中的阻力和困难。

2. 拓展少数民族双语法官培养和选拔渠道。拓展双语法官的培养方式和渠道，一是要运用好公务员招录中的优惠政策。例如对于民族地区的县级法院招录中户籍或生源地可以限定在本州市；在不影响民族团

---

① [美] 布赖恩·比克斯：《法律、语言与法律的确定性》，邱昭继译，法律出版社2007年版，第1页。

结的大政策下，民族自治地方可以设立主体少数民族岗位；对于要求民族语言测试的岗位、人口较少的少数民族以及边境口岸法庭招录的小语种岗位，如越南、老挝、缅甸语等，可不受开考比例限制。二是建立常态化的少数民族双语法官定向培养和招录机制，由省、自治区人大制定统一的地方性法规或自治条例，强化对少数民族双语法官的经费、编制和教育保障。鉴于部分人数较少的少数民族地区出现了无人符合报考条件的情况，在兼顾少数民族特殊情况的同时，可以考虑适当放宽民族条件，即只要能够熟练运用特定的少数民族语言，在符合其他条件的前提下即可录用，而不论其具体属于哪个民族。这也符合《民族区域自治法》鼓励国家工作人员学习、使用民族语言的立法精神。三是在开展双语培训的过程中，应适当扩大培训对象的范围，尤其要兼顾散居少数民族地区双语法官的培养。对于有志于学习民族语言，开展双语审判的汉族法官亦应纳入培训范围。

当然从根本上看，作为一种文化现象，基层司法语言障碍的彻底破解还须仰赖我国多民族地区社会结构的整体变迁和转型。随着社会经济的发展以及地方政府推动的民族地区乡村建设，少数民族地区自然环境的封闭性逐渐被打破，少数民族群众同其他民族的接触和交流亦逐渐增多，各民族间的语言和文化上的隔阂将不断缩小。至于如何促成此种转型，则是涉及民族地区社会发展方方面面的系统工程，也是我国民族工作必须慎思的历史性课题。

三 厘清基层司法的条块关系

（一）厘清横向权力关系

由于现行改革并未改变按行政区划和层级设置法院的基本格局，基层法院的人财物亦未能彻底与地方政府及其有关部门相分离。改革后的基层法院不仅未获得预期的相对独立性，而且由于过去在政策范围内地方政府对法院所负的支持责任在改革后趋于模糊化，地方法院院长以及其他分管领导的沟通、协调任务变得更为繁重，其与地方党委政府的依附性在一定程度上亦更为强化。结果，地方政府在"甩包袱"的同时，对基层法院的干预、控制尤其是大量业外工作的摊派却没有减弱。在员额制改革尤其是院、庭长办案责任被量化的背景下，过多的业外工作给法院及其法官带来沉重的负担和压力。而且党委政府与地方法院职责关系的模糊，亦不利于改革的推进以及基层法院的正常运行，因此亟须予以厘定。

首先，要明确改革后地方党委、政府的责任。提出财物省级统一管理，目的是"去地方化"，避免地方力量对司法的不当干预。但同时应考虑到，司法经费预算管理级次虽已上划，基层法院作为驻地司法机关，仍为当地经济发展和社会和谐稳定服务，不应认为上划后与当地党委、政府完全脱离关系。鉴于当前基层法院的合理诉求得不到解决，在过渡期间至少可以由省委、省政府统一出台政策规范，明确应由地方继续承担的经费及其他保障责任，条件成熟时应上升至宪法性法律层面予以保障。

其次，适当减少法官的业外活动。考虑到我国现行基层政权权力架构以及基层法院与同级党委政府的相互关系短期内不太可能发生实质性转变，因此完全杜绝基层法院参与同级党委政府安排的非业务性活动无疑是不切实际的。对于基层法院院长而言，参与同级政府的非业务性活动与其说是被动地安排，倒不如说是积极主动地予以配合。由于司法活动有其内在的规律性，法院及其法官为地方中心工作服务的最佳方式是通过司法职能的依法公正履行而实现。故基层法院对地方非业务性工作的参与应以不损害司法职能的有效运行为前提。具体来说，基层法院事务性工作的承担应遵循以下原则：一是尽量减少法院非业务性工作的种类和数量；二是法院参与的事务性工作应与其业务性工作密切相关，如创卫、新农村建设、扶贫、发展经济等事务基层法院及其法官不宜过多地介入；三是一般只能由法院院长、副院长等负有行政管理职能以及具体从事综合行政岗位的人员参与非业务性活动，入额法官及其司法辅助人员不应受征调。

（二）合理界定纵向监督关系

长期以来，我国司法人员和地方法院经费按行政区域实行分级管理、分级负担的体制，不利于排除地方不当干预。司法地方化和司法行政化，是影响我国实现司法机关依法独立行使职权最大障碍的两个方面。推进省以下法院检察院人财物统一管理，有利于排除地方对司法机关执法办案的不当干预，保障司法权独立行使，促进司法公正。按照 Y 省的改革要求，省以下法院将作为省级政府财政部门一级预算单位，省财政应直接管理省以下法院。但在实际工作中，受限于省财政管理人员有限的实际困难，如在中央决定推进司法体制改革试点后，各省财政厅均陆续成立政法处，负责牵头推进财物统管改革事项，但除了司法体制改革财物统管改革工作外，政法处的职责普遍还包括负责归口管理公共安全部门预算和经费保障，分配归口管理法院、检察院经费及推进司法体制改革的工作人员一般不超过 5 人。尤其在全省法院、检察院总数多达上百家的省份，省财政直接管理到各司改单位是几乎不可能完成的任务，因此必须依托省高院、省检察院的管理力量。鉴于此中央政法委印发的《关于司法体制改革试点中有关问题的意见》亦规定："省以下法院、检察院经费统一管理，要体现财政管理特点，发挥省高级法院、省检察院了解下级院情况的优势。""省级财政部门在地方法院、检察院预算编制、大要案办案经费、特殊专项经费安排等方面听取省高级法院、省检察院意见建议。"这实际是对实践中的上述做法予以政策层面的确认。

然而吸纳省两院参与司法经费的省级统管，虽可以不同程度地减缓地方管理的"行政化"影响，却极易强化法院系统内部的"行政化"。我国《宪法》第 127 条第 2 款规定："最高人民法院监督地方各级人民法院和专门人民法院的审判工作，上级人民法院监督下级人民法院的审判工作。"法院行使审判权，实行"两审终审制"，为了确保审判权独立，上下级法院之间其实是一种指导关系，上级法院通过审理上诉或抗诉案件来对下级法院审判的案件进行监督。经费统管后，上级法院在经费管理和使用方面具有更多的分配权和话语权，可能会给基层法院的审判独立带来潜在的风险。因此进一步的改革须依据《宪法》规范以及诉讼规律厘定上下级法院的相互关系，较为可行的办法是在法院组织法及预算法中明确司法经费预算编制的标准、程序与部门权限。其中对于上级法院在经费统管中的协管权限予以列举，上级法院对下级法院经费预算的审核应侧重技术侧面的指导与把关，并严格依据司法经费的预算标准执行。当然对这一问题的根本解决途径，在于条件成熟时效仿域外制度安排，实行司法经费单独预算制度。即司法经费预算编制独立于其他机关的经费预算编制，由中央财政统一保障。

（三）从法律层面确立入额法官的独立司法权

《中华人民共和国宪法》第 126 条规定："人民法院依照法律规定独立行使审判权，不受行政机关、社会团体和个人的干涉。"新修订的《法官法》与《人民法院组织法》均延续了此种规定。可见我国宪法和基本法中的司法独立系指人民法院作为一个整体的独立，而非法官个人的独立。在司法责任制改革过程中，最高人民法院《司法责任制若干意见》提出要"建立健全符合司法规律的审判权力运行机制，增强法官审理案件的亲历性，确保法官依法独立公正履行审判职责"。这一规定较之于长期以来的立法表述，开始强调法官个人的独立性，赋予我国司法独立以新的内涵，因而具有显著的积极意义。然《司法责任制若干意见》毕竟属于法院系统内部的规范性文件，其效力位阶自然无法与宪法以及基本法相抗衡。因此我国制度层面的司法独立仍然强调的是法院的独立性。

由此带来的结果是，尽管改革实践中法官的独立性日益受到重视和强调，尤其是与员额制相配套的司法责任制改革还提出了"让审理者裁判，裁判者负责"预设目标，并推行了一系列具体举措，如缩小院、庭长审批案件的范围，法官独立签发案件，压缩审判委员会的职能，建立专业的法官委员会，等等。但由于缺乏系统的正式制度层面的法官独立性的保障机制，在法院内部科层体制未发生实质转变的情况下，基层法官的司法活动难以真正摆脱同院领导的身份依附关系，改革后员额法官所行使的一系列"特权"，如独立签发文书、独立裁判等，并非源自法律的明确授权（仅有间接规范依据），其更多带有院、庭长权力"让渡"的意味。当所行使的权力非源自法律的直接授权而是他人的自愿让渡时，很难想象一名法官会仅仅依据法律的技术理性和程序伦理做出独立的判断而不去考虑权力让渡者（院、庭长）的意图。相反作为司法权力的次代理人，他必须时刻从整个科层体制的总体利益以及院、庭长的立场出发裁判个案。换句话说，改革后的员额法官承受的压力丝毫不会比改革前少，因为失去了院、庭长及审判委员会等院领导集体决策机制的保障，其面临的风险和潜在的干预将更为严重。所不同者，改革前属于一种由外而内的干预，改革后则是外部干预内化以后法官的自我干预，即法官主动将自己置于长期以来所受到的干预模式中，并采用一贯的思维方式与行动策略。为了避免类似的尴尬，实现改革目标，需要从《宪法》《法官法》等权威法律规范层面对法官职位的独立性及其制度保障予以具体规定，而非委诸最高人民法院的内部性规范抑或各基层法院自下而上的改革试点。法官依法独立公正行使的司法权应直接来源于宪法和法律的明确授权，而不是由院、庭长抑或审判委员会的自愿让渡；行使司法权的法官应属国家的代理人而非院、庭长的代理人。

四　根据诉讼规律调整内部行政管理

基层法院的内部行政管理构成了基层法官日常司法活动中最直接的结构性制约因素。其中审判管理以及与之密切相关的绩效考核由于涉及司法人员的切身利益，对基层法官的影响尤为显著。应当承认，审判管理是最高人民法院及地方各级人民法院，针对我国司法实践中较为突出的案件质量偏差，以及司法公信力日益降低等现实问题所做的回应。在我国现行司法环境和司法体制下，仍有存续的必要。但亦应该注意到，由于我国目前的案件管理机制存在种种局限和困境，实践中正逐渐偏离其预设目标而成为扭曲司法活动、背离司法规律的制约性制度安排。因此亟须对其予以进一步调整和完善。

（一）合理确定法院案件质量的根本标准和依据

案件质量标准是法院案件质量管理的前提和基础。如若案件质量标准出现问题，则无论案件质量管理机制多么完善，其必然出现适得其反的效果。然而我国司法实践中的功利主义倾向，各类数据投机潜规则大行其道，并非由缺乏案件质量评定标准抑或标准本身存在重大瑕疵引起，而是过于宏观的整体标准在管理实践中被细化为具体标准时二者间出现了较大的偏差。鉴于此，欲走出前述案件质量管理之困境，需重拾案件质量的核心精神，并据此确定衡量案件质量的根本标准，最大限度地消减宏观标准和微观指标间的差距。从最高人民法院规范性文件看，主要从案件处理的实体、程序、诉讼文书及案卷材料归档等方面予以衡量。①即诉讼法上关于案件审理的基本要求：事实清楚、证据确实充分、适用法律正确以及诉讼程序规范。这些标准本身直接源于诉讼法律规范，是对诉讼规律的直观体现。然而由于我国法院内部管理行政化的强烈倾向，行政管控的思维惯性致使原本合理的案件质量标准在具体化及日常操作的过程中，异化为强化层级控制的抓手。因此要重新确立以三大诉讼法为基础的案件质量根本标准，防止其在实践中发生异化，须转变偏重于行政控制的管理理念。

一是由控制转向服务。案件质量管理作为审判管理的重要内容，其目的在于提高案件处理的质量。而案件质量之提升，又仰赖于法院能否真正做到依法独立行使审判职权。从域外法治国家的审判管理实践看，对案件的管理活动须以司法独立为界限。任何可能干涉司法权行使的行为都是严令禁止的。②因此，从预设目标看，案件质量管理不应成为凌驾于审判权之上的内部行政控制权；相反，其只能是审判活动的自然延伸，理应从属并服务于审判活动。

二是由考核转向预警提示。根据我国《公务员法》的规定，法官和检察官同属公务员序列。因此行政部门针对一般公务员所施行的"三级目标考核责任制"，对于法官队伍的考核依然适用。其目的在于维持并实现自上而下的层级管理和控制。伴随着审判管理尤其是案件质量管理的兴起，因其指标化和数字化的管理方式高度契合于科层式行政管控所偏好的管道式视野，③致使案件质量管理逐渐成为法院内部绩效考核的直接依据。且不论案件质量指标体系及评查标准是否存在不足和缺陷，单就绩效化本身即足以造成案件质量管理之异化。正是基于此种顾虑，国外有关国家在采取类似的案件质量管理举措时，一般只是将其作为一种预警和监督机制，并无绩效和考核效果。例如为促使法官按时结案，避免诉讼过分拖延，奥地利法院利用司法系统的信息数据定期向公众发

---

① 最高人民法院：《关于开展"审判质量年"活动的通知》，2009 年 3 月 10 日发布。
② [德] 安德里亚·沃尔：《奥地利与德国：国别报告》，刘晓燕译，载傅郁林、[荷] 兰姆宼·凡瑞《中欧民事审判管理比较研究》，法律出版社 2015 年版，第 4 页。
③ [美] 詹姆斯·C. 斯科特：《国家的视角：那些试图改善人类状况的项目是如何失败的》，王晓毅译，社会科学文献出版社 2011 年版，第 3 页。

布报告显示法院各项活动,社会公众能够查询和追踪法院所处理的案件。同时,司法系统每年还会公布一个标准报告,那些在程序上过分拖延仍未结案的案件数目会被记录在其中。在报告出台前一个月,法院会先发布一个预警清单,列出可能计入报告的迟延案件。公布案件的效果是这些案件的承办法官有义务报告迟延原因并采取补救措施。德国也有类似的做法,所采取的监督措施仅限于让法官知道自己的不当行为,并鼓励其采取补救手段。① 虽然我国有着独特的司法制度和司法环境,国外的做法不一定能够完全照搬,但鉴于我国法院案件质量管理绩效化所带来的一系列负面效应已经危及管理活动之目的,在兼顾国情抑或特殊性的前提下,对域外成熟的管理经验予以适当借鉴,尤其具有现实必要性和正当性。因此,在对我国案件质量管理进行完善时,有必要由考核功能转向警示功能。或者,至少应实行法院内部绩效考核标准的多元化,削弱案件质量管理在其中的比重。

三是由形式转向实质。前文业已表明,我国现行案件质量管理是一种行政化的内部控制。层级管控所需要的概括性视野以及对简化的书面材料的依赖在案件质量管理中则呈现所谓"数目字"化的管理。案件质量管理在实践中往往略化为"自上而下地要数字,自下而上地报数字,一层层地平衡数字,再自上而下地检查数字"的形式化管控机制。② 这种唯数字论的管理方式容易在司法活动中催生出一种法律"还原主义"的倾向,③ 即容易导致法院和法官普遍追求数据层面的尽善尽美,反而忽视了案件质量的实质。因此,在案件质量管理中,有必要从形式化的数字管理转向针对案件质量的实质化管理。亦即从案件质量的根本标准出发,将管理的重心由单纯的数字指标转向案件质量本身。

(二)依循司法规律设置法院案件质量和绩效考核评价体系

第一,合理设置和分配案件质量指标类别及其权重。在最高人民法院颁布的案件质量评估指导体系基础上,地方各级人民法院根据本院实

---

① [德]安德里亚·沃尔:《奥地利与德国:国别报告》,刘晓燕译,载傅郁林、[荷]兰姆寇·凡瑞《中欧民事审判管理比较研究》,法律出版社2015年版,第5页。
② 王晨编《审判管理体制机制创新研究》,知识产权出版社2013年版,第87页。
③ 参见[日]棚濑孝雄《纠纷的解决与审判制度》,王亚新译,中国政法大学出版社2002年版,第138—139页。

际情况相继制定了各自的评估指标体系。最高人民法院授权地方法院可以依据本院审判实际做出调整：一方面固然便于照顾地区和层级差异，防止过于僵化；另一方面却也在一定程度上增加了指标类别及其权重的主观性。从最高人民法院及各地以及公开的指标体系看，不少指标及其权重的设置往往同法院的工作重点相关。而工作重点的确定，又主要取决于地方政法部门以及法院主要领导的态度，即由相关部门及个人的"政绩观"所直接影响。从而造成指标体系中部分指标现实指导意义不大甚或基本难以实现，三级指标同二级指标相关性低以及指标权重畸高等问题。因此，欲走出此种主观化的泥淖，长远看固然首先要求政法部门及法院领导树立符合司法规律的"政绩观"，但从技术层面仍可对其予以一定程度的改善。概括而言，案件质量指标类别及其权重的设置应从案件质量的根本标准出发，而非灵活多变的所谓"工作重心"，更不能根据运动式的内部整治活动动辄随意增减。在对指标体系进行系统分析和清理的基础上，取消那些同案件质量相关度不高，实践中又难以实现的指标类别如陪审率等；降低可能会扭曲司法活动的指标权重，如结案均衡度、调撤率等。

第二，依据案件质量根本标准检视并梳理案件质量指标类别，实现各项指标的内在协调性和统一性。案件质量指标体系中的各类指标应形成内在协调和统一的整体方能发挥案件质量权衡与引导法官行为的效果。如若各类指标间相互冲突，自相矛盾，则会误导法庭及法官的司法行为，强势推行还会诱发审判业务部门及法官的策略化行动。因此，完善案件质量指标体系需要对各指标类别一一进行甄别和筛选，并进行综合评判，消除指标间的抵牾。

第三，针对案件质量指标体系过于封闭性的特征，适当引入案件质量的外部评价指标。纵观最高人民法院及地方各级法院制定的案件质量评估指标体系可以发现，我国目前主要采行的是一种内部案件质量评价，各类指标具有显著的封闭性。除了在效果指标中含有公众满意度以外，社会公众尤其是当事人对司法活动的看法和态度未引入指标之中。司法是一种面向社会的公共服务，其功能在于平息社会争端，输出法律正义。衡量个案处理的质量如何，尤其是是否公正，案件当事人既是司法活动的亲历者和见证者，亦是实体结果的直接承受者，理应最具发言权。而社会公众作为潜在的法律客户，他们对司法的认知与法院的公信力密切相关。正如卡多佐在论及法官依据理性和正义宣告法律的义务时指出，"他（法官）所要实施的是正常男人和女人的习惯性道德"①，而非他本人的信念、信仰和追求。可见，司法活动不能脱离其同时代普通民众的法律情感和道德信念。同理，案件管理及其质量指标设置不能仅靠法院内部的自我评价，而应引入当事人及社会公众等外部评价标准。如可以在公正指标中增加当事人评价指标，并建立相应的配套机制。同时完善效果指标中的"公众满意度"，增强其可操作性。

  第四，以案件质量指标体系之调整为基础，完善基层法院的绩效考核指标。取消过于主观性以及不具有可操作性的指标类别。为了对入额法官依法独立公正履职提供充分的职业保障，防止外部因素和外部力量凭借绩效考核过分干预司法，绩效考核的具体指标类别宜粗不宜细。在具体考核方式上，可以奖励最优，但只能惩罚突破职业伦理底线者。亦即原则上，除非法官在司法活动中有经查证属实的违法犯罪行为以及明显违背法律职业伦理的行为，其基本工资待遇不受任意削减；带有奖励性的绩效考核收入不宜建立在扣减法官基本工资收入的基础上，而应属于额外划拨的经费范畴。而且奖励的数额在法官年平均收入中所占份额应受到严格限制。当前的司法改革中，Y省政法委拟规定将入额法官增资的50%部分预留其中的60%用作年终考核，这一做法值得商榷。从改革初衷看，其目的在于防止法官在司法过程中消极怠惰或者徇私枉法。然而，员额制改革涉及一系列配套措施的跟进，约束、控制法官的渠道呈现多元化特征，例如错案追究制、责任终身制等对法官足以形成制约，通过扣减基本工资收入作为威慑既无必要，其效果亦十分有限。而且员额制改革的重要目标之一即在于"放权"给法官，实现让"审理者裁判，裁判者负责"权责对称的诉讼机制，在司法责任、风险以及工作量剧增的背景下，拿法官的基本工资收入作为考核资金，加之考核指标的过于精细、主观，这对员额法官来说相当于刚去除枷锁，又被戴上脚镣，不利于保障法官职业活动的独立性，造成法官职业尊荣感和对改革信心的伤害。

---

  ① ［美］本杰明·卡多佐：《司法过程的性质》，苏力译，商务印书馆2000年版，第65页。

(三) 弱化法院审判管理组织机制的强行政化

原本为推进审判权正常运转，提升司法质量的审判管理改革在实践中却意外地强化了法院内部的行政化，审判权的自主性非但没有得到改善，反而受到进一步挤压。为了真正实现审判管理之初衷，还需对其组织机制予以必要的调整，弱化其行政化倾向。

首先，合理划分审判管理中上下级法院关系。根据《宪法》及《人民法院组织法》的相关规定，我国上下级法院属于监督关系，区别于人民检察院及其他行政部门上下级的领导关系。但在实践中，监督关系与行政领导关系的界限并不十分明晰，因此上下级法院之间往往形成一种事实上的领导关系。在上级法院对下级法院施加影响和控制的过程中，审判管理成为强化上级法院行政控制权的重要权力资源。因此厘清上下级法院之关系，关键在于依据宪法和人民法院组织法的立法精神重新划分各自的权限和职能。在审判管理中，管理活动的组织者应为各级人民法院，上级法院仅负有监督和指导职责。而且质量监督的方式一般只限于审级监督，对于案件质量指标体系的确立以及案件质量评查，上级法院可以对下级法院进行指导，但其制定的标准对下级法院仅具有参考作用而不应赋予其强制考核功能。

其次，凸显审判管理实施机构人员构成的专业性，削弱其行政属性。以案件质量管理为例，我国案件质量管理除了少数法院由审监庭主导以外，大多数法院采行以审管办为主导的组织模式。因案件质量评估主要由审监庭或者审管办利用法院管理信息系统自动生成，其组织和运行相对简单。所以这里仍以案件质量评查为主要讨论对象。从整体上看，院、庭长等法院领导层构成了案件质量评查机构的主体成员。为了降低其行政色彩，可以对案件质量评查机构及其成员做出相应的调整。在科层式的管理体制下，决策的中间层级越多，决策对象受到的权力控制越烈。因此弱化案件质量管理的行政化首先要减少案件质量评查的层级设置，将行政化的案件质量评查委员会改造为中立性的专业评查委员会，成员由各业务部门业务能力强、理论功底扎实、作风正派的资深法官构成。同时建立常态化的案件质量评查规范，中立性的案件质量评查委员会依据规范对案件进行常规评查。审判委员会、院领导和审管办原则上不直接介入案件质量评查活动，仅发挥监督及辅助性职能。

最后，明确审判委员会及院庭长的辅助和监督职能及其界限。承上所述，取消中间层级后，审判委员会及院、庭长在审判管理中将由管理和规制职能转向服务性的辅助和监督职能。为防止此种监督和辅助职能在实践中再次异化为行政管控性的权力，损害司法自主权，有必要明确其权力界限。其一，审委会及院庭长的辅助职能及其界限。例如有关案件质量的评价必须由中立而专业的质评委员会做出，承办法官及相关部门如若不服质评决定，可以申请复议一次。质评委的决定为最终决定。对于质评委为完成质评工作所采取之必要行动及所需之必要材料，审判委员会及院庭长负有配合、协助之责。质评委除做出质评决定以外不采取任何行动。质评决定供审委会及院庭长制定司法政策、开展司法行政管理及责任追究之参考。其二，审委会及院庭长的监督权及其边界。为了确保质评委的中立性和自主性，审委会及院庭长的监督权应属于一种消极权能。即审委会和院庭长对质评委的监督并非一种常态式的介入性监管，而是应质评决策利害关系人或者部门之申请被动进行监督和审查。监督和审查的事由包括利害关系人或者有关部门对质评委成员身份提出异议，针对特定案件提出回避申请，以及对质评委成员的违规乃至违法行为进行弹劾等。

结　　语

　　法官，这一神圣的称谓在西方经典法律理论中被誉为法律帝国的王侯。[①] 然而在我国，迟至1995年《中华人民共和国法官法》通过以后，法院工作人员才正式获得"法官"这一称谓。在此之前，人民法院司法作为人民民主专政的一种武器，[②] 法官通常被称为"审判员"，"文革"期间甚至与公安角色完全混同，"审判员"的称谓亦失去存在的意义。但"法官"称谓在官方话语体系中的确立，并不意味着我国的法官们即拥有了这一社会符号背后所蕴含的地位和保障。在现实的政治和法律运行中，对法院及法官的工具主义定位并未发生根本性转变，甚至与公安、检察相比，亦并无实质上的不同。因为"公检法"同属政法机关，法官亦属"政法干警"中的一员。故时至今日，司法系统内部往往习惯于称呼法官为"法院干警"。在法官职业待遇和保障方面，同公安相比尚且存在不小的差距，遑论比肩域外同行了。

　　而本书的实证研究则显示，位于我国行政科层化司法权力金字塔底端的基层法官在工资待遇和职业保障方面则面临着更为严峻的现实困境，致使基层法院普遍处于持续性人才流失的窘境。霍姆斯大法官曾富有激情地宣称："法律的生命一直并非逻辑，法律的生命一直是经验。"[③] 100多年以后，另一位著名法官阿哈龙·巴拉克主张："法律的

[①] [美] 德沃金：《法律帝国》，李常青译，中国大百科全书出版社1996年版，第361页。

[②] 董必武：《论加强人民司法工作》，最高人民法院办公厅编《最高人民法院历任院长文选》，人民法院出版社2010年版。

[③] 转引自 [美] 本杰明·卡多佐《司法过程的性质》，苏力译，商务印书馆2000年版，第17页。

生命并不仅逻辑或经验。法律的生命是根据经验和逻辑重生，使法律适应新的社会现实。"① 但无论是逻辑、经验还是根据社会变迁创制法律的技艺均须经过长期司法专业知识和阅历的积累方能获得。基层法官的频繁流动，无疑使此种知识和阅历的积累失去了现实基础，因而成为我国基层司法迈向职业化和专业化的羁绊。虽然在当前流失的基层法官中有相当一部分仍然在法院系统内部流动，而且大陆法系国家的法官亦有相似的职业流动，② 但一方面即使是法院系统内部的流动也会造成法院管理的行政逻辑取代司法逻辑，进而损害法官司法知识的积累③；另一方面，基于对法官在科层式法院系统中的职务升迁以及由此产生的内部流动可能带来的司法行政化的担忧，在以德国和意大利为代表的大陆法系国家的理论界和实务界一直存在巨大的争议。经过多年的斗争，德国和意大利已经通过司法改革做了较大幅度的调整。④

正在进行的以去地方化、去行政化为依傍，以实现法官精英化、职业化和专业化为导向的新一轮司法改革，为从根本上解决我国基层法官的生存困境，进而实现通过制度而非行政干预留住基层法官提供了新的契机。然而近几年的改革效果却并不理想。由于改革所涉部门众多，利益纠葛复杂，改革方案所预设的改革目标不仅未能实现，从某种程度上看，普通基层法官甚至处于更加不利的境况。这不能不让人深思，究竟是什么原因，致使立意良善并一度引起实务界较高期望的司法改革，最终却带来一系列意外后果，并呈现令不少基层法官沮丧的局面？

从本书的研究情况看，其中一个最为直接的原因在于改革过程的"妥协性"以及相关配套措施的滞后性。应该承认，正在进行的司法改革无论是广度和深度方面均可谓是前所未有的。故其中出现了部分偏差，甚至充满"妥协"和"权衡"，实际是任何涉及复杂利益博弈的改

---

① [以] 巴拉克：《民主国家的法官》，毕洪海译，法律出版社 2011 年版，第 16 页。
② 欧洲大陆各国法官并不从有经验的律师中选拔。相反，一个年轻人直接进入最低一级的司法机构，然后在工作中不断升到更高的职位。而这种职位的升迁则通过在法院系统内部的流动中完成。参见 [美] 马丁·夏皮罗《法院：比较法上和政治学上的分析》，张生等译，中国政法大学出版社 2005 年版，第 211—214 页。
③ 参见艾佳慧《司法知识与法官流动：一种基于实证的分析》，《法制与社会发展》2006 年第 4 期。
④ 参见 [美] H. W. 埃尔曼《比较法律文化》，贺卫方等译，清华大学出版社 2002 年版，第 123—129 页。

革所共同面临的，同时也是理性的渐进主义改革所必然出现的状况。然而问题的关键是，我们该如何应对此种"妥协性"和"滞后性"所带来的一系列连锁反应？囿于我国独特的政法体制，对这一问题的回答或许很难从域外某种理想的法官职业保障模式中寻得现成的答案，而仍须立足于我国的司法制度语境以及当前司法改革的既有方案。而这涉及的则是我国法院的宪法地位，法官的职业化、精英化与专业化，以及司法公信力与法官职业形象之重塑，甚至司法改革实施主体之反思（即由谁来主导改革？）等更深层次也更复杂的系统工程。尽管我们在这些方面已经迈出了关键的一步，但离终点尚有不小的距离。因此即使是技术层面的改良，可能亦需相当漫长的一段时间。

参考文献

(按字母拼音先后排序)

一 译 著

［美］埃里克·A. 波斯纳：《法律与社会规范》，沈明译，中国政法大学出版社 2004 年版。

［美］安·赛德曼等：《立法学理论与实践》，刘国福、曹培等译，中国经济出版社 2008 年版。

［美］本杰明·卡多佐：《司法过程的性质》，苏力译，商务印书馆 2000 年版。

［美］布赖恩·比克斯：《法律、语言与法律的确定性》，邱昭继译，法律出版社 2007 年版。

［美］布莱克：《法律的运作行为》，唐越，苏力译，中国政法大学出版社 2002 年版。

［美］布莱克：《正义的纯粹社会学》，徐昕等译，浙江人民出版社 2009 年版。

［美］达玛什卡：《司法和国家权力的多种面孔》，郑戈译，中国政法大学出版社 2004 年版。

［美］德沃金：《法律帝国》，李常青译，中国大百科全书出版社 1996 年版。

［美］菲利：《程序即是惩罚——基层刑事法院的案件处理》，魏晓娜译，中国政法大学出版社 2014 年版。

［德］哈贝马斯：《在事实与规范之间》，童世骏译，生活·读书·

新知三联书店 2003 年版。

［美］汉密尔顿、杰伊、麦迪逊：《联邦党人文集》，程逢如等译，商务印书馆 1980 年版。

［美］霍贝尔：《原始人的法》，严存生等译，法律出版社 2006 年版。

［美］H. W. 埃尔曼：《比较法律文化》，贺卫方等译，清华大学出版社 2002 年版。

［美］李·爱泼斯坦、威廉·M. 兰德斯等：《法官如何行为：理性选择的理论和经验研究》，法律出版社 2016 年版。

［美］理查德·波斯纳：《超越法律》，苏力译，中国政法大学出版社 2001 年版。

［美］罗伯特·C. 埃里克森：《无需法律的秩序》，苏力译，中国政法大学出版社 2003 年版。

［美］罗斯科·庞德：《普通法的精神》，唐前宏、廖湘文等译，法律出版社 2000 年版。

［美］马丁·夏皮罗：《法院：比较法和政治学上的分析》，张生、李彤译，中国政法大学出版社 2005 年版。

［德］马克斯·韦伯：《社会学的基本概念》，胡景北译，上海人民出版社 2005 年版。

［美］梅丽：《诉讼的话语》，郭星华、王晓蓓等译，北京大学出版社 2007 年版。

［美］汤姆·R. 泰勒：《人们为什么遵守法律》，黄永译，中国法制出版社 2015 年版。

［美］乌格朋：《社会变迁》，费孝通译，《费孝通译文集》（上册），群言出版社 2002 年版。

［美］亚伯拉罕·马斯洛：《动机与人格》，许金声等译，中国人民大学出版社 2007 年版。

［美］亚历山大·M. 毕克尔：《最小危险部门：政治法庭上的最高法院》，姚中秋译，北京大学出版社 2007 年版。

［美］约翰·莫纳什、劳伦斯·沃克：《法律中的社会科学》，何美欢等译，法律出版社 2007 年版。

［美］詹姆斯·C. 斯科特：《国家的视角：那些试图改善人类状况的项目是如何失败的》，王晓毅译，社会科学文献出版社 2011 年版。

［美］詹姆斯·G. 马奇、［挪］约翰·P. 奥尔森：《重新发现制度：政治的组织基础》，张伟译，生活·读书·新知三联书店 2011 年版。

［挪威］托马斯·许兰德·埃里克森：《小地方，大论题：社会文化人类学导论》，董薇译，商务印书馆 2008 年版。

［日］棚濑孝雄：《纠纷的解决与审判制度》，王亚新译，中国政法大学出版社 2002 年版。

［日］小岛武司、伊藤真：《诉讼外纠纷解决法》，丁婕译，中国政法大学出版社 2005 年版。

［以］巴拉克：《民主国家的法官》，毕洪海译，法律出版社 2011 年版。

［英］马林诺夫斯基：《原始社会的犯罪与习俗》，原江译，法律出版社 2007 年版。

［英］P. S. 阿蒂亚：《法律与现代社会》，范悦等译，辽宁教育出版社 1998 年版。

［英］西蒙·罗伯茨、彭文浩：《纠纷解决过程：ADR 与形成决定的主要形式》，刘哲玮、李佳佳等译，北京大学出版社 2011 年版。

《最新法国刑法典》，朱琳译，法律出版社 2016 年版。

二 中文著作

董必武：《董必武法学文集》，法律出版社 2001 年版。

杜豫苏：《上下级法院审判业务关系研究》，北京大学出版社 2015 年版。

傅郁林、［荷］兰姆寇·凡瑞编：《中欧民事审判管理比较研究》，法律出版社 2015 年版。

高其才等：《基层司法》，法律出版社 2009 年版。

高其才等：《乡土司法》，法律出版社 2009 年版。

郭星华等：《社会转型中的纠纷解决》，中国人民大学出版社 2012 年版。

韩春晖：《现代公法救济机制的整合》，北京大学出版社 2009 年版。

贺卫方：《司法的理念与制度》，中国政法大学出版社 1998 年版。

贺雪峰编：《三农中国》（第 10 辑），湖北人民出版社 2007 年版。

贺雪峰：《村治模式》，山东人民出版社 2009 年版。

贺雪峰：《乡村治理的社会基础——转型期乡村社会性质研究》，中国社会科学出版社 2003 年版。

贺雪峰：《新乡土中国》，北京大学出版社 2013 年版。

季卫东：《大变局下的中国法治》，北京大学出版社 2013 年版。

季卫东等：《中国的司法改革》，法律出版社 2016 年版。

《江华司法文集》，人民法院出版社 1989 年版。

李浩编：《员额制、司法责任制改革与司法的现代化》，法律出版社 2017 年版。

柳福华、柏敏：《法官职业化运作与展望》，人民法院出版社 2005 年版。

钱锋编：《审判管理的理论与实践》，法律出版社 2012 年版。

强世功：《惩罚与法治》，法律出版社 2009 年版。

宋冰编：《程序、正义与现代化》，中国政法大学出版社 1998 年版。

宋冰编：《读本：美国与德国的司法制度及司法程序》，中国政法大学出版社 1998 年版。

S 县地方志编纂委员会：《S 县年鉴》，德宏民族出版社 2015 年版。

苏力：《道路通向城市——转型中国的法治》，法律出版社 2004 年版。

苏力：《法治及本土资源》，中国政法大学出版社 1996 年版。

苏力：《送法下乡》，中国政法大学出版社 2000 年版。

王晨编：《审判管理体制机制创新研究》，知识产权出版社 2013 年版。

王铭铭、王斯福主编：《乡土社会的秩序、公正与权威》，中国政法大学出版社 1997 年版。

谢立中编：《结构—制度分析，还是过程事件分析？》，社会科学文献出版社 2010 年版。

信春鹰：《车之两轮，鸟之两翼——改革发展中的经济与法律》，社会科学文献出版社 2004 年版。

于明:《司法治国》,法律出版社 2015 年版。

喻中:《乡土中国的司法图景》,中国法制出版社 2007 年版。

张静:《基层政权:乡村制度诸问题》,上海人民出版社 2006 年版

张青:《"乱象"中的公正与秩序:鄂西南锦镇人民法庭的实践逻辑》,法律出版社 2015 年版。

赵旭东:《权力与公正:乡土社会的纠纷解决与权威多元》,天津古籍出版社 2003 年版。

《郑天翔司法文存》,人民法院出版社 2012 年版。

周道鸾编:《外国法院组织与法官制度》,人民法院出版社 2000 年版。

左卫民等:《中国基层司法财政变迁实证研究(1949—2008)》,北京大学出版社 2015 年版。

左卫民等:《最高法院研究》,法律出版社 2004 年版。

三 期刊与报纸文章

安德里亚·沃尔:《奥地利与德国:国别报告》,刘晓燕译,傅郁林、[荷]兰姆寇·凡瑞编《中欧民事审判管理比较研究》,法律出版社 2015 年版。

艾佳慧:《中国法院绩效考评制度研究——"同构性"和"双轨制"的逻辑及其问题》,《法制与社会发展》2008 年第 5 期。

艾佳慧:《司法知识与法官流动:一种基于实证的分析》,《法制与社会发展》2006 年第 4 期。

白山云:《关于完善和保障我国独立审判原则实现的探讨》,《法学家》2000 年第 2 期。

白彦:《司法改革背景下我国法官员额制度问题研究》,《云南社会科学》2016 年第 2 期。

拜荣静:《法官员额制的新问题及其应对》,《苏州大学学报》(哲学社会科学版)2016 年第 2 期。

曹红军:《法院审判权与司法行政事务管理权分离模式研究》,《法律适用》2018 年第 9 期。

陈柏峰、董磊明：《治理论还是法治论——当代中国乡村司法的理论构建》，《法学研究》2010年第5期。

陈瑞华：《法学研究方法的若干反思》，《中外法学》2015年第1期。

陈瑞华：《司法改革的理论反思》，《苏州大学学报》（哲学社会科学版）2016年第1期。

陈璐、乐巍：《案件质量评估中的功利主义倾向及其规制》，载钱锋编《审判管理的理论与实践》，法律出版社2012年版。

陈卫东：《司法机关依法独立行使职权研究》，《中国法学》2014年第2期。

陈希国：《中国基层法官"亚健康"心理修复的路径探析》，《山东审判》2012年第2期。

陈永生、白冰：《法官、检察官员额制改革的限度》，《比较法研究》2016年第2期。

陈永生：《司法经费与司法公正》，《中外法学》2009年第3期。

陈忠、吴美来：《案件质量评估与审判绩效考核衔接机制研究——以重庆法院实践为样本》，《法律适用》2014年第3期。

董必武：《论加强人民司法工作》，最高人民法院办公厅编《最高人民法院历任院长文选》，人民法院出版社2010年版。

董磊明、陈柏峰等：《结构混乱与迎法下乡》，《中国社会科学》2008年第5期。

董晓军：《基层法官心理压力现状分析和缓解对策研究》，《法律适用》2007年第1期。

董治良：《法院管理浅论》，《国家检察官学院学报》2005年第5期。

丁卫：《基层法官如何回应农村司法——以秦镇法庭为例》，《江西师范大学学报》（哲学社会科学版）2010年第1期。

丁卫：《秦窑法庭：基层司法的实践逻辑》，生活·读书·新知三联书店2014年版。

邓志伟等：《论路径依赖下的法官薪酬厘定制度》，《法律适用》2011年第1期。

《法官检察官收入比普通公务员高 43%》,《大众日报》2015 年 6 月 6 日。

方宏伟:《法官流失及其治理研究》,《武汉理工大学学报》(社会科学版)2015 年第 3 期。

傅郁林:《以职能权责界定为基础的审判人员分类改革》,《现代法学》2015 年第 4 期。

顾培东:《再论人民法院审判权运行机制的构建》,《中国法学》2014 年第 5 期。

郭星华:《从中国经验走向中国理论——法社会学理论本土化的探索》,《江苏社会科学》2011 年第 1 期。

韩博天:《通过实验制定政策:中国独具特色的经验》,《当代中国史研究》2010 年第 3 期。

韩春晖:《现代公法救济机制的整合》,北京大学出版社 2009 年版。

何帆:《藐视法庭罪的前世今生》,《人民法院报》2015 年 8 月 28 日。

何海波:《迈向数据法学》,《清华法学》2018 年第 4 期。

侯猛:《当代中国政法体制的形成及意义》,《法学研究》2016 年第 6 期。

胡昌明:《中国法官职业满意度考察》,《中国法律评论》2015 年第 4 期。

胡夏冰:《审判管理制度改革:回顾与展望》,《法律适用》2008 年第 10 期。

胡云腾:《从摸着石头过河到顶层设计——对三中全会〈决定〉有关司法改革规定的解读》,《中国法律》2004 年第 2 期。

黄斌:《当前我国法官流失现象分析及其对策建议》,《中国审判新闻月刊》2014 年第 3 期。

黄淳:《返璞归真:审判管理定位的理性分析》,钱锋编《审判管理的理论与实践》,法律出版社 2012 年版。

黄景辉:《在破与立之间:基层法官在乡土社会中的困惑与抉择》,《司法改革论评》2008 年第 2 期。

黄维智:《案件法官直判问题研究》,《政治与法律》2008 年第

5 期。

季卫东：《司法体制改革的关键》，《东方法学》2014 年第 5 期。

《坚持顶层设计与实践探索相结合，积极稳妥推进司法体制改革试点工作——访中央司法体制改革领导小组办公室负责人》，《检察日报》2014 年 6 月 16 日。

蒋惠岭：《"法院独立"与"法官独立"之辩——一个中式命题的终结》，《法律科学》2015 年第 1 期。

蒋晓伟：《论法学研究方法的基本原则》，《东方法学》2012 年第 2 期。

金泽刚：《司法改革背景下的司法责任制》，《东方法学》2015 年第 6 期。

李汉林、李路路：《单位成员的满意度和相对剥夺感》，《社会学研究》2000 年第 2 期。

李立新：《中外法官管理制度比较研究》，博士学位论文，中南大学，2010 年。

李璐君：《司法职业保障改革在路上——司法职业保障研讨会述评》，《法制与社会发展》2017 年第 1 期。

李霞、尚玉钒等：《职业风险、组织公平对离职倾向的影响作用研究》，《科学学与科学技术管理》2011 年第 5 期。

李秀霞：《三权分离：完善司法权运行机制的途径》，《法学》2014 年第 4 期。

李学尧、王静：《反思法官员额制改革中的认识误区》，《中国社会科学报》2014 年 10 月 8 日。

李悦：《法官员额制改革路径探究》，李浩编《员额制、司法责任制改革与司法的现代化》，法律出版社 2016 年版。

李拥军、傅爱竹：《"规训"的司法与"被缚"的法官——对法官绩效考核制度困境与误区的深层解读》，《法律科学》2014 年第 6 期。

李雨峰：《司法过程的政治约束》，《法学家》2015 年第 1 期。

梁平：《"管理—审判"二元架构下法院内部机构设置与权力运行研究》，《法学论坛》2017 年第 3 期。

刘斌：《从法官"离职"现象看法官员额制改革的制度逻辑》，《法学》2015 年第 10 期。

刘练军：《法院科层化的多米诺效应》，《法律科学》2015 年第 3 期。

刘斌：《从法官"离职"现象看法官员额制改革的制度逻辑》，《法学》2015 年第 10 期。

刘少军：《司法改革语境下合议庭独立审判问题研究》，《法学杂志》2017 年第 10 期。

刘素君、柳德新：《论主审法官责任制的功能定位与实现路径》，《河北法学》2016 年第 6 期。

刘忠：《条条与块块关系下的法院院长产生》，《环球法律评论》2012 年第 1 期。

刘忠：《论中国法院的分庭管理制度》，《法制与社会发展》2009 年第 5 期。

刘子阳：《坚持顶层设计与实践探索相结合，积极稳妥推进司法体制改革试点工作——访中央司法体制改革领导小组办公室负责人》，《法制日报》2014 年 6 月 16 日。

龙宗智：《审判管理：功效、局限及界限把握》，《法学研究》2011 年第 4 期。

吕忠梅：《职业化视野下的法官特质研究》，《中国法学》2003 年第 6 期。

牟军、张青：《刑事诉讼的立法模式与立法技术批判》，《法制与社会发展》2012 年第 6 期。

宁杰、程刚：《法官职业保障之探析——以〈法官法〉中法官权利落实为视角》，《法律适用》2014 年第 6 期。

庞小菊：《司法体制改革背景下的诉讼分流》，《清华法学》2016 年第 5 期。

彭海杰、周辉：《挑战与回应——基层法院人才流失情况的调查与思考》，《人民司法》2005 年第 7 期。

彭世忠：《能动司法视野下民事调解改革的径向选择》，《暨南学报》2011 年第 1 期。

钱锋：《法官职业保障与独立审判》，《法律适用》2005 年第 1 期。

任重远、黄子懿：《法官荒，法院慌：事情正在起变化》，《南方周末》2015年4月17日。

商磊：《需要与尊荣：基层法官职业保障制度之重构》，《政法论坛》2017年第5期。

施鹏鹏、王晨辰：《论司法质量的优化与评估——兼论中国案件质量评估体系的改革》，《法制与社会发展》2015年第1期。

《司法改革热点问答》，《人民法院报》2017年5月2日。

宋远升：《精英化与专业化的迷失——法官员额制的困境与出路》，《政法论坛》2017年第2期。

苏力：《法官遴选制度考察》，《法学》2004年第3期。

苏力：《法律规避和法律多元》，《中外法学》1993年第6期。

苏力：《基层法院审判委员会制度的考察及思考》，《北大法律评论》，法律出版社1999年第2辑。

苏力：《纠纷解决与规则之治》，《中国社会科学文摘》2000年第5期。

孙笑侠：《法学教育的制度困境与突破》，《法学》2012年第5期。

孙笑侠：《公案及其背景——透视转型期司法中的民意》，《浙江社会科学》2010年第3期。

陶杨、赫欣：《隐忧与出路：关于法官员额制的思考——基于A省B市C区法院员额制改革的实证分析》，《政治与法律》2017年第1期。

滕鹏楚：《培养民族司法人才的难点与对策》，"全国民族法制文化与司法实践研讨会"会议论文，2016年8月。

田源、王群：《基层人民法庭法官执业生态问题研究：基于D县法院6处人民法庭的实证考察》，《三峡大学学报》（人文社会科学版）2016年第6期。

王晨编：《审判管理体制机制创新研究》，知识产权出版社2013年版。

王春业：《论法官职务与行政级别完全分离》，《东方法学》2014年第6期。

王俊峰：《落实法官员额制 推进法官职业化专业化》，《人民法院报》2017年7月5日第2版。

王铭铭、王斯福主编：《乡土社会的秩序、公正与权威》，中国政法大学出版社1997年版。

王宁：《个案研究的代表性问题与抽样逻辑》，《甘肃社会科学》2007年第5期。

王启梁、张熙娴：《法官如何调解？》，《当代法学》2010年第5期。

王韶华：《论我国"双重独立"司法体制的建构——法院独立行使司法权与法官独立审判》，《河南财经政法大学学报》2014年第3期。

王申：《科层行政化管理下的司法独立》，《法学》2012年第11期。

王申：《司法行政化管理与法官独立审判》，《法学》2010年第6期。

王胜俊：《创新和加强审判管理确保司法公正高效》，《人民司法（应用）》2010年第17期。

王亚新：《程序·制度·组织——基层法院日常的程序运作与治理结构的转型》，《中国社会科学》2004年第3期。

王亚新：《司法成本与司法效率》，《法学家》2010年第4期。

王子伟、严蓓佳：《从"心"开始：法官流失之风险预控——基于心理契约视角的实证研究》，《全国法院第二十六届学术讨论会论文集》，2015年。

吴国平：《对提高法官待遇问题的思考》，《海峡法学》2015年第2期。

吴国平：《法官流失现象的反思及其解决对策》，《上海政法学院学报》（《法治论丛》）2015年第4期。

吴国平：《法官流失现象及其应对》，《福建行政学院学报》2015年第3期。

吴昊、温天力：《中国地方政策实验式改革的优势与局限性》，《社会科学战线》2012年第10期。

吴洪淇：《司法改革转型期的失序困境及其克服：以司法员额制和司法责任制为考察对象》，《四川大学学报》（哲学社会科学版）2017年第3期。

夏纪森：《员额制下法官的职业认同实证研究——基于在安徽省某市法官员额制试点法院的调查》，《法学杂志》2018年第1期。

厦门市思明区人民法院课题组：《台湾地区法官薪酬制度的启示与借鉴》，《东南司法评论》2017年卷。

谢晖：《论规范分析方法》，《中国法学》2009年第2期。

谢鹏程：《员额制有利于实现司法专业化职业化精英化》，《检察日报》2015年12月7日。

熊猛、叶一舵：《相对剥夺感：概念、测量、影响因素及作用》，《心理科学进展》2016年第3期。

熊秋红：《法官员额制改革推进司法精英化》，《人民法院报》2017年7月7日。

徐阳：《如何实现"法院独立"与"法官独立"的统一——法院改革的策略选择》，《求是学刊》2016年第5期。

烟台市芝罘区人民法院：《关于基层法官工作负荷情况的调查》，《山东审判》2005年第4期。

杨顺清：《边疆多民族地区政治文化的失谐与治理》，《思想战线》2015年第4期。

杨夏怡：《大力培养双语审判人才，保障民族群众诉讼权利》，《人民法院报》2013年11月18日。

杨雪冬等：《国家治理现代化的核心就是制度与人的现代化》，《中国青年报》2014年11月24日。

杨奕：《欧洲法官工资薪酬制度及其对我国的启示》，《法律适用》2015年第2期。

叶青：《主审法官依法独立行使审判权的羁绊与出路》，《政治与法律》2015年第1期。

于鑫：《法官职业压力的内在原因与组织支持完善——基于基层法官心理健康与职业压力测试的实证分析》，《山东审判》2013年第4期。

詹建红：《法官编制的确定与司法辅助人员的设置——以基层法院的改革为中心》，《法商研究》2006年第1期。

张建：《法官绩效考评制度的法理基础与变革方向》，《法学论坛》2018年第2期。

张建、姜金良：《同质与建构：作为反思法官员额制的切入点：基于J市基层人民法院案件结构与法官工作量的实证研究》，《山东社会科学》2016 年第 8 期。

张千帆：《如何设计司法？——法官、律师与案件数量比较研究》，《比较法研究》2016 年第 1 期。

张青：《人民法庭政法传统之形成及其迭嬗》，《甘肃政法学院学报》2014 年第 5 期。

张青：《乡村司法背离官方表达的功利行为及其诱因——以 S 县锦镇人民法庭为例》，《湖南农业大学学报》（社会科学版）2014 年第 5 期。

张青：《乡村司法策略化及其日常呈现——锦镇个案的过程分析》，《华中科技大学学报》（社会科学版）2014 年第 5 期。

张青：《乡村司法的"公正"与"秩序"》，《东方法学》2014 年第 6 期。

张青：《乡村司法的社会结构与诉讼构造——基于锦镇人民法庭的实证分析》，《华中科技大学学报》（社会科学版）2012 年第 3 期。

张青：《政法传统、制度逻辑与公诉方式之变革》，《华东政法大学学报》2015 年第 4 期。

张青：《转变中的乡村人民法庭——以鄂西南锦镇人民法庭为中心》，《中国农业大学学报》（社会科学版）2012 年第 4 期。

张卫平：《地方的司法改革要强调统一性》，《北京日报》2008 年 1 月 28 日。

章武生、吴泽勇：《司法独立与法院组织机构的调整（下）》，《中国法学》2000 年第 3 期。

赵冰、王利香等：《省以下地方法院统一管理改革的机制性障碍：从基层法院法官职业化建设的现实困境谈起》，《中共南京市委党校学报》2015 年第 3 期。

赵晓力：《基层司法的反司法理论？——评苏力〈送法下乡〉》，《社会学研究》2005 年第 2 期。

周剑浩、杜开林：《重构我国法官工资制度》，《法律适用》2005 年第 7 期。

周赟：《当前审判独立不足原因之考辨——从审判独立的逻辑前提说起》，《法学》2016 年第 1 期。

朱兵强：《深化司法体制改革与法官职业权利保障制度的完善》，《时代法学》2015年第5期。

朱晓阳：《"语言混乱"与法律人类学的整体论进路》，《中国社会科学》2007年第2期。

左卫民：《省级统管地方法院法官任用改革审思——基于实证考察的分析》，《法学研究》2015年第4期。

左卫民：《中国基层法院财政制度实证研究》，《中国法学》2015年第1期。

左卫民：《中国法院院长角色的实证研究》，《中国法学》2014年第1期。

四 其他

孟建柱：《坚定不移推动司法责任制改革全面开展》，载中国法院网，http：//www.chinacourt.org/article/detail/2016/10/id/2320506.shtml，最后访问日期：2018年3月25日。

孟建柱：《在全国司法体制改革推进会上的讲话》，2016年7月18日。

任建新：《关于〈中华人民共和国法官法（草案）〉的说明》，载中国人大网，http：//www.npc.gov.cn/wxzl/gongbao/2000-12/07/content_5003292.htm，最后访问日期：2018年2月2日。

王胜俊：《最高人民法院关于加强人民法院基层建设促进公正司法工作情况的报告》，2011年10月25日在第十一届全国人民代表大会常务委员会第二十三次会议上的讲话。

《Y省人力资源和社会保障厅关于公布2016年度全省在岗职工平均工资和企业退休人员平均基本养老金的通知》（X人社通［2017］31号）。

《中央政法委关于司法体制改革试点若干问题的框架意见》，2014年6月13日。

周强：《最高人民法院工作报告——2017年3月12日在第十二届全国人民代表大会第五次会议上》。

《最高人民法院工作报告（摘要）》，载中国法院网，http：//

www. chinacourt. org/article/detail/2018/03/id/3225373. shtml，最后访问日期：2018 年 3 月 22 日。

最高人民法院：《关于开展"审判质量年"活动的通知》，2009 年 3 月 10 日发布。

最高人民法院《关于开展案件质量评估工作的指导意见》，2011 年 3 月 10 日发布。

《2016 年城镇单位就业人员平均工资继续保持增长》，载中央人民政府网，http：//www. gov. cn/zhengce/2017－05/27/content_ 5197573. htm，最后访问日期：2017 年 8 月 27 日。

后 记

拙作系以笔者在四川大学法学院的博士后出站报告为基础写就。因此全书从构思到初步成型，再到最终定稿，均得益于我的合作导师左卫民教授的悉心教导。左老师在国内法律实证研究领域所做的具有开创性意义的倡导和践行，开阔的学术视野，以及严谨的学术精神使得同老师的每一次接触和交流都令人受益匪浅。除了学业上的指导，左老师还在生活和工作诸方面给予了极大的提携和帮助。在此，特向老师致以诚挚的谢忱。

西南民族大学法学院周洪波教授、四川大学法学院郭松教授、电子科技大学肖仕卫副教授等诸位师友在中期汇报和检查中曾多次给予极富建设性的批评建议；云南大学法学院高巍教授、四川大学法学院谢维雁教授、西南财经大学法学院高晋康教授和广州大学法学院陈刚教授在博士后出站报告的评审中对拙作提出了宝贵的指导意见；中国政法大学栗峥教授、中山大学法学院谢进杰教授、西南民族大学法学院杜文忠教授、四川大学法学院杨翠柏教授和杜玉琼教授在博士后出站报告的答辩中亦给予了富有启发性的意见和建议，在此一并表示感谢。

由于拙作部分内容已在相关学术会议以及《清华法学》《甘肃政法学院学报》《中国政法大学学报》《烟台大学学报》（社会科学版）等学术刊物上公开发表，因此要感谢编辑老师和评审专家的指导、信任与厚爱。尤其要感谢清华大学法学院的何海波教授，对于拙作的写作方法、思路乃至图表的设计均给予了悉心的指导和无私的帮助。我的博士研究生导师，云南大学法学院牟军教授在文章发表过程中也提供了富有启发性的指导和建议，在此亦向老师表示感谢。

后 记

在我国当前学术环境下，作为一项涉及诸多"敏感"信息的实证研究，如没有身边众多师友的热情帮助和实务界朋友的鼎力支持是断难完成的。在此特别感谢云南省人大常委会法制工作委员会的田成友副主任，云南大学法学院杨云鹏教授、沈寿文教授、王启梁教授、王鑫老师、马碧玉副教授、赵春玉副教授、张剑源副教授、刘国乾副教授、刘红春副教授、朱慧博士等诸位师友，以及实务界不便具名予以感谢的朋友们在实证调查和本书写作中的支持与帮助。

感谢中国法学会的研究经费资助，感谢云南大学法学院的出版经费支持。

感谢潘鑫、高飞和龙潇瀛三位同学的协助。

张 青

2018 年 10 月 3 日